V&R

Dienst am Wort

Die Reihe für Gottesdienst und Gemeindearbeit

74

Bibeltexte in der Musik

Verlag Vandenhoeck & Ruprecht
in Göttingen

Bibeltexte in der Musik

Ein Verzeichnis ihrer Vertonungen

Von Sönke Remmert

Verlag Vandenhoeck & Ruprecht
in Göttingen

Dem Andenken meines Vaters gewidmet

Die Deutsche Bibliothek – CIP-Einheitsaufnahme

Remmert, Sönke: Bibeltexte in der Musik: ein Verzeichnis ihrer Vertonungen / von Sönke Remmert. – Göttingen: Vandenhoeck und Ruprecht, 1996
(Dienst am Wort; 74)
ISBN 3-525-59338-4
NE: HST; GT

Satz: Grohs, Landolfshausen.
Druck und Bindearbeit: Hubert & Co., Göttingen.

Inhalt

Apokryphen des Alten Testaments

Neues Testament

Vorwort

Wohl jedem von uns sind zumindest einige musikalische Meisterwerke biblischen Inhalts bekannt: Bachs Passionen und das Weihnachtsoratorium, Händels „Messias“ oder das „Deutsche Requiem“ von Brahms. Wir lieben die schönen Melodien, sind begeistert, ergriffen oder erschüttert von den dramatischen Akzenten, doch häufig wird dabei der geschichtliche und theologische Hintergrund solcher Musik übersehen.

Vertonungen biblischer Texte sind häufig sehr eindringliche „klingende Predigten“. Seit über fünf Jahrhunderten haben Komponisten den biblischen Texten mit musikalischen Mitteln immer neue Akzente verliehen. Dies wird gerade bei solchen Texten deutlich, die immer wieder vertont wurden: etwa beim „Magnificat“ oder bei den Psalmen.

Das vorliegende Buch ist ein theologisch-musikalisches Nachschlagewerk über musikalische Vertonungen und Verarbeitungen von Bibelstellen. Es verzeichnet über 3.000 Verweise von Bibeltexten auf Kompositionen bzw. deren Teile. Die Bibelstellen wurden nach der Reihenfolge der biblischen Bücher in Martin Luthers Übersetzung geordnet. Da auch die Apokryphen etliche Vertonungen und Verarbeitungen aufweisen, wurden sie, in der Reihenfolge der griechischen „Septuaginta", zwischen den Schriften des Alten und denjenigen des Neuen Testaments ebenfalls berücksichtigt. Bei den einzelnen Verweisen werden zu den Bibelstellen der Komponist, das Werk sowie der relevante Werkteil (*kursiv* gesetzt) angegeben. Dazu werden vielfach noch Angaben zum Aufführungsanlaß und besondere Anmerkungen (petit gesetzt) gemacht. Gibt es zu einem Bibeltext mehrere Vertonungen bzw. Verarbeitungen, so wurden die entsprechenden Einträge nach den Komponistennamen und ggf. noch den Werktiteln in alphabetischer Reihenfolge geordnet. Wo dies üblicher ist oder nur so eine Unterscheidbarkeit gewährleistet werden kann, wurde auch nach Opus-Zahlen oder anderen Werk-Nummern geordnet, etwa Bach-Kantaten zum gleichen Text nach den BWV-Nummern. Bei Kompositionen, die keinen bekannten Komponisten aufweisen, aber aus einer großen Tradition stammen (z.B. Gregorianik), wird die jeweilige Tradition in der gleichen Weise angegeben wie sonst der Komponist. In der Sortierung erscheinen sie nach den Werken bekannter Komponisten zur gleichen Bibelstelle.

Berücksichtigt wurden solche Kompositionen, die in Deutschland derzeit auf Tonträgern (CDs, LPs und Musikcassetten) erhältlich sind: geistliche Vokalkompositionen wie Motetten, Kantaten, Oratorien und Passionen. Aufgenommen wurden auch die biblischen Teile der Messe-Vertonungen (Gloria, Benedictus und Sanctus). Freie Nachdichtungen biblischer Texte wie Choralbearbeitungen, Oratorien, Lieder, Spirituals, Opern und Musicals wurden dann berücksichtigt, wenn sie sich ganz eindeutig auf bestimmte biblische Texte und Inhalte beziehen. Ebenso wurde mit instrumentalen Werken (wie etwa Kuhnaus „Biblischen Sonaten" für Cembalo oder H.I.F. Bibers „Rosenkranz-Sonaten") verfahren. Bewußt nicht berücksichtigt wurden solche geistlichen Werke, die keinen Bezug zu bestimmten Bibeltexten haben (etwa Marien-Hymnen und -sequenzen, wie „Stabat Mater", die nicht der Bibel, sondern kirchlichen Traditionen entstammen), aber auch geistliche Lieder und Choräle, Spirituals und Popsongs, die sich nicht eindeutig auf bestimmte Bibelstellen beziehen.

Die Werke und Werkausschnitte wurden nach rein inhaltlichen Gesichtspunkten, ohne Rücksicht auf bestimmte Stile oder Besetzungen ausgewählt. Berücksichtigt wurden dabei Kompositionen aus einem knappen Jahrtausend religiöser Musik, von der Gregorianik bis zu Penderecki.

Da immer neue Werke auf Tonträgern erscheinen, aber auch Produkte vom Markt verschwinden, ist eine absolute Vollständigkeit dieses Verzeichnisses schwerlich zu erreichen. Für Hinweise an den Verlag auf unberücksichtigte oder zu Unrecht aufgenommenen Kompositionen wäre ich sehr dankbar.

Niederweimar, Sommer 1996 *Sönke Remmert*

Abkürzungsverzeichnis

BWV	Bachwerkeverzeichnis (Verzeichnis der Werke von J. S. Bach)
EG	Evangelisches Gesangbuch
H	Hedar-Verzeichnis (Werke von D. Buxtehude)
Hob.	Hobokenverzeichnis (Verzeichnis der Werke J. Haydns)
HWV	Händel-Werkverzeichnis (Verzeichnis der Werke von G. F. Händel)
KV	Köchelverzeichnis (Verzeichnis der Werke W. A. Mozarts)
Op.	Opus-Zahl (Werknummer bei den meisten Komponisten)
R	Raabe-Verzeichnis (Werkverzeichnis von F. Liszt)
R	Ryom-Verzeichnis (Verzeichnis der Werke von A. Vivaldi)
SWV	Schütz-Werkverzeichnis (Verzeichnis der Werke von Heinrich Schütz)
WoO	Werk ohne Opuszahl (Nummern von Werken, die der jeweilige Komponist nicht mit einer Opuszahl versehen hat, z.B. bei Beethoven)
Wq	Wotquenne-Verzeichnis (Verzeichnis der Werke von C. Ph. E. Bach)
Z	Zimmermann-Verzeichnis (Verzeichnis der Werke von H. Purcell)
ZWV	Zelenka-Werkverzeichnis (Verzeichnis der Werke von J. D. Zelenka)

Altes Testament

1. Mose / Genesis

1 SCHOLL, PETER MATTHIAS: Improvisation über „Es werde Licht“. Meditative Orgelimprovisation

1–2 BILLINGS, WILLIAM: Creation

– HAYDN, JOSEPH: Oratorium „Die Schöpfung"

3 BACH, JOHANN SEBASTIAN: Kantate „Dazu ist erschienen der Sohn Gottes“ BWV 40.
Sätze 4–6. Aufführungsanlaß: Weihnachten (2. Feiertag)

4 PASQUINI, BERNARDO: Oratorium „Caino e Abele“
Nachdichtung in italienischer Sprache

– SCARLATTI, ALESSANDRO: Oratorium „Il primo Omicidio“ („Die erste Ermordung, oder Kain und Abel“)
Nachdichtung

6–9 BURKHARD, WILLY: Kantate „Die Sintflut“ Op. 97
Nachdichtung

7–9 SAINT-SAËNS, CAMILLE: Oratorium „La Déluge“ („Die Sintflut“) Op. 45. Nachdichtung

8 STRAWINSKY, IGOR: Anthem „The Dove descending breaks the Air“. Freie Nachdichtung von Elliot

9–11 STRAWINSKY, IGOR: Kantate „Babel“ für Sprecher, Männerchor und Instrumente.
Freie Nachdichtung und Meditation

17 PÄRT, ARVO: „Sarah was ninety years old“ für drei Singstimmen, Orgel und Schlagzeug

18,32 BYRD, WILLIAM: Cantiones Sacrae Nr. 1–9
Nr. 8: „ne irascaris Domine“

21-25 STRAWINSKY, IGOR: „Abraham und Isaac“ für Singstimmen und Orchester. Nachdichtung

22,1ff. CHARPENTIER, MARC ANTOINE: Méditations pour le Careme. *Nr. 10 „Tetavit Deus Abraham et dixit ad eum“ H 389*

26-30 KUHNAU, JOHANN: Biblische Sonaten für Cembalo.
Nr. 3 „Jacobs Heyrath“

28 BRITTEN, BENJAMIN: War Requiem. *Offertorium.*
Aufführungsanlaß: Ursprünglich: Wiedereinweihung der im

zweiten Weltkrieg zerstörten Kathedrale in Coventry 1962. Britten vertont hier, in einem Requiem für die Opfer der Weltkriege, ein Gedicht von WILFRED OWEN, in dem auf die Opferung Isaaks Bezug genommen wird.

– HALLGRIMSON, HAFLIDI: Poemi. „Isaacs Opfer“
Instrumentale Meditation

– ROSSI, CAMILLA DE: „Il Sacrificio di Abramo“
Nachdichtung

– SCHÖNBERG, ARNOLD: Oratorium „Die Jakobsleiter“ (Fragment). Nachdichtung

31,11–12 HALLGRIMSON, HAFLIDI: Poemi. „*Jakobs Traum*“
Instrumentale Meditation

28,12 ff. SPIRITUAL: Jacobs Ladder
Erzählendes Lied aus der Spiritual-Tradition der Schwarzen in den USA.

32 HALLGRIMSON, HAFLIDI: Poemi. „*Jakobs Kampf mit dem Engel*“. Instrumentale Meditation

32,27 BACH, JOHANN SEBASTIAN: Kantate BWV 98 „Was Gott tut, das ist wohlgetan“.
Satz 5. Aufführungsanlaß: 21. Sonntag nach Trinitatis

– BACH, JOHANN SEBASTIAN: Kantate BWV 157 „Ich lasse dich nicht, du segnest mich denn“. *Anfangs-Duett*
Aufführungsanlaß: Ursprünglich: Trauerfeier

– BACH, JOHANN SEBASTIAN: Kantate BWV 188 „Ich habe meine Zuversicht“
Satz 3. Aufführungsanlaß: 21. Sonntag nach Trinitatis.

– BACH, JOHANN SEBASTIAN: Notenbüchlein für Anna Magdalena Bach. *Choralbearbeitung „Warum betrübst du dich“ (Strophe: „Ich lasse dich nicht“) BWV 516*

– BACH, JOHANN SEBASTIAN (?): Motette „Ich lasse dich nicht“ BWV Anh. 159

– BUXTEHUDE, DIETRICH: Kantate „Herr, ich lasse dich nicht“ Bx 36

– SCHEIN, JOHANN HERMANN: Israelsbrünnlein – Deutsche Madrigale (26 Motetten). *Nr. 4 „Ich lasse dich nicht“*

– SCHÜTZ, HEINRICH: Musikalische Exequien.
Teil I: Concert in Form einer teutschen Begräbnis-Missa.
Aufführungsanlaß: Trauerfeier

37–49 NITSCH, JOHANNES / WERTH, JÜRGEN: Kinder-Oratorium „Josef – die Geschichte einer Traumkarriere".
Freie Nachdichtung für eine Schallplatten-Produktion

49 PERGOLESI, GIOVANNI BATTISTA: Oratorium „La morte di san Giuseppe". Nachdichtung

49,10–11a SCHÜTZ, HEINRICH: Geistliche Chormusik (1648)
Satz 1 SWV 369 „Es wird das Scepter von Juda"

49,11b–12 SCHÜTZ, HEINRICH: Geistliche Chormusik (1648)
Satz 2 SWV 370 Er wird sein Kleid in Wein waschen

49,18 BACH, JOHANN MICHAEL: „Herr, Ich warte auf dein Heil"

49,33 SCHEIN, JOHANN HERMANN: Israelsbrünnlein – Deutsche Madrigale (26 Motetten)
Nr. 10 „Da aber Jakob vollendet hatte"

49–50 KUHNAU, JOHANN: Biblische Sonaten für Cembalo
Nr. 6 „Jacobs Tod und Begräbnis"

2. Mose / Exodus

1–40 ROSSINI, GIOACCHINO: Oper „Moses in Ägypten"
Nachdichtung

– SCHÖNBERG, ARNOLD: Oper „Moses und Aron"
Die Oper schildert die Geschichten von Moses und Aaron, die in den Büchern 2.–5.Mose stehen, in freier Nachdichtung.

1–15 HÄNDEL, GEORG FRIEDRICH: Oratorium „Israel in Ägypten"

3,1–14 VANTOURA, SUZANNE: Die Musik der Bibel (Entzifferung einer 1000jährigen Notation). *Vierzehntes Stück*

12 – 20 BACH, CARL PHILIPP EMANUEL: Oratorium „Die Israeliten in der Wüste". Dichterisch freie Nachdichtung des Auszugs Israels aus Ägypten

15 HÄNDEL, GEORG FRIEDRICH: Oratorium „Israel in Ägypten". *Teil 2.* Große Teile hieraus übernahm Händel in den 3. Akt seines „Gelegenheitsoratoriums"

15,11 Berlioz, Hector: Messe Solemnelle. *Motet pour l'Offertoire*

15,21 Händel, Georg Friedrich: Chandos Anthem Nr. 8 „Oh come, let us sing to the Lord"/„Oh kommt, laßt uns singen" HWV 253

20 Bach, Johann Sebastian: Klavierübung, Teil III. *„Dies sind die heiligen zehn Gebot" (Fughetta) BWV 679.* Bearbeitung von Luthers Choral „Dies sind die heiligen zehn Gebot"

– Hassler, Hans Leo: Choralbearbeitung „Dies sind die heiligen zehn Gebot". Bearbeitung von Luthers Choral „Dies sind die heiligen zehn Gebot"

– Homilius, Gottfried: Orgelchoral „Dies sind die heiligen zehn Gebot
Bearbeitung von Luthers Choralmelodie

20,3 Mozart, Wolfgang Amadeus: Geistliches Singspiel „Die Schuldigkeit des ersten Gebots" KV 35
Geistliches Singspiel mit dichterisch freien Betrachtungen zum ersten Gebot

20,13 Bloch, Augustyn: Meditation für Bariton, Violoncello, Chor und Orchester „Du sollst nicht töten"

34 Brahms, Johannes: Geistliche Gesänge (Motetten) für 4–8stimmigen Chor Op. 110
Nr. 1 „Ich aber bin elend". Nachdichtung

3. Mose / Leviticus

1–27 (Auszüge) Schönberg, Arnold: Oper „Moses und Aron". Die Oper schildert die Geschichten von Moses und Aaron, die in den Büchern 2.–5. Mose stehen, in freier Nachdichtung.

4. Mose / Numeri

1–36 (Auszüge) SCHÖNBERG, ARNOLD: Oper „Moses und Aron“
Die Oper schildert die Geschichten von Moses und Aaron, die in den Büchern 2.–5. Mose stehen, in freier Nachdichtung.

6,22–27 VANTOURA, SUZANNE: Die Musik der Bibel (Entzifferung einer 1000jährigen Notation). *Zweites Stück*

6,24 LUTKIN: „The Lord bless you and keep you“

24,17 MENDELSSOHN-BARTHOLDY, FELIX: Oratorium „Christus“ (Fragment)
Chorsatz aus dem ersten Teil „Geburt Christi“

5. Mose / Deuteronomium

1–34 (in Auszügen) SCHÖNBERG, ARNOLD: Oper „Moses und Aron“
Die Oper schildert die Geschichten von Moses und Aaron, die in den Büchern 2.–5. Mose stehen, in freier Nachdichtung.

4,8–9 BRAHMS, JOHANNES: Fest- und Gedenksprüche Op. 109
Nr. 3 „Wo ist ein so herrlich Volk“

5 BACH, JOHANN SEBASTIAN: Klavierübung, Teil III.
„Dies sind die heiligen zehn Gebot“ (Fughetta) BWV 679.
Bearbeitung von Luthers Choral „Dies sind die heiligen zehn Gebot“

– HASSLER, HANS LEO: Choralbearbeitung „Dies sind die heiligen zehn Gebote“. Bearbeitung von Luthers Choral „Dies sind die heiligen zehn Gebote“

– HOMILIUS, GOTTFRIED: Orgelchoral „Dies sind die heilgen zehn Gebot
Bearbeitung von Luthers Choralmelodie

5,7 MOZART, WOLFGANG AMADEUS: Geistliches Singspiel „Die Schuldigkeit des ersten Gebots“ KV 35
Geistliches Singspiel mit dichterisch freien Betrachtungen zum ersten Gebot

5,17 BLOCH, AUGUSTYN: Meditation für Bariton, Violoncello, Chor und Orchester „Du sollst nicht töten“

6,4–9 VANTOURA, SUZANNE: Die Musik der Bibel (Entzifferung einer 1000jährigen Notation). *Achtes Stück*

26,15 BRANDMÜLLER, THEO: Kantate „Wie du unsern Vätern geschworen hast“

32–34 GOEHR, ALEXANDER: „Moses' Tod“ Op. 53. Nachdichtung

Josua

1–24 HÄNDEL, GEORG FRIEDRICH: Oratorium „Josua“ Nachdichtung

– SPIRITUAL: Josua fight the Battle. Erzählendes Spiritual aus der Tradition der Schwarzen in den USA

5–7 HAMMER, ELISABET / HAMMER, HANS GERHARD: Der Untergang Jerichos
Kinder-Musical, das für eine Schallplatten-Produktion mit dem Brettheimer Kinderchor entstand. Freie Nachdichtung des Bibeltextes.

Richter

4–5 HÄNDEL, GEORG FRIEDRICH: Oratorium „Deborah“ Nachdichtung

5,3 GABRIELI, GIOVANNI: Motette „Audite principes“

6–8 KUHNAU, JOHANN: Biblische Sonaten für Cembalo. *Nr. 5 „Der Heyland Israels: Gideon“*

10–12 HÄNDEL, GEORG FRIEDRICH: Oratorium „Jephta“ Dichterisch freie Behandlung des Bibeltextes

– MONTECLAIR, MICHAEL PIGNOLET: „Jephté“ Dichterisch freie Behandlung der Erzählung, wie in Händels Oratorium „Jephta“

13–16 HÄNDEL, GEORG FRIEDRICH: Oratorium „Samson"
Dichterisch freie Schilderung der Erzählung von Simson und Delilah

– SAINT-SAËNS, CAMILLE: Oper „Samson und Dalilah"
Dichterisch freie Schilderung der Erzählung von Simson und Delilah

1. Samuel

9ff. LOEWE, CARL: Balladen Op. 14. *Nr. 1 „Saul und Samuel"*

13–31 MUSSORGSKY, MODEST: Lied „König Saul" (1863)
Text von Byron, ein dichterisch freies Lied Sauls vor dem Kampf mit David

17 KUHNAU, JOHANN: Biblische Sonaten für Cembalo
Nr. 1 „Der Streit zwischen David und Goliath"

17–31 CHARPENTIER, MARC ANTOINE: Musikalische Tragödie in 5 Akten und einem Prolog „David et Jonathan"
Nachdichtung

– HÄNDEL, GEORG FRIEDRICH: Oratorium „Saul"
Dichterisch frei gestaltetes Libretto

– NIELSEN, CARL AUGUST: Oper „Saul und David"
Dichterisch freie Gestaltung der Geschichte von Saul und David. Vergleichbar mit Händels Oratorium „Saul"

18–19 KUHNAU, JOHANN: Biblische Sonaten für Cembalo
Nr. 2 „ Der von David vermittels der Music curierte Saul"

24,10 MONTEVERDI, CLAUDIO: Selva morale e spirituale
Nr. 25 „Jubilet tota Civitas"

25,39 WEELKES, THOMAS: „When David heard"

1./2. Sam HONNEGGER, ARTUR: „König David" – Sinfonischer Psalm. Dichterisch freie Bearbeitung

2. Samuel

1,17–27 BILLINGS, WILLIAM: David's Lamentation

– PETRUS ABAELARDUS: Planctus David super Saul et Jonathan. Freie Nachdichtung aus dem Mittelalter in lateinischer Sprache

1,17ff. JOSQUIN DESPREZ: Motette „Planxit autem David" für 4stimmigen Chor

1,19–27 VANTOURA, SUZANNE: Die Musik der Bibel (Entzifferung einer 1000jährigen Notation). *Zehntes Stück*

1–2 HÄNDEL, GEORG FRIEDRICH: Oratorium „Saul"
Dichterisch frei gestaltetes Libretto

– NIELSEN, CARL AUGUST: Oper „Saul und David"
Dichterisch freie Gestaltung der Geschichte von Saul und David. Vergleichbar mit Händels Oratorium „Saul".

1–21 CHARPENTIER, MARC ANTOINE: Musikalische Tragödie in 5 Akten und einem Prolog „David et Jonathan"
Nachdichtung

19,1 JOSQUIN DESPREZ: Motette „Absalom, fili mi"

– SCHÜTZ, HEINRICH: Symphoniae Sacrae I (1629)
„Fili mi, Absalom" SWV 269

1. Könige

1–22 CERHA, FRIEDRICH: Oper „Baal"
Vertonung eines sozialkritischen Dramas von Bertolt Brecht, das sich in der Verwendung des Namens „Baal" für die Titelfigur und in deren Charakterzügen auf die biblischen Erzählungen bezieht

1–12 HÄNDEL, GEORG FRIEDRICH: Oratorium „Salomo"
Dichterisch freies Libretto. Musikalisch besonders eindrucksvoll: Die Darstellung des „Salomonischen Urteils" (1. Könige 3,16ff.) im zweiten Akt des Werkes

8,13 BOYCE, WILLIAM: Antehm „I have surely built thee an House"

2. Könige

1–3 MENDELSSOHN-BARTHOLDY, FELIX: Oratorium „Elias"
Nachdichtung der Biblischen Geschichten

4 ESCOBAR, PEDRO DE: Motette „Mulier autem clamabat"

– MUDARRA, ALONSO: Motette „Mulier autem clamabat"

20 KUHNAU, JOHANN: Biblische Sonaten für Cembalo
Nr. 4 „Der Todtkranke und wieder gesunde Hiskias"

20,1 BACH, JOHANN SEBASTIAN: Kantate BWV 106 „Gottes Zeit ist die allerbeste Zeit". Arie „Bestelle dein Haus"
Aufführungsanlaß: Trauerfeier

– BOXBERG, CHRISTIAN LUDWIG: Trauerkantate „Bestelle dein Haus". Aufführungsanlaß: Trauerfeier

1. Chronik

8–10 CHARPENTIER, MARC ANTOINE: „David et Jonathan" – Musikalische Tragödie
Dichterisch freie Darstellung der Erzählungen

16,8 MENDELSSOHN-BARTHOLDY, FELIX: Sinfonie Nr. 2 B-Dur „Lobgesang" für Soli, Chor und Orchester. *Satz 4*

16,28 MENDELSSOHN-BARTHOLDY, FELIX: Sinfonie Nr. 2 B-Dur „Lobgesang" für Soli, Chor und Orchester. *Satz 4*

16,31 COUPERIN, FRANCOIS: Motette „Laetentur coeli et exultet terra"

– VANHURA, CESLAV: Offertorium zum Weihnachtsfestkreis „Laetantur Couli". Aufführungsanlaß: Weihnachtszeit

16,31ff. LASSO, ORLANDO DI: Motette „Laetentur coeli"

16,34 BUXTEHUDE, DIETRICH: Choralpartita „Danket dem Herrn" Bx 181

29,15 BACH, JOHANN: Motette „Unser Leben ist ein Schatten"

2. Chronik

1–9 Händel, Georg Friedrich: Oratorium „Salomo"
Dichterisch freies Libretto. Vgl. auch: 1. Könige 1–12

2 Foss, Lukas: Biblische Kantate „Behold, I build an House"

6,2 Boyce, William: Antehm „I have surely built thee an House"

Nehemia

1–13 Hammer, Elisabeth / Hammer, Hans Gerhard: Nehemia
Es handelt sich um ein Kinder-Musical, das für eine Schallplatten-Produktion mit dem Brettheimer Kinderchor entstand. Freie Nachdichtung des Bibeltextes.

– Jost, Helmut / Hoeft, Helmut / Nieden, Eckart zur: „Nehemia"
Christliches Pop-Musical mit freier Nachdichtung der biblischen Erzählungen.

Ester

5,1–3 Vantoura, Suzanne: Die Musik der Bibel (Entzifferung einer 1000jährigen Notation). *Dreizehntes Stück*

Hiob

1–42 Eben, Petr: „Job" in 8 Teilen für Orgel und Sprecher

– Eben, Petr: „Hiob" für Orgel. Instrumentale Meditation

1,21 Lechner, Leonhard: „Nackend bin ich aus meiner Mutter Leib kommen"

– Schütz, Heinrich: Musikalische Exequien
Teil I: Concert in Form einer teutschen Begräbnis-Missa
Aufführungsanlaß: Trauerfeier

3,20–23 BRAHMS, JOHANNES: Motette „Warum ist das Licht gegeben"

7,9–11 MAUERSBERGER, RUDOLF: Dresdner Requiem. *„Vergänglichkeit, Tod, Dies Irae" / Abschnitt „Vergänglichkeit"*. Aufführungsanlaß: Das Werk wurde 1947/1951 zum Gedenken der Zerstörung Dresdens 1945 komponiert.

8,9b BACH, JOHANN: Motette „Unser Leben ist ein Schatten"

9,6 MAUERSBERGER, RUDOLF: Dresdner Requiem.

9,10, 12 und 23 MAUERSBERGER, RUDOLF: Dresdner Requiem

9,21 MAUERSBERGER, RUDOLF: Dresdner Requiem

14 WESLEY, SAMUEL SEBASTIAN: Anthem „Man that was born of a Woman"

14,1 PURCELL, HENRY: Funeral Music for Queen Mary II *Nr. 3: „Man that is born of Woman" Z 27* Aufführungsanlaß: Trauerfeier (Ursprünglich: Trauerfeier für Königin Mary II von England 1692)

14,1–2 BACH, JOHANN CHRISTOPH: Motette „Der Mensch, vom Weibe geboren"

19,25–26 HÄNDEL, GEORG FRIEDRICH: Oratorium „Der Messias". *Teil III, Satz „I know that my redeemer liveth" / „Ich weiß, daß mein Erlöser lebet"*

– SCHÜTZ, HEINRICH: Musikalische Exequien *Teil I: Concert in Form einer teutschen Begräbnis-Missa* Aufführungsanlaß: Trauerfeier

19,25–27 SCHÜTZ, HEINRICH: Geistliche Chormusik (1648) *Satz 25 SWS 393 Ich weiß, daß mein Erlöser lebt*

19,25–27a BACH, JOHANN MICHAEL: Choralmotette „Ich weiß, daß mein Erlöser lebt"

21,22–23 und 25–26
MAUERSBERGER, RUDOLF: Dresdner Requiem

Psalter / Psalmen

Allgemein

GOMOLKA, MIKOLAJ: Polnischer Psalter

– HOWELLS, HERBERT: „Psalm Preludes“ Op. 32 für Orgel

– TWILLERT, WILLEM VAN: Choralvorspiele
Orgelmeditationen über die Psalmen

– ZWART, JAN: „Psalmen Davids“ für Orgel

– URKIRCHLICHE TRADITION: Psalmen in aramäischer Sprache, die auf die urkirchliche Tradition zurückgehen, sind auf verschiedenen Tonträgern enthalten.

1 ELGAR, EDWARD: „Beatus vir qui non abiit“ (Psalm 1)

– HÄNDEL, GEORG FRIEDRICH: Psalm 1

– RACHMANINOFF, SERGEJ: Wsenoschtschnaja / Vespermesse Op.37. *Satz 3.*
Aufführungsanlaß: Ursprünglich: Stundengebet der Russisch-orthodoxen Kirche in der Nacht von Samstag auf Sonntag, vergleichbar der Vesper in der katholischen Kirche vor dem Ersten Vatikanischen Konzil.

– SCHÜTZ, HEINRICH: Kleine geistliche Konzerte SWV 282–337. "*Wohl dem, der nicht wandelt“ SWV 290*

– SCHÜTZ, HEINRICH: Psalmen Davids
SWV 28 Wohl dem, der nicht wandelt

1–3 RUSSISCH-ORTHODOXE LITURGIE: Psalmen 1–3

2 ASHFIELD, ROBERT: „Quare framuerunt gentes“ (Psalm 2)

– MENDELSSOHN-BARTHOLDY, FELIX: Motetten Op. 69
Nr. 1: „Warum toben die Heiden“

– RHEINBERGER, JOSEPH GABRIEL: Motetten für gemischten Chor Op. 40. *Nr. 2 „Warum toben die Heiden“*

– SAINT-SAËNS, CAMILLE: Weihnachts-Oratorium. *Satz 6: „Quare fremerunt gentes“*. Aufführungsanlaß: Weihnachten

– SCHÜTZ, HEINRICH: Psalmen Davids
SWV 23 Warum toben die Heiden

2,1–2 HÄNDEL, GEORG FRIEDRICH: Oratorium „Der Messias". *Teil II, Satz „Why do the nations" / „Warum denn rasen und toben die Heiden"*

2,1–3 HÄNDEL, GEORG FRIEDRICH: „Das Gelegenheitsoratorium". *Akt 1, Arioso „Why do the gentiles tumult" und Chor „Let us break off by Strength"; auch Chor „Him or his God we do not fear" und „Him or his God we scorn to fear"*

2,1–4 BERNSTEIN, LEONARD: Chichester Psalms. *Satz 2*

2,4 HÄNDEL, GEORG FRIEDRICH: Oratorium „Der Messias". *Teil II, Satz „He that dwelleth in heaven" / „Der da thronet im Himmel"*

2,4–6 HÄNDEL, GEORG FRIEDRICH: „Das Gelegenheitsoratorium". *Akt 1, Rezitativ „He highest that in Heaven doth dwell"*

2,9 HÄNDEL, GEORG FRIEDRICH: Oratorium „Der Messias". *Teil II, Satz „Thou shalt break them" / „Du zerschlägest sie mit dem eisernen Zepter"*

3 DUMONT, HENRI: Motette „Domine, quid multiplicati sunt"

– HOPKINS, EDWARD JOHN: „Domine quid multiplicati" (Psalm 3)

– Purcell, Henry: „Jehova quam multi sunt hostes"

3,2–3 HÄNDEL, GEORG FRIEDRICH: „Das Gelegenheitsoratorium". *1. Akt, Arie: „O Lord, how many are my foes"*

3,5–6 HÄNDEL, GEORG FRIEDRICH: „Das Gelegenheitsoratorium". *1. Akt, Arie: „Jehovah is my Shield"*

3,6 MONTEVERDI, CLAUDIO: Motette „Ego Dormio"
Monteverdi vertont hier Psalm 4,9. Psalm 3,6 ist traditionsgeschichtlich verwandt.

3,6–9 SCHÜTZ, HEINRICH: Kleine Geistliche Konzerte SWV 282–337. *SWV 310 „Ich liege und schlafe"*

3,7 HÄNDEL, GEORG FRIEDRICH: „Das Gelegenheitsoratorium". *1. Akt, Rezitativ „Of many millions the populus rout"*

4 ELVEY, GEORGE: „Cum invocare" (Psalm 4)

– ROMAN, JOHANN HEINRICH: Psalmen
Nr. 4 „Erhöre mich"/"Hör mig jär nag ropar"

4,8 TALLIS, THOMAS: Motette „In pace, in idipsum"
Aufführungsanlaß: Ursprünglich: Sonntage der Fastenzeit

4,9 BRUHNS, NICOLAUS: Kantate „Ich liege und schlafe"

– MONTEVERDI, CLAUDIO: Motette „Ego dormio"
Traditionsgeschichtlich verwandt: Psalm 3,6

5 DAVIES, HENRY WALFORD: „Verba mea auribus" (Psalm 5)

– SCHÜTZ, HEINRICH: Psalm 5 SWV Anh. 7 „Herr, höre mein Wort"

5,1 PENDERECKI, KRZYSTOF: Lukas-Passion (Passio de mors Domini nostri Jesu Christi secundam Lucam)
Akt 1, Arie im 1. Teil. Aufführungsanlaß: Passion

5,2–3 HÄNDEL, GEORG FRIEDRICH: „Das Gelegenheitsoratorium". *Akt 1, Arie „Jehovah, to my Words give Ear"*

5,12–13 ROMAN, JOHANN HEINRICH: Psalmen
Nr. 5 „Laß sich freuen" / „Lät glädja sig"

6 BACH, JOHANN SEBASTIAN: Choräle BWV 250–338
BWV 338 „Herr, straf' mich nicht in deinem Zorn"

– BACH, JOHANN SEBASTIAN: Kantate BWV 135 „Ach Herr, mich armen Sünder"
Choralkantate über eine freie Nachdichtung von Psalm 6. Musikalisch ist sie im Hinblick auf das Weihnachtsoratorium und vor allem die Matthäuspassion besonders interessant, da der Choral „Ach Herr, mich armen Sünder" auf die gleiche Melodie wie „O Haupt voll Blut und Wunden" gesungen wird. Aufführungsanlaß: 3. Sonntag nach Trinitatis

– CARTER, ANDREW: „Domine me in furore" (Psalm 6)

– GIBBONS, ORLANDO: „In thy wrath"

– GRANDI, ALESSANDRO: Motette „Domine ne in furore"

– HOMILIUS, GOTTFRIED AUGUST: Choral für Orgel „Straf mich nicht in deinem Zorn"

– KNÜPFER, SEBASTIAN: Geistliches Konzert für Soli und Instrumente „Ach Herr, strafe mich nicht"

– LASSO, ORLANDO DI: Psalmi Davidis Poenitentiales (Bußpsalmen). *Nr. 1: Psalm 6 „Domine me in furore tuo"*

– Monteverdi, Claudio / Palestrina, Giovanni Pierluigi da: Motette „In furore tuo“

– Monteverdi, Claudio: „Domine, me in forure tuo“

– Reger, Max: Choralvorspiele Op. 67. *Nr. 37 „Straf mich nicht in deinem Zorn“*. Choralbearbeitung für Orgel

– Reger, Max: Fantasien über Choräle Op. 40. *Nr. 2 „Straf mich nicht in deinem Zorn“*. Choralbearbeitung für Orgel

– Reger, Max: Geistliche Gesänge Op. 110
Nr. 2 „Ach Herr, strafe mich nicht“

– Rubbra, Edmund: Psalmen
Nr. 6 „Ach Herr, strafe mich nicht in deinem Zorn“

– Schütz, Heinrich: Psalmen Davids
SWV 24 Ach Herr, straf mich nicht in deinem Zorn

– Telemann, Georg Philipp: „Ach Herr, strafe mich nicht“ *für Alt und Instrumente (Psalm 6)*

– Telemann, Georg Philipp: Orgelchoräle P 34 TV 31
Nr. 7 „Straf mich nicht in deinem Zorn“

– Töpfer, Johann Gottlieb: Choralvariationen für Orgel „Straf mich nicht in deinem Zorn“

– Vantoura, Suzanne: Die Musik der Bibel (Entzifferung einer 1000jährigen Notation). *Fünftes Stück*

– Wachowski, Gerd: Improvisation für Orgel über den Choral „Straf mich nicht in deinem Zorn“

6,2 Telemann, Georg Philipp: Kantate „Strafe mich nicht in deinem Zorn“ TV 1,74. Aufführungsanlaß: Ursprünglich: 19. Sonntag nach Trinitatis

6,5 Bach, Georg Christoph: Kantate „Herr wende dich und sei mir gnädig“

6,5–6 Schein, Johann Hermann: Israelsbrünnlein – Deutsche Madrigale (26 Motetten)
Nr. 6 „Wende dich, Herr“

7 Cooke, Robert: „Domine Deus meus“ (Psalm 7)

– Donati, Ignazio: Motette „In te Domine“

– Scandelius, Antonius: Motette „Auf dich trau ich, mein Herr und Gott“. Choral-Motette

– Schütz, Heinrich: Psalm 7 „Auf dich, Herr, traue ich" SWV 462

8 Corfe, Joseph: „Domine Dominus noster" (Psalm 8)

– Lasso, Orlando di: „Domine dominus noster" (Psalm 8 zu 6 Stimmen)

– Mendelssohn-Bartholdy, Felix: Oratorium „Elias"
Nr. 42: Schlußchor

– Schütz, Heinrich: Psalm 8 SWV449 „Herr, unser Herrscher"

– Schütz, Heinrich: Psalmen Davids
SWV 27 Herr, unser Herrscher

– Schütz, Heinrich: Symphoniae Sacrae II SWV 341–367
„Herr unser Herrscher" SWV 343 (Psalm 8)

– Spohr, Louis: Psalmen für Soli und Chor Op. 85
Nr. 1: „Unendlicher Gott, unser Herrscher" (Psalm 8)

8,2 und 10 Telemann, Georg Philipp: Kanon „Herr, unser Herrscher"

8,2a Bach, Johann Sebastian: Johannes-Passion
Eingangschor „Herr, unser Herrscher"

9 Stainer, John: „Confitebor tibe" (Psalm 9)

9,12–13 Schütz, Heinrich: Kleine Geistliche Konzerte SWV 282–337. *SWV 293 „Lobet den Herren, der zu Zion"*

10 Attwood, Thomas: „Ut quid Domine" (Psalm 10)

10,1 Penderecki, Krzystof: Lukas-Passion (Passio de mors domini nostri Jesu Christi secundam Lucam)
A-Cappella-Psalm im 1. Teil. Aufführungsanlaß: Passion

11 Elvey, Stephen: „In Domino confico" (Psalm 11)

– Händel, Georg Friedrich: Chandos Anthem Nr. 2 „In the Lord put I my trust" / „Ich traue auf den Herrn" (Psalm 11) HWV 247

12 Bach, Johann Sebastian: Kantate BWV 2
„Ach Gott, vom Himmel sieh darein"
Choralkantate über Luthers Verarbeitung von Psalm 12
Aufführungsanlaß: Ursprünglich: 2. Sonntag nach Trinitatis

– STOLTZER, THOMAS: Psalmen
Nr. 12 „Hilf, Herr, die Heiligen haben abgenommen“

– WILTON, CHARLES: „Salvum me fac“ (Psalm 12)

13 BRAHMS, JOHANNES: Psalm 13 Op. 27 „Herr, wie lange“

– BYRD, WILLIAM: Psalmen
Nr. 13 „O Lord, how long wilt thou forget“

– CROFT, WILLIAM: „Usque quo, Domine“ (Psalm 13)

– GREENE, MAURICE: Anthem „How long wilt thou forget me, o Lord“

– SCHÜTZ, HEINRICH: Symphoniae Sacrae III
„Herr, wie lang willst du mein so gar vergessen“ SWV 416

– STOLTZER, THOMAS: Psalmen
Nr. 13 „Herr, wie lang willst du mein so gar vergessen“

13,2–4 KIEL, FRIEDRICH: Motetten für gemischten Chor Op. 82
Nr. 6: „Herr, wie lang willst du meiner so gar vergessen“

14 ATTWOOD, THOMAS: „Dixit insipiens“ (Psalm 14)

14,7–10 GUILMANT, FELIX ALEXANDRE: Marche et Fugue über „Lift up your Heads“ aus dem Oratorium „Der Messias“ von Händel.
Guilmant bearbeitet Händels Chor, der in deutschen Übersetzungen „Hebt euer Haupt“ oder „Hoch tut euch auf“ heißt.

– HÄNDEL, GEORG FRIEDRICH: Oratorium „Der Messias“
Teil II, Satz „Lift up your heads“ / „Hoch tut euch auf“ / „Hebt euer Haupt“

15 GIBBONS, CHRISTOPHER: „Domine quis habitabit“ (Psalm 15)

– SCHÜTZ, HEINRICH: Psalm 15 SWV 466
„Herr, wer wird wohnen in deiner Hütten“

16 HAVERGAL, WILLIAM HENRY: „Conserva me, Domine“ (Psalm 16)

16,10 HÄNDEL, GEORG FRIEDRICH: Oratorium „Der Messias“
Teil II, Satz „But thou didst not leave“ / „Doch du ließest ihn im Grabe nicht“

17 TURLE, JAMES: „Exaudi me, Domine“ (Psalm 17)

18 David, Johann Nepomuk: Choralwerk für Orgel
Nr. 5: Choralvorspiel „Herzlich lieb hab ich dich, o Herr"
Bearbeitung des Chorals „Herzlich lieb hab ich dich" (EG 397)

– Krebs, Johann Ludwig: Choralbearbeitung „Herzlich lieb hab ich dich" für Trompete und Orgel
Bearbeitung des Chorals EG 397

– Scheidt, Samuel: Cantiones Sacrae. *Motette „Herzlich lieb hab ich dich, o Herre".* Choralmotette

18,2–7 Schütz, Heinrich: Symphoniae Sacrae II SWV 341–367
„Herzlich lieb hab ich dich" SWV 348

19 Beethoven, Ludwig van: Lieder Op. 48
Nr. 4 „Die Ehre Gottes aus der Natur / Die Himmel rühmen des Ewigen Ehre". Beethoven vertont eine Nachdichtung des 19. Psalms von Chr. F. Gellert

– Haydn, Joseph: Oratorium „Die Schöpfung"
Chorsatz „Die Himmel erzählen die Ehre Gottes"

– Marcello, Benedetto: Psalmen
Nr. 19: „I Cieli immensi"

19,1–7 Schütz, Heinrich: Geistliche Chormusik (1648)
Satz 18 SWV 386

19,2 und 4 Bach, Johann Sebastian: Kantate „Die Himmel erzählen die Ehre Gottes".
Satz 1. Aufführungsanlaß: 2. Sonntag nach Trinitatis

19,5 Bach, Johann Sebastian: Kantate BWV17 „Wer Dank opfert, der preiset mich". *Satz 2.*
Aufführungsanlaß: Ursprünglich: 14. Sonntag nach Trinitatis

20–21 Händel, Georg Friedrich: Dettinger Anthem
Aufführungsanlaß: Ursprünglich zur Siegesfeier nach der Schlacht bei Dettingen bestimmt.

21 Greene, Maurice: Anthem „The king shall rejoice"

– Händel, Georg Friedrich: Coronation Anthem Nr. 3 „The King shall rejoice"
Aufführungsanlaß: Ursprünglich: Königskrönung in England

22 Bardos, Lajos: Motette „Eli, Eli"

– Humfrey, Pelham: Psalmen. Nr. 22

– Mendelssohn-Bartholdy, Felix: Motetten Op. 78
Nr. 3 „Mein Gott, warum hast du mich verlassen"

– TOURNEMIRE, CHARLES: Sept Choral-Poèmes Op. 67 für Orgel
Orgel-Meditationen über die letzten Worte Jesu Christi am Kreuz. Aufführungsanlaß: Passion

– WESLEY, SAMUEL SEBASTIAN: Psalm 22 „My God, look upon me"

– GREGORIANIK: Gesang „Deus meus"

22,2 BACH, CARL PHILIPP EMANUEL: Markus-Passion
Rezitativ (Kreuzigungsszene). Aufführungsanlaß: Passion

– BACH, JOHANN SEBASTIAN: Matthäus-Passion. Nr. 61: Rezitativ (Kreuzigungsszene). Aufführungsanlaß: Passion

– DUBOIS, FRANCOIS C. THEODORE: Oratorium „Les sept parols du Christ". Aufführungsanlaß: Passion

– FRANCK, CÉSAR: „Die sieben Worte Christi am Kreuz" für Soli, Chor und Orchester. Aufführungsanlaß: Passion

– GUBAIDULINA, SOFIA: „Sieben Worte" für Violoncello, Bajan u. Streicher
Meditationen über die sieben Worte Jesu am Kreuz

– HAYDN, JOSEPH: Die sieben letzten Worte des Erlösers am Kreuze. *Satz „Eli, Eli, lama asabthani"*
Das Werk gibt es als Oratorium und als Streichquartett
Aufführungsanlaß: Passion

– HOMILIUS, GOTTFRIED: Matthäus-Passion
Kreuzigungs-Szene. Aufführungsanlaß: Passion

– KEISER, REINHARD: Markus-Passion
Rezitativ (Kreuzigungsszene). Aufführungsanlaß: Passion

– LASSO, ORLANDO DI: Matthäus-Passion
Kreuzigungs-Szene

– MARTIN, FRANK: Oratorium „In terra pax"
Erster Teil / Nr. 4

– SCHÜTZ, HEINRICH: Die sieben Worte Jesu Christi am Kreuz. Aufführungsanlaß: Passion

– SCHÜTZ, HEINRICH: Matthäus-Passion
Kreuzigungsszene. Aufführungsanlaß: Passion

– TELEMANN, GEORG PHILIPP: Matthäus-Passion (1730)
Rezitativ (Kreuzigungsszene). Aufführungsanlaß: Passion

– TELEMANN, GEORG PHILIPP: Matthäus-Passion (1746)
Rezitativ (Kreuzigungsszene). Aufführungsanlaß: Passion

– TELEMANN, GEORG PHILIPP: Matthäus-Passion (1754)
„Danziger Passion". *Kreuzigungsszene*

– WEBBER, ANDREW LLOYD: „Jesus Christ Superstar"
„Crucifixion"

22,2–3 MARTIN, FRANK: Oratorium „In terra pax"
Erster Teil / Nr. 2

– PENDERECKI, KRZYSTOF: Lukas-Passion (Passio de mors domini nostri Jesu Christi secundam Lucam)
Arie im 1. Teil. Aufführungsanlaß: Passion

22,5 BRAHMS, JOHANNES: Fest- und Gedenksprüche Op. 109
Nr. 1 „Unsere Väter hofften"

22,9 HÄNDEL, GEORG FRIEDRICH: Oratorium „Der Messias"
Teil II, Sätze „All they that see him" / „Und alle, die ihn sehen, sprechen ihm Hohn" und „He trusted in God" / „Er trauete Gott, daß er würd' erretten ihn"

22,15–19 PENDERECKI, KRZYSTOF: Lukas-Passion (Passio de mors domini nostri Jesu Christi secundam Lucam)
A-Cappella-Psalm in Teil 2. Aufführungsanlaß: Passion

22,16 PENDERECKI, KRZYSTOF: Lukas-Passion (Passio de mors domini nostri Jesu Christi secundam Lucam)
Beginn von Teil 2. Aufführungsanlaß: Passion

22,27 BACH, JOHANN SEBASTIAN: Kantate BWV 75
„Die Elenden sollen essen". *Satz 1.*
Aufführungsanlaß: Ursprünglich: 1. Sonntag nach Trinitatis

23 BACH, JOHANN SEBASTIAN: Kantate BWV 85
„Ich bin ein guter Hirt". *Satz 3 – Choral*

– BACH, JOHANN SEBASTIAN: Kantate BWV 104
„Du Hirte Israel höre". *Satz 6 „Der Herr ist mein getreuer Hirt".* Choralbearbeitung. Text: Cornelius Becker. Aufführungsanlaß: Ursprünglich: Sonntag „Misericordias Domini"

– BACH, JOHANN SEBASTIAN: Kantate BWV 112
„Der Herr ist mein getreuer Hirt"

Choral-Nachdichtung des Psalms (EG 274). Aufführungsanlaß: Ursprünglich: Sonntag „Misericordias Domini“

23 BERNSTEIN, LEONARD: Chichester Psalms. Satz 2

– BERTRAM, HANS GEORG: „Der Herr ist mein Hirte“

– BORNEFELD, HELMUT: Choralkantate Nr. 5 „Der Herr ist mein getreuer Hirt“ für hohe Stimme, Chor, Flöte und Orgel. Bearbeitung des Chorals „Der Herr ist mein getreuer Hirt“ (EG 274)

– BORNEFELD, HELMUT: Choralpartita Nr. 2 für Orgel „Der Herr ist mein getreuer Hirt“. Bearbeitung des Chorals „Der Herr ist mein getreuer Hirt“ (EG 274)

– DVORAK, ANTONIN: Zehn Biblische Lieder
Nr. 4 „Gott der Herr ist Hirte mir“

– GOSS, JOHN: Psalm 23 „The Lord is my shepherd“

– HOMILIUS, GOTTFRIED AUGUST: Motette „Der Herr ist mein Hirte“

– LISZT, FRANZ: Psalmen.
„Mein Gott, der ist mein Hirt“ R 491

– RUBBRA, EDMUND: Psalmen
Nr. 23 „Der Herr ist mein Hirte“

– SCHUBERT, FRANZ: Psalm 23 D 706 Op. 132

– SCHÜTZ, HEINRICH: Symphoniae Sacrae III
„Der Herr ist mein Hirt“ SWV 398

– SCHÜTZ, HEINRICH: Psalmen Davids
SWV 33 Der Herr ist mein Hirt

– SPOHR, LOUIS: Psalmen für Soli und Chor Op. 85
Nr. 2 „Gott ist mein Hirt“ – Psalm 23

– STANFORD, CHARLES VILLIERS: „The Lord is my shepherd“

– VANTOURA, SUZANNE: Die Musik der Bibel (Entzifferung einer 1000jährigen Notation). *Erstes Stück*

– WEISMANN, WILHELM: Psalm 23 „Der Herr ist mein Hirte“

– ZEMLINSKY, ALEXANDER VON: Psalm 23 Op. 41

23,2 BACH, JOHANN SEBASTIAN: Kantate BWV 90 „Es reißet euch ein schrecklich Ende“
Satz 2. Aufführungsanlaß: 25. Sonntag nach Trinitatis

23,4 KIEL, FRIEDRICH: Motetten für gemischten Chor Op. 82
Nr. 1: „Und ob ich schon wanderte im finstern Tal“

24 BARNBY, JOSEPH: Psalm 24 „The Earth is the Lord's“

– HUMFREY, PELHAM: Psalmen. *Nr. 24*

– SCHÜTZ, HEINRICH: Psalm 24 SWV 476 „Domini est terra“

– VANTOURA, SUZANNE: Die Musik der Bibel (Entziffe-rung einer 1000jährigen Notation). *Drittes Stück*

24,7ff. HOYER, KARL: „Macht hoch die Tür“ Choral nach Psalm 24,7. Aufführungsanlaß: Advents- und Weihnachtszeit

24,7–8 KNÜPFER, SEBASTIAN: Motette „Machet die Tore weit“
Aufführungsanlaß: Advent

24,7–8a SCHÜTZ, HEINRICH: Motette „Machet die Tore weit“ SWV ANH. 8

24,7–10 REGER, MAX: Choralvorspiele Op. 135a
Nr. 16 „Macht hoch die Tür“. Bearbeitung des Chorals „Macht hoch die Tür“. Aufführungsanlaß: Advent

– REGER, MAX: Chorsatz zu 5 Stimmen „Macht hoch die Tür“. Bearbeitung des Chorals „Macht hoch die Tür“ (EG 1). Aufführungsanlaß: Advents- und Weihnachtszeit

– TELEMANN, GEORG PHILIPP: Kantate „Machet die Tore weit“. *Satz 1.* Aufführungsanlaß: Ursprünglich: 1. Advent

– WACHOWSKI, GERD: Choralvorspiele Nr. 1–11
Nr. 5 „Macht hoch die Tür“
Bearbeitung des Chorals „Macht hoch die Tür“ (EG 1)
Aufführungsanlaß: Advents- und Weihnachtszeit

– HAMMERSCHMIDT, ANDREAS: „Machet die Tore weit“ für 6stimmigen Chor
Aufführungsanlaß: Advents- und Weihnachtszeit

– SCHELLE, JOHANN: „Machet die Tore weit“ für Soli und Instrumente
Aufführungsanlaß: Advents- und Weihnachtszeit

25 Dvorak, Antonin: Zehn Biblische Lieder
Nr. 8 „Wende dich zu mir“

– Lasso, Orlando di: Motette „In te speravi“

– Scheidt, Samuel: Toccata „In te Domine“
Instrumentale Orgel-Meditation

– Zwart, Jan: Psalmen Davids für Orgel. *Nr. 25*

25,5 Gesualdo, Carlo Fürst von Venosa: Motette „Reminiscere miserationem tuarum“

25,9 Gesualdo, Carlo Fürst von Venosa: Motette „Reminiscere miserationem tuarum“
Aufführungsanlaß: Sonntag Reminiscere / Zweiter Sonntag der Passionszeit (Wochenspruch)

25,15 Lopes Morago, Estevao: Motette „Oculi mei“

– Magalhaes, Filipe de: Motette „Oculi mei“

26 Haydn, Joseph: Englische Psalmen für 3stimmigen Chor. *Nr. 1*

27 Händel, Georg Friedrich: Chandos Anthem Nr. 10 „The Lord is my light“ HWV 255

28,7 Händel, Georg Friedrich: Oratorium „Israel in Ägypten“
Teil 2, Duett „The Lord is my Strength and my Song“

29 Elgar, Edward: Psalm 29 Op. 74

29,2 Bach, Johann Sebastian: Kantate BWV 148 „Bringet dem Herrn Ehre seines Namens“
Satz 1. Aufführungsanlaß: 17. Sonntag nach Trinitatis

29,3–9 Schütz, Heinrich: Kleine geistliche Konzerte SWV 282–337. *„Die Stimme des Herren“ SWV 331*

30 Lasso, Orlando di: Motette „Exaltabo te, Domine“

– Penderecki, Krzystof: Psalmen Davids für Chor und Schlagzeug. *„Exultabo te, Domine“*

30,5–6 Schein, Johann Hermann: Israelsbrünnlein – Deutsche Madrigale (26 Motetten)
Nr. 16 „Ihr Heiligen, lobsinget dem Herren“

– SCHÜTZ, HEINRICH: Kleine geistliche Konzerte SWV 282–288
„Lobsinget dem Herrn, ihr Heiligen" SWV 288

31 GOMBERT, NICOLAS: Motette „In te Domine speravi"

– HAYDN, JOSEPH: Englische Psalmen für 3stimmigen Chor. *Nr. 2*

– JOSQUIN DESPREZ: Motette „In te Domine speravi"

– PURCELL, HENRY: Anthem „In thee, O Lord, do I put my trust"

– TUNDER, FRANZ: Choralbearbeitung für Orgel „In dich hab ich gehoffet"
Bearbeitung des Liedes „In dich hab ich gehoffet" (EG 275)

31,1–2 und 5 PENDERECKI, KRZYSTOF: Lukas-Passion (Passio de mors domini nostri Jesu Christi secundam Lucam)
Schlußsatz. Aufführungsanlaß: Passion

31,2–3 SCHÜTZ, HEINRICH: Geistliche Chormusik (1648)
Satz 9 SWV 377 Herr, auf dich traue ich

31,6 BACH, JOHANN SEBASTIAN: Kantate BWV 106 „Actus Tragicus". *Satz 3.* Aufführungsanlaß: Trauerfeier

– DUBOIS, FRANCOIS C. THEODORE: Oratorium „Les sept parols du Christ". Aufführungsanlaß: Passion

– FRANCK, CÉSAR: „Die sieben Worte Christi am Kreuz" für Soli, Chor und Orchester. Aufführungsanlaß: Passion

– HAYDN, JOSEPH: Die sieben letzten Worte des Erlösers am Kreuze
Satz „Pater, in tuas manus commendo spiritum meum"
Das Werk gibt es als Oratorium und als Streichquartett.
Aufführungsanlaß: Passion

– SCHÜTZ, HEINRICH: Die sieben Worte Jesu Christi am Kreuz. Aufführungsanlaß: Passion

– SHEPPARD, JOHN: In manus tuas I-III

– TALLIS, THOMAS: Motette „In Manus tuas"
Jesus-Wort am Kreuz nach Lukas 23,46

31,15 BUXTEHUDE, DIETRICH: Kantate „in te Domine speravi" Bx 53

31,19 MARTIN, FRANK: Oratorium „In terra pax"
Dritter Teil / Nr. 8

32 Lasso, Orlando di: Psalmi Davidis Poenitentiales (Bußpsalmen). Nr. 2: „Beati quorum remissae sunt"

33 KODÁLY, ZOLTAN: Psalm 33

– MOSER, RUDOLF: Psalm 33 für tiefe Stimme und Harfe

33,5 MOZART, WOLFGANG AMADEUS: Offertorium „Misericordias Domini" KV 222
Aufführungsanlaß: Sonntag „Misericordias Domini"

34 HONEGGER, ARTHUR: Trois Psaumes. *Nr. 34*

– HOWELLS, HERBERT: Psalm-Preludes Op. 32
Nr. 1: Psalm 34

– ROSENMÜLLER, JOHANN: Geistliches Konzert „Benedicam Dominum"

– ZWART, JAN: Psalmen Davids für Orgel. *Nr. 34*

34,6 HOWELLS, HERBERT: „Psalm Preludes" Op. 32 für Orgel
Nr. 1

34,9 BACH, JOHANN SEBASTIAN: Kantate BWV 186 „Ärgre dich, o Seele, nicht". *Satz 4*
Aufführungsanlaß: 7. Sonntag nach Trinitatis

– KIR STEFAN, DOMESTIKOS DER SERBE / SERBISCH-ORTHODOXE LITURGIE: „Kostet und Sehet" (Psalm 33,9)
Die Serbisch-orthodoxe Liturgie orientiert sich an der griechischen Bibel-Übersetzung der SEPTUAGINTA und der lateinischen VULGATA. In beiden Versionen werden die Psalmen abweichend vom Luthertext gezählt. Psalm 33 im griechischen und lateinischen Text entspricht Psalm 34 bei Luther sowie im hebräischen Original.

– LASSO, ORLANDO DI: Motette „Gustate et videte"
Der Text ist Bestandteil der Abendmahls-Liturgie

– TELEMANN, GEORG PHILIPP: Kantate „Schmeckt und sehet" TV 1,1252

34,10 BYRD, WILLIAM: Motette „Timite Dominum"

34,17 WESLEY, SAMUEL SEBASTIAN: Anthem „The face of the Lord"

35 Huygens, Constantijn: Psalm 35 für Tenor und Orgel „Dilataverunt"

36,6 Bach, Carl Philipp Emanuel: Motette „Herr, deine Güte reicht so weit"

– Bach, Johann Sebastian: Kantate BWV 17 „Wer Dank opfert, der preiset mich". *Satz 3*
Aufführungsanlaß: Ursprünglich: 14. Sonntag nach Trinitatis

– Grell, August Eduard: „Herr, deine Güte reicht so weit"

36,6f. Beethoven, Ludwig van: Lieder Op. 48
Nr. 1 „Bitten / Gott, deine Güte reicht so weit der Himmel ist"
Beethoven vertont eine Nachdichtung einer Stelle, die sich in Psalm 36,6f und Psalm 57,11f findet. Die Nachdichtung stammt von Chr. F. Gellert.

37 Stoltzer, Thomas: Psalmen
Nr. 37 „Erzürne dich nicht"

37,4–5 Schütz, Heinrich: Kleine geistliche Konzerte SWV 282–337. *„Habe deine Lust an dem Herrn" SWV 311*

37,5 Altnikol, Johann Christoph: Choralsätze „Befiehl du deine Wege". Das Werk bezieht sich auf Paul Gerhardts Choral-Nachdichtung

– Bach, Johann Sebastian: Matthäus-Passion
Choral „Befiehl du deine Wege". Paul Gerhardts Choraltext wird hier zur Melodie „o Haupt voll Blut und Wunden" gesungen, die sich leitmotivisch durch die ganze Matthäus-Passion zieht.

37,25 Schein, Johann Hermann: Israelsbrünnlein – Deutsche Madrigale (26 Motetten). *Nr. 8 „Ich bin jung gewesen"*

37,30 Bruckner, Anton: Motette „Os iusti meditabitur sapientiae"

38 Dowland, John: Psalmen
Nr. 38 „Put me not in rebuke, o Lord"

– Lasso, Orlando di: Psalmi Davidis Poenitentiales (Bußpsalmen). *Nr. 3: „Domine me in furore tuo"*

38,4 Bach, Johann Sebastian: Kantate BWV 25 „Es ist nichts Gesundes an meinem Leibe". *Satz 1*
Aufführungsanlaß: Ursprünglich: 14. Sonntag nach Trinitatis

39,5 Attwood, Thomas: Anthem „Teach me, o Lord“

– Greene, Maurice: Anthem „Lord, let me know mine End“

– Locke, Matthew: „Lord let me know mine End“

39,5–8 Brahms, Johannes: Ein Deutsches Requiem
Satz 3. Aufführungsanlaß: Trauerfeier

39,13–14 Strawinsky, Igor: Psalmen-Sinfonie
Satz 1: Psalm 39. Lateinischer Text

40,2 Mendelssohn-Bartholdy, Felix: Sinfonie Nr. 2 B-Dur „Lobgesang“ für Soli, Chor und Orchester
Satz 4

40,2–4 Strawinsky, Igor: Psalmen-Sinfonie
Satz 2: Psalm 40. Lateinischer Text

40,5 Mendelssohn-Bartholdy, Felix: Sinfonie Nr. 2 B-Dur „Lobgesang“ für Soli, Chor und Orchester
Satz 4

41 Haydn, Joseph: Englische Psalmen für 3stimmigen Chor. *Nr. 3*

42 Billings, William: As the Hart panteth

– Buxtehude, Dietrich: Kantate Bx 92 „Quemadmodus desiderat Cervus“

– Campra, André: Motette „Quemadmodus desiderat cervus“

– Charpentier, Marc Antoine: Psalm „Quemadmodus desiderat cervus“ H 174

– Grandi, Alessandro: Libro VI
Motette „Quemadmodum desiderat“

– Händel, Georg Friedrich: Chandos Anthem Nr. 6a „As pants the hart for cooling streams“ / „Wie der Hirsch schreit“ (Psalm 42) HWV 251a

– Howels, Herbert: Motette „Like as the Hart desireth the Waterbrooks“

– Humfrey, Pelham: Psalmen. *Nr. 42*

– Mendelssohn-Bartholdy, Felix: Psalm 42 Op. 42 „Wie der Hirsch schreit“

– MERTEL, ELIAS: Psalm Davids „Wie ein Hirsch schreyet"

– PALESTRINA, GIOVANNI PIERLUIGI DA: Motette „Sicut cervus desiderat"

– SCHÜTZ, HEINRICH: Kleine geistliche Konzerte SWV 282–337. *SWV 336 „Quasimodum desederat cervus"*

42,2 PALESTRINA, GIOVANNI PIERLUIGI DA: Psalmmotette „Sicut cervus desiderat"

42,2ff. SCHÜTZ, HEINRICH: Kleine geistliche Konzerte SWV 282–337. *„Quemadmodum desiderat Cervus" SWV 336*

42,3 CARDOSO, FREI MANUEL: Motette „Sitivit anima mea"

42,5 SCHÜTZ, HEINRICH: Kleine geistliche Konzerte SWV 282–337. *„Was betrübst du dich" SWV 335*

42,6 BACH, JOHANN CHRISTOPH: Orgelchoral „Warum betrübst du dich, mein Herz"

– BACH, JOHANN SEBASTIAN: Notenbüchlein für Anna Magdalena Bach
Choralbearbeitung „Warum betrübst du dich" BWV 516 (Strophe 1)

– BERNARD, CHRISTOPH: „Was betrübst du dich, meine Seele" – Geistliches Konzert für Alt und Instrumente

– KREBS, JOHANN LUDWIG: Klavierübung – 13 Choralbearbeitungen
Nr. 12 „Warum betrübst du dich, mein Herz"

– MICHEELSEN, HANS FRIEDRICH: Geistliches Konzert „Was betrübst du dich, meine Seele" für Alt, Violine und Orgel Op. 27

– SCHÜTZ, HEINRICH: Symphoniae Sacrae II (SWV 341–367). SWV 353 „Was betrübst du dich"
Die Verse Ps 42,6; 42,12 und 43,5 sind im Wortlaut identisch

42,12 BACH, JOHANN CHRISTOPH: Orgelchoral „Warum betrübst du dich, mein Herz"

– BACH, JOHANN SEBASTIAN: Kantate BWV 21 „Ich hatte viel Bekümmernis". *Satz 6*
Aufführungsanlaß: Ursprünglich: 3. Sonntag nach Trinitatis

– BACH, JOHANN SEBASTIAN: Notenbüchlein für Anna Magdalena Bach
Choralbearbeitung „Warum betrübst du dich“ BWV 516 (Strophe 1)

– BERNARD, CHRISTOPH: „Was betrübst du dich, meine Seele“ – Geistliches Konzert für Alt und Instrumente

– BERNHARD, CHRISTOPH: Geistliches Konzert „Was betrübst du dich, meine Seele“

– BERNHARD, CHRISTOPH: Kantate „Was betrübst du dich, meine Seele“ für Alt und Instrumente

– KREBS, JOHANN LUDWIG: Klavierübung – 13 Choralbearbeitungen. *Nr. 12 „Warum betrübst du dich, mein Herz“*

– MICHEELSEN, HANS FRIEDRICH: Geistliches Konzert „Was betrübst du dich, meine Seele“ für Alt, Violine und Orgel Op. 27

– SCHEIN, JOHANN HERMANN: Israelsbrünnlein – Deutsche Madrigale (26 Motetten)
Nr. 21 „Was betrübst du dich, meine Seele“

– SCHÜTZ, HEINRICH: Symphoniae Sacrae II (SWV 341–367)
SWV 353 „Was betrübst du dich“. Die Verse Ps 42,6, 42,12 und 43,5 sind im Wortlaut identisch

43 MENDELSSOHN-BARTHOLDY, FELIX: Motetten Op. 78
Nr. 2 „Richte mich, Gott“

43,1 PENDERECKI, KRZYSTOF: Lukas-Passion (Passio de mors domini nostri Jesu Christi secundam Lucam)
Arie in Teil 1. Aufführungsanlaß: Passion

43,3–4 ASMA, FEIKE: Psalmen
Nr. 43. Instrumentale Fantasie für Orgel

43,3–5 SCHEIDT, SAMUEL: Cantiones Sacrae
Motette „Sende dein Licht und deine Wahrheit“

43,5 BACH, JOHANN CHRISTOPH: Orgelchoral „Warum betrübst du dich, mein Herz“

– BACH, JOHANN SEBASTIAN: Kantate „Ich hatte viel Bekümmernis“ BWV 21
Satz 6. Aufführungsanlaß: 3. Sonntag nach Trinitatis

– BACH, JOHANN SEBASTIAN: Notenbüchlein für Anna Magdalena Bach
Choralbearbeitung „Warum betrübst du dich" BWV 516 (Strophe 1)

– BERNARD, CHRISTOPH: „Was betrübst du dich, meine Seele" – Geistliches Konzert für Alt und Instrumente

– MICHEELSEN, HANS FRIEDRICH: Geistliches Konzert „Was betrübst du dich, meine Seele" für Alt, Violine und Orgel Op. 27

– SCHEIN, JOHANN HERMANN: Israelsbrünnlein – Deutsche Madrigale (26 Motetten)
Nr. 21 „Was betrübst du dich, meine Seele"

– SCHÜTZ, HEINRICH: Kleine geistliche Konzerte SWV 282–337. *„Was betrübst du dich" SWV 335*

– SCHÜTZ, HEINRICH: Symphoniae Sacrae II (SWV 341–367). *SWV 353 „Was betrübst du dich"*. Die Verse Ps 42,6; 42,12 und 43,5 sind im Wortlaut identisch

43,6 KREBS, JOHANN LUDWIG: Klavierübung – 13 Choralbearbeitungen.
Nr. 12 „Warum betrübst du dich, mein Herz"

45 BORTNIANSKY, DIMITRIJ: Chorkonzert Nr. 106: Psalm 45 für Doppelchor

– HÄNDEL, GEORG FRIEDRICH: Coronation Anthem Nr. 4 „My Heart is inditing". Aufführungsanlaß: Ursprünglich: Königskrönung in England

– HUBER, PAUL: Psalm 45

– PURCELL, HENRY: „My heart is inditing" – 8stimmiges Anthem. Aufführungsanlaß: Ursprünglich zur Krönung von James II.

45,7 HÄNDEL, GEORG FRIEDRICH: „Das Gelegenheitsoratorium". *Akt 1, Arie „His sceptre is the Rod of Righteousness"*

46 BACH, JOHANN SEBASTIAN: Kantate BWV 80 „Ein feste Burg ist unser Gott"
Die Kantate bearbeitet Luthers Choral „Ein feste Burg ist unser Gott", eine Nachdichtung von Psalm 46

46 BACH, JOHANN SEBASTIAN: Orgelchoral „Ein feste Burg ist unser Gott“ BWV 720. Bearbeitung von Martin Luthers Choralmelodie

– BURKHARD, WILLY: Fantasie und Choral für Orgel „Ein feste Burg“. Bearbeitung von Luthers Choral „Ein feste Burg“ EG 362

– BUXTEHUDE, DIETRICH: Choralvorspiel „Ein feste Burg ist unser Gott“ für Orgel Bx 184
Bearbeitung von Luthers Choralmelodie „Ein feste Burg ist unser Gott“

– ECCARD, JOHANN: „Ein feste Burg“ – 5stimmiger Satz
Bearbeitung von Luthers Choral „Ein feste Burg ist unser Gott“

– FRANCK, MELCHIOR: „Ein feste Burg“
Bearbeitung von Luthers Choral-Melodie „Ein feste Burg“

– GESUALDO, CARLO FÜRST V. VENOSA: Motette „Deus refugium et virtus“

– GREENE, MAURICE: Anthem „God is our Hope and Strength“

– GRONAU, DANIEL MAGNUS: Choralpartita „Ein feste Burg“.
Bearbeitung von Luthers Choralmelodie „Ein feste Burg“

– HANFF, JOHANN NIKOLAUS: Choral für Orgel „Ein feste Burg ist unser Gott“. Bearbeitung von Luthers Choralmelodie „Ein feste Burg ist unser Gott“

– HASSLER, HANS LEO: Motette „Deus noster refugium“

– HESSE, ADOPLH FRIEDRICH: Orgelchoral „Ein feste Burg ist unser Gott“. Bearbeitung von Luthers Choral „Ein feste Burg ist unser Gott“ (EG 362)

– KINT, COR: Choralfantasie „Ein feste Burg“
Bearbeitung von Luthers Choral „Ein feste Burg“ (EG 362)

– KUGELMANN, JOHANN: „Ein feste Burg ist unser Gott“
Choralbearbeitung für Orgel von Luthers Choral „Ein feste Burg ist unser Gott“

– LASSEL, RUDOLF: Fantasie für Orgel „Ein feste Burg“
Bearbeitung von Luthers Choral „Ein feste Burg“ (EG 362)

- LUTHER, MARTIN: Choral „Ein feste Burg ist unser Gott“ (EG 362). Luthers Choral-Nachdichtung des Psalms
- MENDELSSOHN-BARTHOLDY, FELIX: Sinfonie Nr. 5 „Reformationssinfonie“
  Insbesondere der Schlußsatz, der Luthers Choralmelodie „Ein feste Burg ist unser Gott“ verarbeitet
- MENDELSSOHN-BARTHOLDY, FELIX: Sprüche zum Kirchenjahr Op. 79. *Nr. 2 „Herr, du bist unsere Zuflucht“.* Aufführungsanlaß: Neujahr
- MOHRHEIM, FRIEDRICH CHRISTIAN: Choralbearbeitung „Ein feste Burg“. Bearbeitung von Luthers Choral „Ein feste Burg ist unser Gott“ (EG 362)
- OSIANDER, LUCAS: Choralbearbeitung „Ein feste Burg ist unser Gott“
- PACHELBEL, JOHANN: Choralvorspiel „Ein feste Burg ist unser Gott“
  Bearbeitung von Luthers Choralmelodie „Ein feste Burg“
- PACHELBEL, JOHANN: Motette „Gott ist unsre Zuversicht und Stärke“
- PRAETORIUS, MICHAEL: Choralfantasie für Orgel „Ein feste Burg ist unser Gott“
  Bearbeitung von Luthers Choral „Ein feste Burg ist unser Gott“ (EG 362)
- RAMEAU, JEAN PHILIPPE: Motette „Deus noster refugium“
- REGER, MAX: Choralvorspiele Op 67
  Nr. 6 „Ein feste Burg ist unser Gott“. Bearbeitung von Luthers Choral „Ein feste Burg ist unser Gott“
- REGER, MAX: Choralvorspiele Op. 79b
  Nr. 13 „Ein feste Burg ist unser Gott“. Orgelbearbeitung von Luthers Choralmelodie „Ein feste Burg“
- REGER, MAX: Choralvorspiele Op. 79b
  Nr. 2 „Ein feste Burg ist unser Gott“. Bearbeitung von Luthers Choralmelodie „Ein feste Burg“
- RINCK, CHRISTIAN HEINRICH: Orgelchoral „Ein feste Burg ist unser Gott“. Bearbeitung von Luthers Choralmelodie „Ein feste Burg ist unser Gott“

– WALTER, JOHANN: „Ein feste Burg"
Bearbeitung von Luthers Choral „Ein feste Burg"

– WALTHER, JOHANN GOTTFRIED: Choralbearbeitung für Trompete und Orgel „Ein feste Burg ist unser Gott"
Bearbeitung von Luthers Choralmelodie „Ein feste Burg ist unser Gott"

46,2 BACH, JOHANN SEBASTIAN: Kantate „Gott ist unsre Zuversicht" BWV 197
Satz 1. Aufführungsanlaß: Ursprünglich: Trauung

47 GREENE, MAURICE: Anthem „O clap your Hands together"

– NOBLE, TERTIUS: Psalm 47 „O clap your hands"

– SCHMITT, FLORENT: Psalm 47 Op. 38

– VAUGHAN-WILLIAMS, RALPH: Kantate „O clap your Hands" (Psalm 47)

47,6–7 BACH, JOHANN SEBASTIAN: Kantate BWV 43 „Gott fähret auf mit Jauchzen"
Satz 1. Aufführungsanlaß: Christi Himmelfahrt

48 ELGAR, EDWARD: Motette „Great is the Lord"

– RHEINBERGER, JOSEPH GABRIEL: Psalm „Wie lieblich sind deine Wohnungen" Op. 35

48,11 BACH, JOHANN SEBASTIAN: Kantate BWV 148 „Gott, wie dein Name, so ist auch dein Ruhm"
Satz 1 – Eingangschor. Aufführungsanlaß: Neujahr

– BACH, JOHANN SEBASTIAN: Kantate BWV 171 „Gott, wie dein Name, so ist auch dein Ruhm". *Satz 1 – Eingangschor.* Aufführungsanlaß: Ursprünglich: Neujahr

50 HAYDN, JOSEPH: Englische Psalmen für 3stimmigen Chor. *Nr. 4*

– KODÁLY, ZOLTAN: Psalm 50

50,23 BACH, JOHANN SEBASTIAN: Kantate BWV 17 „Wer Dank opfert, der preiset mich". *Satz 1.*
Aufführungsanlaß: Ursprünglich: 14. Sonntag nach Trinitatis

51 ALLEGRI, GREGORIO: Motette „Miserere mei, Deus"
Aufführungsanlaß: Passion (ursprünglich: Karfreitagsliturgie der Päpste)

- BÜMLER, GEORG HEINRICH: „Miserere mei“ – Kantate für Sopran, Kontratenor, 4stimmigen Chor und Orchester
- CHARPENTIER, MARC ANTOINE: Motette „Miserere“ für 5 Stimmen und Instrumente
- DECHTJAREV, STEPAN: Psalm 50
  Psalm 50 in der Ostkirche entspricht Psalm 51 bei Luther.
- GABRIELI, GIOVANNI: Motette „Miserere mei, Deus“
- GESUALDO, CARLO FÜRST V. VENOSA: Responsorium „Miserere“ (Psalm 50). Vertont ist Psalm 50 aus der lateinischen VULGATA. Er entspricht Psalm 51 bei Luther.
- HÄNDEL, GEORG FRIEDRICH: Chandos Anthem Nr. 3 „Have mercy upon me“ / „Gott sei mir gnädig“ (Psalm 51) HWV 248
- HUMFREY, PELHAM: Psalmen. *Nr. 51*
- JOSQUIN DESPRÉZ: Motette „Miserere mei, Deus“
- KUHNAU, JOHANN: Geistliches Konzert „Gott, sei mir gnädig nach deiner Güte“ für Soli und Instumente
- LASSO, ORLANDO DI: Psalmi Davidis Poenitentiales
  Nr. 4: „Miserere mei, Deus“
- LISZT, FRANZ: A la Chapella Sixtina. *„Miserere“ nach Allegri.* Orgelbearbeitung einer Motette von G. Allegri
- LULLY, JEAN-BAPTISTE: Motette „Miserere mei, Deus“
- MONZA, CARLO: Motette „Miserere mei, Domine“
- MOZART, WOLFGANG AMADEUS: „Miserere mei, Deus“ KV 85
- OROLOGIO, ALESSANDRO: „Miserere“
- PURCELL, HENRY: Anthem „Be mercyful unto me“
- SCARLATTI, DOMENICO: Motette „Miserere“
- VIVALDI, ANTONIO: „Piango gemo“ – Psalm 51 – Kantate für Alt und Basso Continuo
- VIVALDI, ANTONIO: Introduzione al Miserere R 641
  Vivaldi vertont einen lateinischen Text „Non in pratis“. Das Stück ist als Einleitung zum „Miserere“, also dem 51. Psalm, konzipiert.

– VIVALDI, ANTONIO: Piango Gemo R 675 (Psalm 51)

51,2 BACH, JOHANN SEBASTIAN: Kantate BWV 199 „Mein Herze schwimmt im Blut". *Satz 3*
Aufführungsanlaß: Ursprünglich: 11. Sonntag nach Trinitatis

51,3–4 MARTIN, FRANK: Oratorium „In terra pax"
Zweiter Teil / Nr. 5

51,4 WESLEY, SAMUEL SEBASTIAN: Anthem „Wash me througly"

51,6ff. BEETHOVEN, LUDWIG VAN: Lieder Op. 48
Nr. 6 „Bußlied / An dir allein hab ich gesündigt"
Nachdichtung von Chr. F. Gellert

51,9 CARDOSO, FREI MANUEL: Motette „Asperges me"

– MAGALHAES, FILIPE DE: Motette „Asperges me"

51,12 BÜMLER, GEORG HEINRICH: Kantate „Schaffe in mir" für Sopran, 4stimmigen Chor und Orchester

51,12–13 BRAHMS, JOHANNES: Geistliche Gesänge (Motetten) für gemischten Chor Op. 29
Nr. 2 „Schaffe in mir, Gott, ein reines Herz"

51,13 BACH, JOHANN SEBASTIAN: Kantate BWV 105 „Herr, gehe nicht ins Gericht"
Satz 2. Aufführungsanlaß: 9. Sonntag nach Trinitatis

55 BYRD, WILLIAM: Psalmen. *Nr. 55 „O God give Ear"*

– DVORAK, ANTONIN: Zehn Biblische Lieder
Nr. 3 „Gott, o höre, hör auf mein Gebet". Dvorak vertont einzelne Auszüge aus dem Psalm.

– HUMFREY, PELHAM: Psalmen. *Nr. 55*

– KODÁLY, ZOLTAN: „Psalmus Hungaricus" Op. 13

55,2–9 RICHTER, ERNST FRIEDRICH: Motette „Herr, höre mein Gebet" Op. 45

56,2 PENDERECKI, KRZYSTOF: Lukas-Passion (Passio de mors Domini nostri Jesu Christi secundam Lucam)
A-Cappella-Psalm in Teil 1. Aufführungsanlaß: Passion

57 KAPP, ARTHUR: Vaimulik Aaria (Psalm 57)

57,11 BACH, CARL PHILIPP EMANUEL: Motette „Herr, deine Güte reicht so weit"

57,11f. Beethoven, Ludwig van: Lieder Op. 48
Nr. 1 „Bitten / Gott, deine Güte reicht so weit der Himmel ist“. Beethoven vertont eine Nachdichtung einer Stelle, die sich in Psalm 36,6f. und Psalm 57,11f. findet. Die Nachdichtung stammt von Chr. F. Gellert.

60 Pachelbel, Johann: Motette „Tröste uns Gott, unser Heiland“. Text ist eine Nachdichtung von Psalm 60

61 Dvorak, Antonin: Zehn Biblische Lieder
Nr. 6 „Hör, o Vater, wie ich dich bitte“

– Gesualdo, Carlo Fürst von Verona: Motette „Exaudi Deus deprecationem meam

– Haydn, Joseph: Englische Psalmen für 3stimmigen Chor. *Nr. 5*

– Humfrey, Pelham: Psalmen. *Nr. 61*

– Kaufmann, Diethelm: „Höre, Gott, mein Schreien“

– Lully, Jean-Baptiste: Motette „Exaudi, Deus“

62 Kaminski, Heinrich: Orgelchoral d-Moll „Meine Seele ist stille zu Gott“. Choral für Orgel

63 Campra, André: Motette „Ubi es, Deus meus“

– Dvorak, Antonin: Zehn Biblische Lieder
Nr. 6 „Hör, o Vater, wie ich dich bitte“
Einzelne Auszüge des Psalms werden vertont.

– Purcell, Henry: Anthem „O God, thou art my God“ Z 35

65,2 Bach, Johann Sebastian: Kantate BWV 120 „Gott, man lobet dich in der Stille“
Satz 1: Alt-Solo mit Streicher- und Continuo-Begleitung
Aufführungsanlaß: Ursprünglich: Ratswechsel in Leipzig

65,2–3 Mauersberger, Rudolf: Dresdner Requiem
Introitus. Aufführungsanlaß: Das Werk wurde 1947/1951 zum Gedenken der Zerstörung Dresdens 1945 komponiert.

66 Bach, Johann Sebastian: Kantate BWV 51 „Jauchzet Gott in allen Landen“
Satz 1. Nachdichtung des Psalmtextes
Aufführungsanlaß: Ursprünglich: 15. Sonntag nach Trinitatis

– BOUZIGNAC, GUILLAUME: Motette „Jubilate Deo omnis terra"

– BRITTEN, BENJAMIN: Jubilate Deo, Es-Dur

– BUXTEHUDE, DIETRICH: Kantate „Jubilate Deo"

– CAMPRA, ANDRÉ: Solokantate „Jubilate Deo" für Sopran und Instrumente

– GABRIELI, GIOVANNI: Motette „Jubilate Deo omnis terra" für 8stimmigen Doppelchor

– GRETSCHANIOW, ALEXANDER: Psalm 66 „Jauchzet Gott alle Lande"

– LASSO, ORLANDO DI: Motette „Jubilate Deo"

– LECHNER, LEONARD: Motette „Jubilate Deo, omnis terra"

– LILIUS, FRANCISZEK: Motette „Jubilate deo omnis terra"

– PACHELBEL, JOHANN: Motette „Jauchzet Gott alle Lande". Bearbeitung einer Choral-Nachdichtung

– SCHEIDT, SAMUEL: Geistliche Konzerte II
Motette „Jauchzet Gott alle Land"

– THOMAS, KURT: Vierstimmige Motette „Jauchzet Gott, alle Lande"

– TROMBETTI, ASCANIO: 8stimmige Motette „Jubilate Deo"

– WALTON, WILLIAM TURNER: „Jubilate Deo"

67 BACH, JOHANN SEBASTIAN: Kantate BWV 76 „Die Himmel erzählen die Ehre Gottes"
Satz 7 und 13. Bearbeitung von Luthers Choral-Nachdichtung von Psalm 67 „Es woll uns Gott genädig sein"
Aufführungsanlaß: Ursprünglich: 2. Sonntag nach Trinitatis

68 BORTNIANSKY, DIMITRIJ: Psalm 67
Psalm 67 aus der Ostkirche entspricht Psalm 68 bei Luther

68,12 HÄNDEL, GEORG FRIEDRICH: Oratorium „Der Messias"
Teil II, Satz „The Lord gave the Word" / „Der Herr gab das Wort"

68,19 Händel, Georg Friedrich: Oratorium „Der Messias"
Teil II, Satz „Thou art gone up on high" / „Du fuhrest in die Höh'"

69 Brahms, Johannes: Geistliche Gesänge (Motetten) für 4–8stimmigen Chor Op. 110
Nr. 1 „Ich aber bin elend". Nachdichtung

– Händel, Georg Friedrich: Chandos Anthem
Nr. 4a „Oh sing unto the Lord a new Song" / „Singet dem Herrn ein neues Lied"

– Haydn, Joseph: Englische Psalmen für 3stimmigen Chor. *Nr. 6*

69,21 Händel, Georg Friedrich: Oratorium „Der Messias"
Teil II, Satz „Thy rebuke has broken his heart" / „Diese Schmach brach ihm sein Herz"

70 Britten, Benjamin: Psalmen
Nr. 70 „Deus in Adiutorum meum"

– Schütz, Heinrich: Kleine geistliche Konzerte SWV 282–337. *SWV 282 „Eile, Gott, mich zu erretten"*

70,2 Monteverdi, Claudio: „Vespro della beata Vergine" (Marien-Vesper). *Satz 1: Vers & Responsorium „Deus in Adiutorium".* Aufführungsanlaß: Mariae Himmelfahrt

71 Telemann, Georg Philipp: Große Motette für Soli, Chor und Orchester „Deus iudicum tuum"

71,9ff. Beresowsky, Maxim: Chorkonzert „Verstoße mich nicht im Alter"

72,25–26 Schütz, Heinrich: Musikalische Exequien
Teil I: Concert in Form einer teutschen Begräbnis-Missa
Aufführungsanlaß: Trauerfeier

73,20 Bach, Johann Ludwig: Motette „Das ist meine Freude, daß ich zu Gott halte"

73,23–24 Schein, Johann Hermann: Israelsbrünnlein – Deutsche Madrigale (26 Motetten)
Nr. 5 „Dennoch bleibe ich stets an dir"

73,25–26 Schütz, Heinrich: Kleine geistliche Konzerte SWV 282–337. *„Herr, wenn ich nur dich habe" SWV 321*

– Schütz, Heinrich: Musikalische Exequien
Teil II: Motette „Herr, wenn ich nur dich habe"
Aufführungsanlaß: Trauerfeier

73,28 Bach, Johann Ludwig: Motette „Das ist meine Freude, daß ich zu Gott halte"

75 Homilius, Gottfried August: Motette „Deo dicamus gratias"

75,2 Bach, Johann Sebastian: Kantate BWV 29 „Wir danken dir, Gott". *Satz 1*
Aufführungsanlaß: Ursprünglich: Ratswechsel in Leipzig

76 Charpentier, Marc Antoine: Psalm „Notus in Judia" H 179

77 Bach, Johann Ernst: „Das Vertrauen der Christen auf Gott" – Ode auf Psalm 77 für Tenor, Chor und Orchester

78 Schütz, Heinrich: Symphoniae Sacrae I (SWV 257–276)
SWV 270: „Attendite, popule meus" (Psalm 78)

80 Hovhaness, Alan: „Shepherd of Israel"

– Pachelbel, Johann: Tröste uns Gott unser Heiland
Es handelt sich um eine Choralmotette

– Purcell, Henry: Anthem Z 37 „O Lord, God of Hosts"

80,2 Bach, Johann Sebastian: Kantate BWV 104 „Du Hirte Israel höre". *Satz 1.* Aufführungsanlaß: Ursprünglich: Sonntag „Misericordias Domini"

81,2 Händel, Georg Friedrich: „Das Gelegenheitsoratorium". *2. Akt, Arie mit Baßsolo und Chor „To God, our Strength, sing loud and clear"*

81,2.5 und 6 Roman, Johan Heinrich: Psalmen
Nr. 81 „Singet fröhlich"

82 Turcianov, Pjotr / Ostkirchliche Liturgie: Gesang „Erhebe dich, Gott"

– Zumbroich, Eberhard Maria / Ostkirchliche Liturgie: „Erhebe dich, Gott, und richte die Erde"
Aufführungsanlaß: Karsamstag

84 HOWELLS, HERBERT: Motette „Behold, O God our Defender“ (Psalm 84)

– PARRY, CHARLES HUBERT HASTINGS: Psalm 84 „O how amiable are thy dwellings“

– RHEINBERGER, JOSEPH GABRIEL: Psalm „Wie lieblich sind deine Wohnungen“ Op. 35

– SCHÜTZ, HEINRICH: Psalmen Davids
SWV 29 Wie lieblich sind deine Wohnungen

– STEEGMANS, PAUL: Psalm 84 (1990)

84,1–2 KIEL, FRIEDRICH: Motetten für gemischten Chor Op. 82
Nr. 3: „Wie lieblich sind deine Wohnungen“

84,1–2 und 4 SCHÜTZ, HEINRICH: Symphoniae Sacrae III
„Mein Sohn, warum hast du uns das getan“ SWV 401

84,2–3 und 5 BRAHMS, JOHANNES: Ein Deutsches Requiem
Satz 4. Aufführungsanlaß: Trauerfeier

84,12 BACH, JOHANN SEBASTIAN: Kantate BWV 79 „Gott, der Herr, ist Schutz und Schild“. *Satz 1*
Aufführungsanlaß: Ursprünglich: Reformationsfest

85 SCHÜTZ, HEINRICH: Psalm 85 SWV 461 „Herr, der du bist vormals genädig geweßt“

86 BOUDERS, POUL: Psalm 86

– HOLST, GUSTAV: Psalmen
Nr. 86 für Chor, Sreicher und Orgel

– PURCELL, HENRY: Anthem „Bow down thine ear“ Z 11

– RUDERS, POUL: Psalm 86: „Herr, neige deine Ohren“

– STOLTZER, THOMAS: Psalmen. *Nr. 86*

86,3 SCHRECK, GUSTAV: Motetten Op. 23. *Nr. 2 „Sei mir gnädig“*

86,17 HOMILIUS, GOTTFRIED AUGUST: Motette „Domine ad adiuvenum me“

87 VLIET, HERMAN VAN: Psalmen. *Nr. 87*

88 GRANDI, ALESSANDRO: Motette „Plorabo die ac nocte“

88,2–4 MARTIN, FRANK: Oratorium „In terra pax“
Erster Teil / Nr. 4

89 PURCELL, HENRY: Anthem „My song shall be alway"

– VLIET, HERMAN VAN: Psalmen. *Nr. 89*

89,9 HÄNDEL, GEORG FRIEDRICH: „Das Gelegenheits-oratorium". *3. Akt, Arie „Who is like unto thee"*

89,21 BRUCKNER, ANTON: Motette „Inveni David"

90 Vaughan-Williams, Ralph: Motette für Chor und Orchester „Lord, thou hast been our refuge"

90,10 BACH, JOHANN MICHAEL: Motette „Unser Leben währet siebenzig Jahr"

– CALVISIUS, SETHUS: Motette für zwei 4stimmige Chöre „Unser Leben währet siebzig Jahr"

– SCHEIN, JOHANN HERMANN: Israelsbrünnlein – Deutsche Madrigale (26 Motetten)
Nr. 15 „Unser Leben währet siebzig Jahr"

90,10a SCHÜTZ, HEINRICH: Musikalische Exequien
Teil I: Concert in Form einer teutschen Begräbnis-Missa
Aufführungsanlaß: Trauerfeier

90,12 BACH, JOHANN SEBASTIAN: Kantate BWV 106 „Actus Tragicus". *Satz 2.* Aufführungsanlaß: Trauerfeier

– SCHEIN, JOHANN HERMANN: Israelsbrünnlein – Deutsche Madrigale (26 Motetten)
Nr. 25 „Herr lehre uns bedenken"

91,11 MENDELSSOHN-BARTHOLDY, FELIX: „Denn er hat seinen Engeln befohlen" – Psalmmotette für vier- bis achtstimmigen Chor

92 BIKKEMBERGS: Psalm 92

– FRÖHLICH, FRIEDRICH THEODOR: Motette „Wie köstlich ist's, dem Herrn zu danken" für Chor und Klavier

– SCHUBERT, FRANZ: Psalm 92 D 953

93 PACHELBEL, JOHANN: Motette „Der Herr ist König" (Psalm 93)

– ROSENBLÜTH / JÜDISCHE LITURGISCHE MUSIK: Psalm 93

– OSTKIRCHLICHE LITURGIE: Gesang „Der Herr ist König"

– RUSSISCH-ORTHODOXE LITURGIE: Psalm 92
Gesungen wird Psalm 92 aus der lateinischen VULGATA. Er entspricht Psalm 93 bei Luther.

94 REUBKE, JULIUS: Psalm 94 – Große Sonate c-Moll für Orgel

94,19 BACH, JOHANN SEBASTIAN: Kantate „Ich hatte viel Bekümmernis“ BWV 21
Satz 1–2. Vertont wird eine Nachdichtung des Psalms
Aufführungsanlaß: Ursprünglich: 3. Sonntag nach Trinitatis

95 MENDELSSOHN-BARTHOLDY, FELIX: Psalm 95 „Kommt, laßt uns anbeten“ Op. 46

96 BRIEGEL, WOLFGANG CARL: Kantate „Singet dem Herrn ein neues Lied“

– CROCE, GIOVANNI: „Cantate Domino“ (Psalm 96)

– DVORAK, ANTONIN: Zehn Biblische Lieder
Nr. 10 „Singet ein neues Lied“

– PURCELL, HENRY: Anthem Z 44 „O sing unto the Lord“

– THALBEN-BALL, GEORGE: Psalm 96 „O sing unto the Lord“

– TOMKINS, THOMAS: Anthem „Oh sing unto the Lord a new song“

96,11 VANHURA, CESLAV: Offertorium zum Weihnachtsfestkreis „Laetantur Coeli“
Aufführungsanlaß: Weihnachtszeit

96,11ff. LASSO, ORLANDO DI: Motette „Laetentur coeli“

97 BOYCE, WILLIAM: Anthem „The Lord is king“

– DVORAK, ANTONIN: Zehn Biblische Lieder
Nr. 1 „Wolken und Finsternis“

97,11–12 BACH, JOHANN SEBASTIAN: Kantate BWV 195 „Dem Gerechten muß das Licht“
Aufführungsanlaß: Ursprünglich: Trauung

98 ALLEGRI, GREGORIO: Motette „Cantate Domino“ zu 4 Stimmen

– BACH, JOHANN SEBASTIAN: Choräle BWV 250–438
BWV 411 „Singet dem Herrn ein neues Lied“

– DISTLER, HUGO: Choralmotetten Op. 12
Nr. 1 „Singet dem Herrn“. Bearbeitung des Chorals „Singet dem Herrn ein neues Lied“ (EG 287)

– DVORAK, ANTONIN: Zehn Biblische Lieder
Nr. 10 „Singet ein neues Lied“

– LECHNER, LEONHARD: Motette „Cantate Domino“

– MENDELSSOHN-BARTHOLDY, FELIX: Psalm 98 Op. 91

– MODESS, JOCHEN A.: „Singet dem Herrn“ (Psalm 98) für Kinderchor und Instrumente

– MONTEVERDI, CLAUDIO: Motette „Cantate Domino“

– PACHELBEL, JOHANN: Motette „Singet dem Herrn ein neues Lied“ (Psalm 98)

– PFIFFNER, ERNST: Psalm 98 für Sopran und Orgel

– SCHÜTZ, HEINRICH: Psalmen Davids
SWV 35 Singet dem Herrn ein neues Lied

– SCHWEIZER, ROLF: Singet dem Herrn ein neues Lied
Choral (287)

– GREGORIANIK: Gesang „Cantate Domino“. Aufführungsanlaß: Wochenspruch Sonntag Cantate (Psalm 98,1)

– GREGORIANIK: Gesang „Puer natus est nobis/Cantate Dominum canticum novum“
Aufführungsanlaß: Weihnachten

98,1–4 BUXTEHUDE, DIETRICH: Kantate „Cantate Domino“ Bx 12

98,4–7 SCHÜTZ, HEINRICH: Psalmen Davids
SWV 47 Concert Jauchzet dem Herren, alle Welt

99 PACHELBEL, JOHANN: Motette „Der Herr ist König“ (Psalm 99)

100 BERNSTEIN, LEONARD: Chichester psalms. *Satz 1*

– BRUHNS, NICOLAUS: Kantate „Jauchzet dem Herrn alle Welt“

– BUXTEHUDE, DIETRICH: Kantate „Jubilate Domino“ für Alt und Instrumente Bx 64

- DOWLAND, JOHN: Psalmen
  Nr. 100 „All people that on Earth to dwell"
- GABRIELI, GIOVANNI: Symphoniae Sacrae (1615)
  „Jubilate" zu 10 Stimmen
- HÄNDEL, GEORG FRIEDRICH: Chandos Anthem Nr. 1 „Oh be joyful to the Lord"
- LOCKE, MATTHEW: „O be joyfull in the Lord, all the lands"
- MARTIN, FRANK: Oratorium „In terra pax"
  Zweiter Teil / Nr. 7
- MENDELSSOHN-BARTHOLDY, FELIX: Drei Motetten Op. 69. *Nr. 2 „Jauchzet dem Herrn"*
- MENDELSSOHN-BARTHOLDY, FELIX: Psalm 100 o.Op.
- PACHELBEL, JOHANN: Motette „Jauchzet dem Herrn" (Psalm 100)
- PURCELL, HENRY: „Te Deum" and „Jubilate" Z 232
  Nr. 2 „Jubilate"
- PURCELL, HENRY: Voluntarien für Tasteninstrument mit Trompete Z 721 in A on the old hundred Psalm tune
- REGER, MAX: Psalm Nr. 100 Op. 106 D-Dur für Chor, Orchester und Orgel
- SCHÜTZ, HEINRICH: Schwanengesang
  Motette „Jauchzet dem Herren, alle Welt" SWV 493
  Der „Schwanengesang" von Heinrich Schütz besteht aus insgesamt 13 Motetten. Die Motetten SWV 482–492 bilden die Vertonung von Psalm 119. SWV 493 verarbeitet Psalm 100, SWV 494, das „Deutsche Magnificat", Lukas 1,46–55.
- SCHÜTZ, HEINRICH: Psalmen Davids
  SWV 36 Jauchzet dem Herren, alle Welt
- SILCHER, FRIEDRICH: „Jauchzet dem Herrn"
- TOMKINS, THOMAS: The great Service. *Jubilate*
- VAUGHAN-WILLIAMS, RALPH: „The old hundreth Psalm"
- WACHOWSKI, GERD: Choralvorspiele Nr. 1–11
  Nr. 1 „Nun jauchzt dem Herren alle Welt"

– Gregorianik: Gesang „Jubilate". Aufführungsanlaß: Osterfestkreis, vorzugsweise Sonntag Jubilate

100,1 Bach, Johann Sebastian: „Jauchzet dem Herrn, alle Welt" Motette BWV 231 und BWV Anh. 160

100,1–5 Schütz, Heinrich: Kleine geistliche Konzerte SWV 282–337

102 Lasso, Orlando di: Psalmi Davidis Poenitentiales (Bußpsalmen). *Nr. 5: „Domine exaudi orationem meam"*

– Selle, Thomas: Konzert „Domine exaudi orationem meam"

– Vedel, Artemi / Ukrainische Liturgie: „O Herr, erhöre mein Gebet"

103 Archangelski, Alexander / Russisch-orthodoxe Liturgie: Psalm 103 „Preise, meine Seele, den Herrn"

– Bach, Johann Sebastian: Kantate BWV 28 „Gottlob, nun geht das Jahr zu Ende"
Satz 2 – Choral „Nun lob mein Seel den Herren"
Choralbearbeitung. Aufführungsanlaß: Weihnachtszeit (ursprünglich: Sonntag nach Weihnachten)

– Bach, Johann Sebastian: Schemelli-Liederbuch
Choral „Nun lob, mein Seel, den Herren" BWV 390

– Buxtehude, Dietrich: Choralpartita Bx 212 „Nun lob mein Seel den Herren"

– Buxtehude, Dietrich: Choralvorspiel Bx 213 „Nun lob, mein Seel, den Herren". Bearbeitung des Chorals „Nun lob, mein Seel, den Herren" (EG 289)

– Buxtehude, Dietrich: Choralpartita „Nun lob mein Seel den Herren" Bx 215

– Goudimel, Claude: Psalm 103

– Grell, August Eduard: Motette „Lobe den Herrn, meine Seele"

– Gretschaninow, Alexander: Geistliche Lieder für Männerchor. „Meine Seele lobe den Herren" Nachdichtung des Psalms

– Hammerschmidt, Andreas: Kantate „Nun lob mein Seel den Herren“ für 1stimmigen Chor, Bläser und Basso Continuo. Bearbeitung von Johann Gramanns Choral-Nachdichtung von Psalm 103

– Hassler, Hans Leo: Choral „Nun lob mein Seel den Herren“. Choral-Nachdichtung

– Ippolitow-Iwanow, Michail / Ostkirchliche Liturgie: „Lobe den Herrn“ (Psalm 103)

– Karg-Elert, Sigfrid: Choralimprovisationen für Orgel Op. 65. *Nr. 28 „Lobe den Herren, o meine Seele“*

– Pachelbel, Johann: Orgelchoral „Nun lob, mein Seel, den Herren“. Choralbearbeitung

– Purcell, Henry: Anthem „Praise the Lord, O my Soul“

– Roman, Johan Heinrich: Psalmen
Nr. 103: „Lobe den Herrn“

– Schütz, Heinrich: Psalmen Davids
SWV 41 Canzon Nun lob, mein Seel, den Herren
Schütz vertont eine Nachdichtung von Johann Gramann

– Tschesnokow, Pavel: Psalm 103

– Wesley, Samuel Sebastian: Anthem „Praise the Lord, o my Soul“

103,1–2 Mendelssohn-Bartholdy, Felix: Sinfonie Nr. 2 B-Dur „Lobgesang“ für Soli, Chor und Orchester. *Satz 4*

103,1–4 Schütz, Heinrich: Psalmen Davids
SWV 39 Concert Lobe den Herren, meine Seele

103,2 Bach, Johann Sebastian: Kantate BWV 69 „Lobe den Herrn, meine Seele“
Aufführungsanlaß: Ursprünglich: Ratswechsel in Leipzig

– Bach, Johann Sebastian: Kantate BWV 69a „Lobe den Herrn, meine Seele“
Satz 1. Aufführungsanlaß: 12. Sonntag nach Trinitatis

103,8 Schelle, Johann: Geistliches Konzert „Barmherzig und gnädig ist der Herr“ für Soli und Instrumente

104 Archangelski, Alexander / Ostkirchliche Liturgie: „Preise, meine Seele, den Herrn“ (Psalm 103)

Psalm 103 der ostkirchlichen Liturgie entspricht Psalm 104 bei Luther.

- DOWLAND, JOHN: Psalmen
  Nr. 104 „My soul praise the Lord"
- RACHMANINOFF, SERGEJ: Liturgie des Heiligen Johannes Chrysostomus Op. 31. *Satz 2.* Die Chrysostomus-Liturgie wurde auch von Tschaikowsky vertont.
- RACHMANINOFF, SERGEJ: Wsenoschtschnaja / Vespermesse Op. 37. *Satz 2*
- OSTKIRCHLICHE LITURGIE: Liturgischer Gesang „Preise den Herrn, meine Seele"
- RUSSISCH-ORTHODOXE LITURGIE: Psalm 103
  Gesungen wird Psalm 103 aus der lateinischen VULGATA. Er entspricht Psalm 104 bei Luther. Aufführungsanlaß: Ostern

104,24ff. DUFFE, HELMUT: Psalm-Motette „Herr, deine Werke sind so groß und viel"

104,27–28 BACH, JOHANN SEBASTIAN: Kantate BWV 187 „Es wartet alles auf dich". *Satz 1.*
Aufführungsanlaß: 7. Sonntag nach Trinitatis – Meditation über das Sonntagsevangelium

104,33ff. GRANDI, ALESSANDRO: Motette „Cantabo Domino"

105,1 MENDELSSOHN-BARTHOLDY, FELIX: Sinfonie Nr. 2 B-Dur „Lobgesang" für Soli, Chor und Orchester
Satz 4

106 BUXTEHUDE, DIETRICH: Choralpartita Bx 181 „Danket dem Herrn, denn er ist freundlich"

107 PEEBLES, DAVID: Psalm 107

107,1 BUXTEHUDE, DIETRICH: Choralpartita „Danket dem Herrn" Bx 181

107,23ff. PURCELL, HENRY: Anthem „They that go down to the sea in ships" Z 57

108 BUXTEHUDE, DIETRICH: Kantate „Mein Herz ist bereit" Bx 73

108,2 BERNSTEIN, LEONARD: Chichester Psalms Nr. 1–3
Satz 1

110 CHARPENTIER, MARC ANTOINE: „Dixit Dominus pour le Port Royal"

– CHARPENTIER, MARC ANTOINE: Vepres des Jesuites (Jesuitenvesper). *„Dixit Dominus"*

– COLONNA, GIOVANNI PAOLO: „Dixit" zu 8 Stimmen

– HÄNDEL, GEORG FRIEDRICH: „Dixit Dominus" – Psalm 109 – HWV 232. Händel vertont lateinischen Text der Vulgata. Die Psalm-Zählung weicht von der hebräischen Bibel und vom Luther-Text ab. Aufführungsanlaß: Das Werk gehörte wohl zu einer Karmelitervesper, die im Zusammenhang mit der Marienverehrung auf dem Berg Karmel aufgeführt wurde.

– JERÚSALEM, IGNACIO DE: „Dixit Dominus"

– LULLY, JEAN-BAPTISTE: Motette „Dixit Dominus"

– MONTEVERDI, CLAUDIO: „Vespro della beata Vergine" (Marien-Vesper). *Satz 2: Psalm „Dixit Dominus"*
Aufführungsanlaß: Mariae Himmelfahrt

– MONTEVERDI, CLAUDIO: Selva morale e spirituale
Nr. 1 „Dixit Dominus" (Psalm 109)
Monteverdi vertont Psalm 109 aus der lateinischen VULGATA. Er entspricht Psalm 110 bei Luther und im hebräischen Original.

– MONTEVERDI, CLAUDIO: Selva morale e Spirituale
Nr. 28: „Dixit" I

– MOZART, WOLFGANG AMADEUS: Dixit et Magnificat KV 193. *„Dixit"*

– MOZART, WOLFGANG AMADEUS: Vesperae de Dominica KV 321. *„Dixit Dominus"*

– MOZART, WOLFGANG AMADEUS: Vesperae Solemnes de Confessore KV 339. *„Dixit Dominus"*

– PORPORA, NICOLO: „Dixit Dominus" für Soli, Chor, Streicher und Basso Continuo (Psalm 109)
Porpora vertont Psalm 109 aus der lateinischen Vulgata. Er entspricht Psalm 110 bei Luther

– REBELO, JOAO LOURENCO: Vesper Psalmen . *„Dixit"*

– RIGATTI, GIOVANNI ANTONIO: Psalm „Dixit Dominus"

– SCHÜTZ, HEINRICH: Psalmen Davids
SWV 22 Der Herr sprach zu meinem Herren

– VIVALDI, ANTONIO: „Dixit Dominus“ für Soli, 2 Chöre und Orchester R 594

– VIVALDI, ANTONIO: „Dixit Dominus“ R 595 für Soli, Chor und Orchester

– GREGORIANIK: Vesper-Gesänge (nach den traditionellen Vesper-Psalmen). *„Dixit Dominus“*

111 CHARPENTIER, MARC ANTOINE: Vepres des Jesuites (Jesuitenvesper). *„Confitebor“*

– LALANDE, MICHAEL-RICHARD DE: „Confitebor tibi, Domine“ für Soli, Chor und Orchester S 56

– MONTEVERDI, CLAUDIO: Selva morale e spirituale
Nr. 37: Confitebor II d-Moll

– MONTEVERDI, CLAUDIO: Selva morale e spirituale
Nr. 4 „Confiteor tibi“

– MOZART, WOLFGANG AMADEUS: Vesperae de Dominica KV 321. *„Confitebor“*

– MOZART, WOLFGANG AMADEUS: Vesperae Solemnes de Confessore KV 339. *„Confitebor“*

– REBELO, JOAO LOURENZO: Vesper-Psalmen
„Confitebor“

– ROSENMÜLLER, JOHANN: Geistliches Konzert „Confitebor“

– SCHÜTZ, HEINRICH: Psalmen Davids
SWV 34 „Ich danke dem Herren von ganzem Herzen“

– ZELENKA, JAN DISMAS: „Confiteor tibi Domine“ (Psalm 110) für Soli, Chor und Instrumente
Zelenka vertont Psalm 110 aus der lateinischen VULGATA. Er entspricht Psalm 111 im hebräischen Original und bei Luther.

– GREGORIANIK: Vesper-Gesänge (nach den traditionellen Vesper-Psalmen). *„Confitebor“*

111–112 MONTEVERDI, CLAUDIO: Selva Morale e Spirituale
Motette „Confitebor tibi, Domine“ (Psalmen 110–111)

Monteverdi benutzt die lateinische Bibelübersetzung der VULGATA, in der die Psalmen-Zählung vom Luthertext und auch vom hebräischen Original abweicht. Es handelt sich hier um die Psalmen 110–111 in der VULGATA und um die Psalmen 111–112 bei Luther.

112 CHARPENTIER, MARC ANTOINE: Psalm 111 „Beatus Vir“
Charpentier vertont Psalm 111 der lateinischen Vulgata. Er entspricht Psalm 112 in der hebräischen Bibel und bei Luther.

– CHARPENTIER, MARC ANTOINE: Vepres des Jesuites (Jesuitenvesper). *Psalm 111 „Beatus Vir“*
Charpentier vertont Psalm 111 aus der lateinischen VULGATA. Er entspricht Psalm 112 bei Luther.

– COLONNA, GIOVANNI PAOLO: „Beatus Vir“ zu 9 Stimmen

– FAGO, FRANCESCO NICOLA: „Beatus Vir“

– LANGLAIS, JEAN: Psalmen. *Nr. 111 „Beatus vir“*

– MONTEVERDI, CLAUDIO: Selva morale e spirituale *Nr. 31 „Beatus vir qui timet Dominum“*

– MOZART, WOLFGANG AMADEUS: Vesperae de Dominica KV 321. *„Beatus Vir“*

– MOZART, WOLFGANG AMADEUS: Vesperae Solemnes de Confessore KV 339. *„Beatus Vir“*

– PURCELL, HENRY: Anthem „Blessed is the Man that feareth the Lord“ Z 9

– REBELO, JOAO LOURENCO: Vesper Psalmen. *„Beatus Vir“*

– ROSENMÜLLER, JOHANN: Geistliches Konzert „Beatus vir“

– TSCHAIKOWSKY, PETER / RUSSISCH-ORTHODOXE LITURGIE: „Glücklich der Mensch“ (Gesang für Männerchor)

– VIOLA, ANSELM: Motette „Beatus Vir“ (Psalm 111)
Viola vertont den Text der lateinische Vulgata. Der dortige Psalm 111 entspricht Psalm 112 bei Luther

– VIVALDI, ANTONIO: „Beatus vir“ R 597 G-Dur für Soli, Doppelchor, Orchester und Basso Continuo

- VIVALDI, ANTONIO: „Beatus Vir" R 598 für 2 Soprane, Alt, Chor und Streicher
- ZELENKA, JAN DISMAS: „Beatus Vir" (Psalm 111) für Soli, Chor und Instrumente
  Zelenka vertont Psalm 111 aus der lateinischen VULGATA. Er entspricht Psalm 112 im hebräischen Original und bei Luther.
- GREGORIANIK: Vesper-Gesänge (nach den traditionellen Vesper-Psalmen). *„Beatus Vir"*

113 BRUCKNER, ANTON: Psalm 112 B-Dur
Bruckner vertont den lateinischen Text aus der Vulgata. Diese zählt die Psalmen abweichend von der hebräischen Bibel und vom Luther-Text.

- BUXTEHUDE, DIETRICH: Choralvorspiel „Danket dem Herrn, denn er ist freundlich" Bx 181
- BUXTEHUDE, DIETRICH: Kantate Bx 69 „Laudate pueri" für 2 Soprane und Instrumente
- BYRD, WILLIAM: Cantiones Sacrae
  Nr. 7: „Laudate Pueri"
- CHARPENTIER, MARC ANTOINE: Vepres des Jesuites (Jesuitenvesper). *„Laudate Pueri"*
- COLONNA, GIOVANNI PAOLO: „Laudate pueri" zu 8 Stimmen
- COUPERIN, FRANCOIS: Motette „Laudate pueri Dominum"
- FAGO, FRANCESCO NICOLA: „Laudate Pueri"
- HÄNDEL, GEORG FRIEDRICH: „Laudate pueri Dominum" – Psalm 112 – HWV 236
  Händel übersetzte nach der lateinischen „Vulgata", die die Psalmen abweichend von der hebräischen Bibel und dem Luthertext zählt. Aufführungsanlaß: Vermutlich gehört das Stück zu einer Karmeliter-Vesper, die im Zusammenhang mit der Marien-Verehrung auf dem Berg Karmel aufgeführt wurde.
- HÄNDEL, GEORG FRIEDRICH: Psalm 112 „Laudate pueri Dominum" HWV 237
  Händel vertont Psalm 112 aus der lateinischen VULGATA. Er entspricht Psalm 113 bei Luther

– HOFER, ANDREAS: „Laudate pueri Dominum“ zu 5 Stimmen

– JACKSON, FRANCIS: Anthem „Alleluja, laudate pueri“

– LOPES MORAGO, ESTEVAO: Laudate pueri

– MENDELSSOHN-BARTHOLDY, FELIX: Motetten Op. 39 für Frauenchor und Orgel. *Nr. 2 „Laudate pueri“*

– MONTEVERDI, CLAUDIO: „Vespro della beata Vergine“ (Marien-Vesper). *Satz 4: Psalm „Laudate pueri“*
Aufführungsanlaß: Mariae Himmelfahrt

– MONTEVERDI, CLAUDIO: Selva morale e spirituale *Nr. 3 „Laudate pueri“*

– MOZART, WOLFGANG AMADEUS: Vesperae de Dominica KV 321. *„Laudate pueri“*

– MOZART, WOLFGANG AMADEUS: Vesperae Solemnes de Confessore KV 339. *„Laudate pueri“*

– REBELO, JOAO LOURENCO: Vesperpsalmen *„Laudate pueri“*

– ROSENMÜLLER, JOHANN: Motette „Laudate pueri“

– STAROMIEYSKI, JANUSZ: Motette „Laudate pueri“

– VIVALDI, ANTONIO: Laudate pueri Dominum (Psalm 112) A-Dur R 602 für Sopran und Orchester
Abweichende Psalmen-Zählung in der lateinischen Vulgata vom Luther-Text. Vivaldi vertont Psalm 112 der Vulgata. Er entspricht Psalm 113 im Luthertext.

– VIVALDI, ANTONIO: „Laudate pueri Dominum“ für Sopran und Orchester R 600

– ZELENKA, JAN DISMAS: Kantate „Laudate pueri“

– GREGORIANIK: Vesper-Gesänge (nach den traditionellen Vesper-Psalmen). *„Laudate pueri“*

113,3 RUPPEL, PAUL ERNST: „Vom Aufgang der Sonne“

– SCHÜTZ, HEINRICH: Symphoniae Sacrae II SWV 341–367 *„Vom Aufgang der Sonne“ SWV 362*

114 BRUCKNER, ANTON: Psalm 114

– KODÁLY, ZOLTAN: Psalm 114

– MENDELSSOHN-BARTHOLDY, FELIX: Psalm 114 Op. 51 „Da Israel aus Ägypten zog“

– VIVALDI, ANTONIO: Psalm 113 „In exitu Israel“ Vivaldi vertont Psalm 113 aus der lateinischen VULGATA. Er entspricht Psalm 114 bei Luther und im hebräischen Text.

– ZELENKA, JAN DISMAS: „In exitu Israel“ (Psalm 113) für Soli, Chor und Instrumente. Zelenka vertont Psalm 113 aus der lateinischen VULGATA. Er entspricht Psalm 114 im hebräischen Original und bei Luther.

115 HAYDN, JOSEPH: Offertorium „Non nobis, Domine“ Hob. XXIIIa:1

– MENDELSSOHN-BARTHOLDY, FELIX: Psalm 115 „Nicht unserm Namen, Herr“ Op. 31

– PURCELL, HENRY: Anthem „Lord, not to us but to thy name“. Aufführungsanlaß: Anthems sind meistens für Staatsakte in England komponierte Kantaten

– SCHÜTZ, HEINRICH: Psalmen Davids
SWV 43 Nicht uns, Herr, sondern deinen Namen

115,12 SCHEIN, JOHANN HERMANN: Israelsbrünnlein – Deutsche Madrigale (26 Motetten)
Nr. 9 „Der Herr denket an uns“

115,12–15 BACH, JOHANN SEBASTIAN: Kantate BWV 196 „Der Herr denket an uns“. Aufführungsanlaß: Trauung

115,17 MARTIN, FRANK: Oratorium „In terra pax“
Erster Teil / Nr. 4

116 GOUDIMEL, CLAUDE: Psalm 116

– HARVEY, JONATHAN: Motette „I love the Lord“

– MONTEVERDI, CLAUDIO: Selva morale e spirituale
Nr. 9 „Laudate Dominum“

– NOORDT, ANTHONI VAN: Psalmen. *Nr. 116*

– PRAETORIUS, MICHAEL: Psalm 116 zu 5 Stimmen

– SCHÜTZ, HEINRICH: „Das ist mir lieb“ SWV 51 (Psalm 116)

– SPEUY, HENDERICK: Psalm 116

– SWEELINCK, JAN PIETERSZOON: Psalmen *116*

– UNBEKANNT / NIEDERLANDE: Klavierbuch der Susanne van Soldt (1599). *Psalm 116*

116,3 MENDELSSOHN-BARTHOLDY, FELIX: Sinfonie Nr. 2 B-Dur „Lobgesang" für Soli, Chor und Orchester
Satz 4

116,7 BACH, JOHANN SEBASTIAN: Kantate BWV 21 „Ich hatte viel Bekümmernis"
Satz 9. Aufführungsanlaß: 3. Sonntag nach Trinitatis

116,7–9 JÜDISCHE LITURGISCHE MUSIK / ROSENBLÜTH: Psalm 116,7–9

117 BACH, JOHANN SEBASTIAN: „Lobet den Herrn, alle Heiden" Motette BWV 230

– BYRD, WILLIAM: Motette „Laudate Dominum"

– CHARPENTIER, MARC ANTOINE: „Laudate Dominum pour le Port Royal"

– CHARPENTIER, MARC ANTOINE: „Laudate Dominum" H 223 (Psalm 116)
Charpentier vertont Psalm 116 aus der lateinischen Vulgata. Er entspricht Psalm 117 im hebräischen Text und bei Luther.

– COLONNA, GIOVANNI PAOLO: „Laudate Dominum" zu 8 Stimmen

– HEER, EMIL: Psalm 117: „Groß und wunderbar"

– MONTEVERDI, CLAUDIO: Selva Morale e Spirituale
Nr. 9: Laudate Dominum III G-Dur
Monteverdi vertont den Psalm 116 aus der lateinischen VULGATA. Er entspricht Psalm 117 in der Lutherbibel.

– MOZART, WOLFGANG AMADEUS: Vesperae de Domenica KV 321. *„Laudate Dominum"*

– MOZART, WOLFGANG AMADEUS: Vesperae Solemnes de Confessore KV 339. „Laudate Dominum"

– PALESTRINA, GIOVANNI PIERLUIGI DA: Motette „Laudate Dominum omnes Gentes"

– REBELO, JOAO LOURENCO: Vesper Psalmen
„Laudate Dominum"

– SCHREYER, GREGOR: „Laudate Dominum" – Sacrificium Vespertinum

– SCHÜTZ, HEINRICH: Psalmen Davids
SWV 47 Concert Jauchzet dem Herren, alle Welt

– TELEMANN, GEORG PHILIPP: Kantate „Lobet den Herrn, alle Heiden"

– VIVALDI, ANTONIO: Psalm 116 „Laudate Dominum" R 606. Vivaldi vertont Psalm 116 aus der lateinischen VULGATA. Er entspricht Psalm 117 bei Luther.

– VULPIUS, MELCHIOR: „Lobt Gott den Herrn, ihr Heiden all" – Choralbearbeitung

– GREGORIANIK: Vesper-Gesänge (nach den traditionellen Vesper-Psalmen). *„Laudate Dominum"*

– OSTKIRCHLICHE LITURGIE: Gesang „Herr, ich ruf zu dir"
Hier werden verschiedene Psalmen verwendet

– RUSSISCH-ORTHODOXE LITURGIE: Psalm 116

Gesungen wird Psalm 116 aus der lateinischen VULGATA. Er entspricht Psalm 117 bei Luther.

118 HUMFREY, PELHAM: Psalmen. *Nr. 118*

118,1 BUXTEHUDE, DIETRICH: Choralpartita „Danket dem Herrn" Bx 181

118,15f. BACH, JOHANN SEBASTIAN: Kantate BWV 149 „Man singet mit Freuden vom Sieg"
Satz 1. Aufführungsanlaß: Michaelis

– LASSO, ORLANDO DI: Motette „Dextera Domini"

118,17 SENFL, LUDWIG: Psalmmotette „Non morir sed vivam"

118,24 KEDROW, NIKOLAI: „Dies ist der Tag, den der Herr gemacht". Aufführungsanlaß: Ostern

118,25 SCHÜTZ, HEINRICH: Symphoniae Sacrae III
„O Herr, hilf, o Herr, lass wohl gelingen" SWV 402

118,29 BUXTEHUDE, DIETRICH: Choralpartita „Danket dem Herrn" Bx 181

119 SCHÜTZ, HEINRICH: Schwanengesang
SWV 482–492. Der „Schwanengesang" von Heinrich Schütz

besteht aus insgesamt 13 Motetten. Die Motetten SWV 482–492 bilden die Vertonung von Psalm 119. SWV 493 verarbeitet Psalm 100, SWV 494, das „Deutsche Magnificat", Lukas 1,46–55.

– WALTER, JOHANN: „Beati immaculiti in Via"

119,1–16 Schütz, Heinrich: Schwanengesang
Motette „Wohl denen, die ohne Wandel leben" SWV 482

119,17–32 SCHÜTZ, HEINRICH: Schwanengesang
Motette „Tue wohl deinem Knechte" SWV 483

119,33–48 SCHÜTZ, HEINRICH: Schwanengesang
Motette „Zeige mir, Herr, den Weg", SWV 484

119,49–64 SCHÜTZ, HEINRICH: Schwanengesang
Motette „Gedenke deinem Knechte an dein Wort" SWV 485

119,65–80 SCHÜTZ, HEINRICH: Schwanengesang
Motette „Du tust Guts deinem Knechte" SWV 486

119,81–96 SCHÜTZ, HEINRICH: Schwanengesang
Motette „Meine Seele verlanget nach deinem Heil" SWV 487

119,97–112 SCHÜTZ, HEINRICH: Schwanengesang
Motette „Wie habe ich dein Gesetze so lieb" SWV 488

119,113–128 SCHÜTZ, HEINRICH: Schwanengesang
Motette „Ich hasse die Flattergeister" SWV 489

119,114–117 DVORAK, ANTONIN: Zehn Biblische Lieder
Nr. 2 „Zuflucht du, du bist mir ein Schirm"

119,129–144 SCHÜTZ, HEINRICH: Schwanengesang
Motette Deine Zeugnisse sind wunderbarlich" SWV 490

119,145–160 SCHÜTZ, HEINRICH: Schwanengesang
Motette „Ich" rufe von ganzem Herzen" SWV 491

119,161–176 SCHÜTZ, HEINRICH: Schwanengesang
„Die Fürsten verfolgen mich ohn Ursach" SWV 492

119,166 BACH, JOHANN MICHAEL: „Herr, Ich warte auf dein Heil"

119,169–171 SCHEIN, JOHANN HERMANN: Israelsbrünnlein – Deutsche Madrigale (26 Motetten)
Nr. 17 „Herr, laß meine Klage"

119,173ff. HÄNDEL, GEORG FRIEDRICH: Coronation Anthem Nr. 2 „Let thy hand by strengthened"
Aufführungsanlaß: Ursprünglich: Königskrönung in England

121 CORNELIUS, PETER: Duette o.Op.
„Zu den Bergen hebt sich“ (Duett nach Psalm 121)

– DVORAK, ANTONIN: Zehn Biblische Lieder
Nr. 9 „Mein Auge hebt zu den Bergen sich“

– KODÁLY, ZOLTAN: Psalm 121

– MILHAUD, DARIUS: Psalm 121 für Männerstimmen

– SCHÜTZ, HEINRICH: Symphoniae Sacrae III
„Ich hebe meine Augen auf zu den Bergen“ SWV 399

– SCHÜTZ, HEINRICH: Psalmen Davids
SWV 31 Ich hebe meine Augen auf zu dem Herren

– TAVENER, JOHN: „I will lift up mine eyes“ (Psalm 121)

122 CALDARA, ANTONIO: „Laetatus sum“ (Psalm 121) für Soli, Chor, Streicher und Basso Continuo
Caldara vertont Psalm 121 der lateinischen VULGATA.
Er entspricht Psalm 122 bei Luther.

– MONTEVERDI, CLAUDIO: „Vespro della beata Vergine“ (Marien-Vesper). *Satz 6: Psalm „Laetatus sum“*
Aufführungsanlaß: Mariae Himmelfahrt

– PARRY, CHARLES HUBERT HASTINGS: Motette
„I was glad“

– PURCELL, HENRY: Coronation Anthem
„I was glad when they said unto me“ Z 19
Aufführungsanlaß: Ursprünglich: Königskrönung in England

– SCHÜTZ, HEINRICH: Psalmen Davids
SWV 26 „Ich freu mich des das mir geredt ist“

– VANTOURA, SUZANNE: Die Musik der Bibel (Entzifferung einer 1000jährigen Notation)
Elftes und zwölftes Stück

– VIOLA, ANSELM: Motette „Laetatus sum“ (Psalm 121)
Viola vertont Psalm 121 aus der lateinischen Vulgata.
Er entspricht Psalm 122 bei Luther.

– VIVALDI, ANTONIO: Psalm 121 „Laetatus sum“ R 607 F-Dur. Vivaldi vertont Psalm 121 aus der lateinischen VULGATA. Er entspricht Psalm 122 bei Luther und im hebräischen Text.

122,6 BLARR, OSKAR GOTTLIEB: „Schaallu Schlom Jeruschalajim“ (Psalm 122,6) – Sonate für Orgel

122,6ff. MICHAEL, ROGIER: Motette „Wünschet Jerusalem Glück" für Chor

123 AMERIO, FELICE: „Ad te levavi"

– HAYDN, JOSEPH: Offertorium „Ad te levavi" nach dem Streichquartett Op. 42

– ISAAC, HEINRICH: „Ad te levavi animam meam"

– KOTTER, JOHANNES: „Ad te levavi" für Orgel

– PEDERSÖN, MOGENS: Motette „Ad te levavi oculos meos"

– GREGORIANIK: Weihnachtsfestkreis (Anthologie)
„Ad te levavi"

124 BACH, JOHANN SEBASTIAN: Kantate BWV 14 „Wär Gott nicht mit uns diese Zeit". Das Werk ist eine Choralkantate über Luthers Verarbeitung des 124. Psalms. Aufführungsanlaß: Ursprünglich: 4. Sonntag nach Epiphanias

– BACH, JOHANN SEBASTIAN: Kantate BWV 178 „Wo Gott der Herr nicht bei uns hält". Choralkantate über den Choral „Wo Gott der Herr nicht bei uns hält" (EG 297), der eine Nachdichtung von Psalm 124 ist.

– BACH, JOHANN SEBASTIAN: Kantate BWV 178 „Wo Gott, der Herr, nicht bei uns hält". Choralkantate über die Nachdichtung des 124. Psalms von J. Jonas. Aufführungsanlaß: Ursprünglich: 8. Sonntag nach Trinitatis

– BAIRSTOW, EDWARD: Psalm 124 „I will lift up my eyes"

– DAVIES, PETER MAXWELL: Psalm 124 – Voluntary für Orgel

– KODÁLY, ZOLTAN: Psalm 124

– PEEBLES, DAVID: Psalm 124

– ROMAN, JOHAN HEINRICH: Psalmen
Nr. 124: „Wo der Herr nicht bei uns wäre"

– SCHÜTZ, HEINRICH: Psalm 124 „Wo der Herr das Haus nicht bauet" SWV 473

– SCHÜTZ, HEINRICH: Psalm 124 SWV 49 „Syncharna musicum"

125 ROMAN, JOHANN HEINRICH: Psalmen, *Nr. 125 „Die auf den Herrn hoffen" / „The son hoppas uppa Herran"*

126 BARTMUSS, RICHARD: „Wenn der Herr die Gefangenen" für Chor und Orgel Op. 49

– CHARPENTIER, MARC ANTOINE: Psalm „Nisi Dominus" H 231

– CHARPENTIER, MARC ANTOINE: Vêpres des Jesuites (Jesuitenvesper). *„Nisi Dominus"*

– DUMONT, HENRI: Motette „Nisi Dominus"

– DURANTE, FRANCESCO: „Nisi Dominus" (Psalm 126) für Soli, Chor, Streicher und Basso Continuo

– HÄNDEL, GEORG FRIEDRICH: „Nisi Dominus" – Psalm 126 – HWV 238
Händel vertont lateinischen Text der Vulgata. Die Psalm-Zählung weicht von der hebräischen Bibel und vom Luther-Text ab. Aufführungsanlaß: Wahrscheinlich eine Karmeliter-Vesper zur Marienverehrung auf dem Berg Karmel

– KODÁLY, ZOLTAN: Psalm 126

– MONTEVERDI, CLAUDIO: „Vespro della beata Vergine" (Marien-Vesper). *Satz 8: Psalm „Nisi dominus"*
Aufführungsanlaß: Mariae Himmelfahrt

– MONTEVERDI, CLAUDIO: „Nisi Dominus" zu 3 Stimmen

– REBELO, JOAO LOURENCO: Vesper Psalmen *„Nisi Dominus"*

– RIGATTI, GIOVANNI ANTONIO: Psalm „Nisi Dominus"

– VIVALDI, ANTONIO: „Nisi Dominus" (Psalm 126) R 608

– WECKMANN, MATTHIAS: Kantate nach Psalm 126 „Wenn der Herr die Gefangenen aus Zion erlösen wird"

– GREGORIANIK: Vesper-Gesänge (nach den traditionellen Vesper-Psalmen). *„Nisi Dominus"*

126,2–3 BACH, JOHANN SEBASTIAN: Kantate BWV 110 „Unser Mund sei voll Lachens"
Satz 1. Aufführungsanlaß: Ursprünglich: 1. Weihnachtstag

126,5 KIEL, FRIEDRICH: Motetten Op. 82 für gemischten Chor *Nr. 5: „Die mit Tränen säen"*

126,5–6 Bach, Johann Ludwig: Kantate „Die mit Tränen säen“

– Brahms, Johannes: Ein Deutsches Requiem
Satz 1. Aufführungsanlaß: Trauerfeier

– Schein, Johann Hermann: Israelsbrünnlein – Deutsche Madrigale (26 Motetten)
Nr. 3 „Die mit Tränen säen“

– Schütz, Heinrich: Geistliche Chormusik (1648)
Satz 10 SWV 378 „Die mit Tränen säen“

– Schütz, Heinrich: Psalmen Davids
SWV 42 Moteto „Die mit Tränen säen“

127 Distler, Hugo: „Der Jahreskreis“ Op. 5 für Orgel
Nr. 26 „Wo Gott zu Haus nicht gibt sein Gunst“ – Variationen über Psalm 127

– Schütz, Heinrich: „Symphoniae Sacrae II
„Wo der Herr nicht das Haus bauet“ SWV 400

128 Mancinus, Thomas: Psalm 128

– Schütz, Heinrich: Psalmen Davids
SWV 30 Wohl dem, der den Herren fürchtet

– Schütz, Heinrich: Psalmen Davids
SWV 44 Wohl dem, der den Herren fürchtet

128,4 Purcell, Henry: Anthem „Blessed is the Man that feareth the Lord“

130 Bach, Johann Sebastian: Kantate BWV 131 „Aus der Tiefe rufe ich“

– Bach, Johann Sebastian: Kantate BWV 38 „Aus tiefer Not schrei ich zu dir“
Choralkantate über Luthers Choral „Aus tiefer Not schrei ich zu dir“ (EG 299)

– Bach, Johann Sebastian: Klavierübung, Teil III
„Aus tiefer Not“ (manualiter) BWV 687

– Bach, Johann Sebastian: Klavierübung, Teil III
„Aus tiefer Not“ BWV 686

– Bach, Johann Sebastian: Orgelchoral „Aus der Tiefe rufe ich“ BWV 745

– Bernhard, Christoph: Kantate „Aus der Tiefe“ für 3 Soprane und Basso Continuo

130 Bruhns, Nicolaus: Kantate „De Profundis clamavi“

– Caurroy, Eustache du: „Du profond des naux“
Nachdichtung von Desportes

– Ciurlionis, Mikalojus Konstantinas: Choralfuge a-Moll „Aus tiefer Not“
Orgelfuge über Luthers Choral „Aus tiefer Not“ (EG 299)

– De Courbes: Cantiques Spirituels
„Du profond des naux“. Nachdichtung von Desportes

– Dietrich, Sixt: Choralbearbeitung „Aus tiefer Not schrei ich zu dir“. Bearbeitung von Luthers Psalmchoral „Aus tiefer Not“ (EG 299)

– Dowland, John: Psalmen
Nr. 130 „Lord in thee I make my moan“

– Dupré, Marcel: „De Profundis“ für Soli, Chor und Orgel

– Esplá, Oscar: „De profundis“ – Psalm 129 für Soli, Chor und Orchester
Esplá vertont Psalm 129 aus der lateinischen VULGATA, der Psalm 130 in der Luther-Bibel entspricht.

– Förtsch, Johann Philipp: Kantate „Aus der Tiefe“ für Sopran und Instrumente

– Gabrieli, Andrea: Bußpsalmen für 6stimmigen Chor und Instrumente. *„De profundis“*

– Graupner, Johann Christoph: Kantate „Aus der Tiefe rufen wir“

– Hellinck, Lupus: Kantate „Aus tiefer Not“
Bearbeitung von Luthers Choral „Aus tiefer Not“ (EG 299)

– Hoyoul, Balduin: Kantate „Aus tiefer Not
Bearbeitung von Luthers Choral „Aus tiefer Not“

– Josquin Desprez: Motette „De profundis clamavi“

– Kaminski, Heinrich: Motette für Chor und Sopransolo „Aus der Tiefe rufe ich, Herr, zu dir“ Op. 1a

– Karg-Elert, Sigfrid: Choralimprovisationen Op. 6
Nr. 45 „Aus tiefer Not“

– Kiel, Friedrich: Motetten für gemischten Chor Op. 82. *Nr. 4: „Aus der Tiefe rufe ich, Herr, zu dir“*

- KITTEL, JOHANN CHRISTIAN: Orgelchoral „Aus tiefer Not schrei ich zu dir". Orgelchoral über Luthers Melodie
- KOTTER, JOHANNES: Choralbearbeitung „Aus tiefer Not" für Orgel. Bearbeitung von Luthers Choralmelodie „Aus tiefer Not" (EG 299)
- KOTTER, JOHANNES: Choralbearbeitung für Orgel „Aus tiefer Not schrei ich zu dir"
  Bearbeitung von Luthers Choral „Aus tiefer Not" (EG 299)
- LASSO, ORLANDO DI: Motette „De profundis clamavi"
- LASSO, ORLANDO DI: Psalmi Davidis Poenitentiales (Bußpsalmen). *Nr. 6: Psalm 130 „De profundis"*
- LECHNER, LEONHARD: Kantate „Aus tiefer Not schrei ich zu dir". Bearbeitung von Luthers Choral „Aus tiefer Not"
- LEVKOVITSCH, BERNHARD: Choralpartita „Aus tiefer Not". Bearbeitung von Luthers Choral „Aus tiefer Not" (EG 299)
- LISZT, FRANZ: Psalm 129 für Bariton und Klavier „De profundis clamavi"
  Liszt vertont Psalm 129 aus der lateinischen VULGATA. Er entspricht Psalm 130 bei Luther.
- LOPES MORAGO, ESTEVAO: De Profundis
- LUTHER, MARTIN: Choral „Aus tiefer Not schrei ich zu dir" (EG 299)
- MAUERSBERGER, RUDOLF: Dresdner Requiem
  De Profundis
- MOHRHARDT, PETER: Orgelchoral „Aus tiefer Not schrei ich zu dir". Choralbearbeitung von Luthers Choralmelodie „Aus tiefer Not"
- MORLEY, THOMAS: „Out of the deep"
- MOZART, WOLFGANG AMADEUS: „De profundis clamavi" – Psalm 129 für 4 Singstimmen, Baß und Orchester KV 93. Mozart vertont Psalm 129 aus der lateinischen VULGATA. Er entspricht Psalm 130 im hebräischen Original und bei Luther.
- PERRIN, JEAN: Oratorium „De profundis" für Soli, Chor und Orchester

130 Praetorius, Michael: Motette „Aus tiefer Not schrei ich zu dir". Bearbeitung von Luthers Choral-Nachdichtung „Aus tiefer Not schrei ich zu dir" (EG 299)

– Read, Gardner: „De profundis" Op. 71

– Reger, Max: Choralvorspiele für Orgel Op. 135a
Nr. 4 „Aus tiefer Not schrei ich zu dir"
Orgelbearbeitung von Luthers Choralmelodie

– Rosenmüller, Johann: Geistliches Konzert „De Profundis"

– Schein, Johann Hermann: Kantate „Aus tiefer Not"
Bearbeitung von Luthers Choral „Aus tiefer Not" (EG 299)

– Schelle, Johann: Geistliches Konzert für Soli und Instrumente „Aus der Tieffen rufe ich, Herr, zu dir"

– Schönberg, Arnold: „De profundis" Op. 50b

– Schütz, Heinrich: Beckerscher Psalter.
„Aus tiefer Not"
Bearbeitung von Luthers Choral „Aus tiefer Not" (EG 299)

– Schütz, Heinrich: Choralbearbeitung „Aus tiefer Not". Bearbeitung von Luthers Choral „Aus tiefer Not" (EG 299)

– Schütz, Heinrich: Psalmen Davids. *SWV 25*

– Selle, Thomas: Kantate „Aus der Tiefe rufe ich, Herr, zu dir"

– Spohr, Louis: Psalmen für Soli und Chor Op. 85
Nr. 3 „Aus der Tiefen ruf ich, Gott"

– Stölzel, Gottfried Heinrich: Kantate „Aus der Tiefe rufe ich, Herr, zu dir" für Baß und Instumente

– Sweelinck, Jan Pieterszoon: Geistlicher Gesang „De profundis"

– Sweelinck, Jan Pieterszoon: Psalmen
Nr. 130: „Du fonds de ma pensée"

– Walter, Johann: Choral „Aus tiefer Not"
Bearbeitung von Luthers Choral „Aus tiefer Not" (EG 299)

– Ostkirchliche Liturgie: Gesang „Herr, ich ruf zu dir". Hier werden verschiedene Psalmen verwendet

– RUSSISCHE LITURGIE: Psalm 129
Die Russische Kirche zählt die Psalmen abweichend von der hebräischen Bibel und vom Luthertext

131 BERNSTEIN, LEONARD: Chichester Psalms. *Satz 3*

132 MONTEVERDI, CLAUDIO: Selva morale e Spirituale
Nr. 30 „Memento“

132,4 TALLIS, THOMAS: In pace, in idipsum
Aufführungsanlaß: Ursprünglich: Sonntage der Fastenzeit

133 BACH, GEORG CHRISTOPH: Psalmkonzert „Siehe, wie fein und lieblich ists“

– VANTOURA, SUZANNE: Die Musik der Bibel (Entzifferung einer 1000jährigen Notation). *Siebentes Stück*

– VLIET, HERMAN VAN: Psalmen. *Nr. 133*

133,1 BERNSTEIN, LEONARD: Chichester Psalms. *Satz 3*

133,1 und 3 KIEL, FRIEDRICH: Motetten für gemischten Chor Op. 82. *Nr. 2: „Siehe, wie fein und lieblich ist es“*

133,1–3 SCHÜTZ, HEINRICH: Symphoniae Sacrae III*„Siehe, wie fein und lieblich“ SWV 412*

134 DOWLAND, JOHN: Psalmen
Nr. 134 „Behold and have regard“

– IPPOOLITOW-IWANOW, MICHAIL / OSTKIRCHLICHE LITURGIE: Psalm 133 „Wohlan, nun preiset den Herrn“. Text entspricht Psalm 134 bei Luther

– ROSENMÜLLER, JOHANN: Psalm 134 „Ecce, ecce nunc“ für Alt und Instrumente

135 ALBRECHTSBERGER, JOHANN GEORG: Motette „Laudate Dominum, benignus est“

– ARCHANGELSKI, ALEXANDER: Psalm 135 „Lobet den Namen des Herrn“

– NIKOLSKY, ALEXI: „Lobet den Namen des Herrn“

135–136 RUSSISCH-ORTHODOXE LITURGIE: Psalm 134–135
Gesungen werden die Psalmen 134/135 aus der lateinischen VULGATA. Sie entsprechen den Psalmen 135–136 bei Luther. Aufführungsanlaß: Mariae Himmelfahrt

136 LLOYD, CHARLES HARFORD: Psalm 136 „O give thanks unto the Lord“

– SCHÜTZ, HEINRICH: Psalmen Davids
SWV 32 Danket dem Herren, denn er ist freundlich

– SCHÜTZ, HEINRICH: Psalmen Davids
SWV 45 Danket dem Herren, denn er ist freundlich

136,1 BUXTEHUDE, DIETRICH: Choralpartita „Danket dem Herrn“ Bx 181

137 ALKAN, CHARLES VALENTIN: „Super flumina Babylonis“ Op. 52 – Paraphrase für Klavier über Psalm 137

– BACH, JOHANN CHRISTOPH: Choralbearbeitung für Orgel „An Wasserflüssen Babylon“

– BACH, JOHANN SEBASTIAN: „Achtzehn Choräle“ für Orgel. *An Wasserflüssen Babylon BWV 653*

– BORTNIANSKY, DIMITRIJ: Chorkonzert Nr. 104: Psalm 137 für Doppelchor

– BOURGEOIS, LOYS: Psalm 137 (französisch)

– BOYCE, WILLIAM: Anthem „By the waters of Babylon“

– BUSONI, FERUCCIO: Lieder Op. 15
Nr. 2 „An Babylons Wassern“. Es handelt sich um eine Nachdichtung des 137. Psalms von Byron

– DUMONT, HENRI: Motette „Super flumina Babylonis“

– DVORAK, ANTONIN: Zehn Biblische Lieder
Nr. 7 „An den Wassern zu Babylon“

– GOUDIMEL, CLAUDE: Psalm 137 (französisch)

– HUMFREY, PELHAN: Psalmen. *Nr. 137*

– LALANDE, MICHAEL-RICHARD DE: „Super flumina Babylonis“

– LASSO, ORLANDO DI: Motette „Super Flumina Babylonis“

– LOCKE, MATTHEW: „Super flumina Babylonis“

– PALESTRINA, GIOVANNI PIERLUIGI DA: Motette „Super flumina Babylonis

– REINKEN, JOHANN ADAM: Choralfantasie „An Wasserflüssen Babylon“

– REYEM: Popsong „Rivers of Babylon“
Die bekannteste Version des Songs stammt von der Gruppe „Boney M.“.

– SCHEIN, JOHANN HERMANN: Kantate „An Wasserflüssen Babylon“ (Psalm 137)

– SCHÜTZ, HEINRICH: Psalm 137 „An den Wassern zu Babel“ SWV 500

– SCHÜTZ, HEINRICH: Psalmen Davids
SWV 37 An den Wassern zu Babel

– TUNDER, FRANZ: Kantate „An Wasserflüssen Babylon“

– VEDEL, ARTEMI: „An den Flüssen von Babel“

– VICTORIA, TOMÁS LUIS DE: Motette „Super flumina Babylonis“

– WALTON, WILLIAM TURNER: „If I forget thee, o Jerusalem“

– WALTON, WILLIAM TURNER: „By that Waters of Babylon

– WECKMANN, MATTHIAS: Kantate „An Wasserflüssen Babylon“

137,1–2 PALESTRINA, GIOVANNI PIERLUIGI DA: Motette „Super flumina Babylonis“

138 HONEGGER, ARTHUR: Trois Psaumes. *Nr. 138*

139,2 BACH, JOHANN SEBASTIAN: Kantate BWV 136 „Erforsche mich, Gott, und erfahre mein Herz“
Satz 1. Aufführungsanlaß: 8. Sonntag nach Trinitatis

140 HONEGGER, ARTHUR: Trois Psaumes. *Nr. 140*

– LIAPUNOW, SERGE MICHALOWITSCH: Psalm für Singstimme, Harfe und Orgel

– TURCANIOW, PJOTR: Psalm 140 „Aufsteige mein Gebet“

141 MAUERSBERGER, RUDOLF: Geistliche Sommermusik
Motette „Herr, wenn ich dich anrufe“

– OSTKIRCHLICHE LITURGIE: Gesang „Herr, ich ruf zu dir". Hier werden verschiedene Psalmen verwendet

142 OSTKIRCHLICHE LITURGIE: Gesang „Herr, ich ruf zu dir". Hier werden verschiedene Psalmen verwendet

– Russisch-orthodoxe Liturgie: Psalm 141
Gesungen wird Psalm 141 aus der lateinischen VULGATA. Er entspricht Psalm 142 bei Luther.

143 LASSO, ORLANDO DI: Psalmi Davidis Poenitentiales (Bußpsalmen). *Nr. 7: „Domine exaudi orationem meam"*

– PURCELL, HENRY: „Save me, o God, for your Name's Sake" Z 51

143,3 BACH, JOHANN SEBASTIAN: Kantate BWV 105 „Herr, gehe nicht ins Gericht mit deinem Knecht". *Satz 1*
Aufführungsanlaß: Ursprünglich: 9. Sonntag nach Trinitatis

144 DVORAK, ANTONIN: Zehn Biblische Lieder
Nr. 5 „Herr, mein Gott, ich sing ein neues Lied"

– PURCELL, HENRY: Sacred Song „Lord, what is Man" Z 192

145 HÄNDEL, GEORG FRIEDRICH: Chandos Anthem Nr. 5a „I will magnify thee" / „Ich will dich erheben" (Psalm 145) HWV 150a

145,5–6 MATTHAEUS LA MAISTRE: Motette „Aller Augen warten auf dich"

146 BACH, JOHANN SEBASTIAN: Kantate BWV 143 „Lobe den Herrn, meine Seele". Auf die Kantatensätze verteilt werden die Verse 1, 5 und 10 des Psalms verarbeitet.

147 BRUMEL, ANTOINE: „Lauda Sion"

– CAVALLI, PIER FRANCESCO: Psalm „Lauda Jerusalem"

– MONTEVERDI, CLAUDIO: „Lauda Jerusalem" zu 3 Stimmen

– VIVALDI, ANTONIO: „Lauda Jerusalem" R 609 e-Moll für 2 Soprane, 2 Chöre und Streicher

147,12 PURCELL, HENRY: Anthem „Praise the Lord O Jerusalem"
Anthem, also eine Kantate für einen englischen Staatsakt. Dieser Typus, den Purcell und später Händel beherrschten,

enthält häufig Anspielungen auf biblische Texte. Anthems wurden z.B. zu Königs-Krönungen komponiert.

147,12–14 BACH, JOHANN SEBASTIAN: Kantate BWV 119 „Preise, Jerusalem, den Herrn". *Eingangschor*
Aufführungsanlaß: Ursprünglich: Ratswechsel in Leipzig

147,12–20 MONTEVERDI, CLAUDIO: „Vespro della beata Vergine" (Marien-Vesper). *Satz 10: Psalm „Lauda Jerusalem"*
Aufführungsanlaß: Mariae Himmelfahrt

147,12ff. DÍAZ, GABRIEL: Motette „Lauda Jerusalem"

– LASSO, ORLANDO DI: 4 Gesänge zu 6 Stimmen „Laude Jerusalem"

– MENDELSSOHN-BARTHOLDY, FELIX: Psalm für Soli, Chor und Orchester „Lauda Sion"

– MONTEVERDI, CLAUDIO: „Lauda Jerusalem" zu 3 Stimmen

– PURCELL, HENRY: Verse „Praise the Lord, O Jerusalem" Z 46

– THOMAS VON AQUIN: Motette „Lauda Sion"

– VIVALDI, ANTONIO: Lauda Jerusalem R 609 e-Moll (Psalm 147) für 2 Soprane, 2 vierstimmige Chöre und Streicher
Die Psalmen-Zählung weicht in der lateinischen Vulgata vom Luthertext und vom hebräischen Original ab. In der Vulgata, die Vivaldi benutzt, beginnt Psalm 147 erst mit dem Vers, der im Luther-Text Ps 147,12 ist.

– GREGORIANIK: Gesang „Lauda Sion"

148 GUERRERO, FRANCISCO: Motette „Laudate Dominum de Caelis" zu 8 Stimmen

– HOLST, GUSTAV: Psalmen
Psalm 148 für Chor, Sreicher und Orgel

– LEMMENS, JAAK-NICOLAAS: Psalm 148 „Laudate Dominum de caelis" für Sopran und Orgel

149 DVORAK, ANTON: Psalm 194 Op. 79 B 154 für gemischten Chor und Orchester

– Schütz, Heinrich: Cantiones Sacres SWV 53–93
SWV 81 „Cantate Domino canticum novum"
Text stammt aus den Psalmen

149,1 Bach, Johann Sebastian: Kantate BWV 190 „Singet dem Herrn ein neues Lied"
Eingangschor „Singet dem Herrn ein neues Lied"
Aufführungsanlaß: Ursprünglich: Neujahr

149,1–3 Bach, Johann Sebastian: „Singet dem Herrn ein neues Lied", Motette BWV 225

– Lechner, Leonhard: Motette „Cantate Domino"

– Schütz, Heinrich: 41 Gesänge (Motetten „Cantate Dominum canticum novum") SWV 81

150 Alkan, Charles: Präludien für Klavier Op. 31
Nr. 5: Psalm 150

– Bach, Johann Sebastian: Kantate BWV 11 „Lobet Gott in seinen Reichen" (Himmelfahrtsoratorium)
Satz 1. Der Text ist eine Nachdichtung des Psalms
Aufführungsanlaß: Christi Himmelfahrt

– Britten, Benjamin: Psalmen. *Nr. 150*

– Bruckner, Anton: Psalm 150

– Dyson, George: Psalm 150 für Chor und Orgel „O praise God in his Holiness"

– Franck, Cesar: Psalm 150

– Helgason, Helgi: Lofsängur (Psalm 150 in isländischer Sprache)

– Karg-Elert, Sigfrid: „Lobet den Herren mit Pauken und Zimbeln schön" für Orgel
Freie Orgelparaphrase als Hommage an Händel

– Kodály, Zoltan: Psalm 150

– Mendelssohn-Bartholdy, Felix: Sinfonie Nr. 2 B-Dur „Lobgesang" für Soli, Chor und Orchester
Satz 4

– Monteverdi, Claudio: Psalm 150 „Laudate Dominum in Sanctis Eius"

- RUBBRA, EDMUND: Psalmen
  Nr. 150 „Lobet den Herrn in seinem Heiligtum"
- SCHÜTZ, HEINRICH: Psalmen Davids
  SWV 38 Lobet den Herren in seinem Heiligtum
- STRAWINSKY, IGOR: Psalmen-Sinfonie
  Satz 3: Psalm 150
- SWEELINCK, JAN PIETERSZOON: Psalmen. *Nr. 150*
- VANTOURA, SUZANNE: Die Musik der Bibel (Entzifferung einer 1000jährigen Notation). *Neuntes Stück*
- WEINLIG, CHRISTIAN THEODOR: Motette „Laudate Dominum"

150,2 und 6 BACH, JOHANN SEBASTIAN: „Singet dem Herrn ein neues Lied" BWV 225

150,4 und 6 BACH, JOHANN SEBASTIAN: Kantate BWV 190 „Singet dem Herrn ein neues Lied"
Satz 1. Aufführungsanlaß: Ursprünglich: Neujahr

Sprüche

5,18b–19 SCHEIN, JOHANN HERMANN: Israelsbrünnlein – Deutsche Madrigale (26 Motetten)
Nr. 2 „Freue dich des Weibes deiner Jugend"

31,30 SCHEIN, JOHANN HERMANN: Israelsbrünnlein – Deutsche Madrigale (26 Motetten)
Nr. 11 „Lieblich und schön sein ist nichts"

Prediger

3 SEEGER, PETE: Song „Turn,Turn, Turn"
Die bekannteste Version dieses Songs stammt von der Popgruppe „Byrds".

Hohes Lied

Allgemein

BACH, JOHANN SEBASTIAN: Kantate BWV 49 „Ich geh und suche mit Verlangen“
Die Braut-Bräutigam-Thematik des Hohen Liedes wird reflektiert. Aufführungsanlaß: 20. Sonntag nach Trinitatis

– FOSS, LUKAS: „Songs of Songs“ – Biblische Kantate für Sopran und Orchester

– LECHNER, LEONARD: Das Hohelied Salomonis – 6 Motetten

– PALESTRINA, GIOVANNI PIERLUIGI DA: „Canticum Canticorum“ – Das hohe Lied Salomos

1 GRANDI, ALESSANDRO: Motette „Osculetur me“

– LECHNER, LEONHARD: Motette „Das erste Kapitel des Hohenliedes Salomonis“

1,1–4 VANTOURA, SUZANNE: Die Musik der Bibel (Entzifferung einer 1000jährigen Notation). *Viertes Stück*

1,4 BASSANI, GIOVANNI: Motette „Introduxit me rex“

1,5 KAPSBERGER, GIOVANNI GIROLANO: Motette „Nigra sum“

– MERULA, TARQUINIO: Motette „Nigra sum“

– PALESTRINA, GIOVANNI PIERLUIGI DA: Motettenbuch 4 Nr. 3 „Nigra sum sed formosa“

1,5–6 CASALS, PABLO: Motette „Nigra sum“

– L’HERITIER, JEAN: Motette „Nigra sum“

– MONTEVERDI, CLAUDIO: „Vespro della beata Vergine“ (Marien-Vesper). *Satz 3: Concerto „Nigra sum“*
Aufführungsanlaß: Mariae Himmelfahrt

– PALESTRINA, GIOVANNI PIERLUIGI DA: Missa Nigra Sum. Palestrina vertont den traditionellen Text der Messe in Form von Variationen über eine Melodie, die sich mit dem Text aus dem HOHEN LIED verband.

– SILVA, ANDREAS DE: Motette „Nigra sum“

– VICTORIA, TOMÁS LUIS DE: Motette „Nigra sum"

– GREGORIANIK: Gesang „Nigra sum". *Hohes Lied 2*
Buxtehude, Dietrich: Kantate Bx 45 „Ich bin eine Blume zu Saron"

2 CLEMENS NON PAPA, JACOBUS: Motette „Ego flos campi"

– MERULA, TARQUINIO: Motette „Ego flos campi"

– MONTEVERDI, CLAUDIO: Racolta de Sacri Canti II
Motette „Ego flos campi"

2,7 CIMA, GIAN PAOLO: Motette „Adiuvo vos filiae Hierusalem"

2,8 TOMKINS, THOMAS: Motette „It's my well-beloved's voice"

2,10 PURCELL, HENRY: Anthem „My beloved spake"

2,10 bzw. 2,13 SCHÜTZ, HEINRICH: Motette „Stehe auf, meine Freundin" SWV Anh. 4 (SWV 499)

2,10–12 MONTEVERDI, CLAUDIO: „Vespro della beata Vergine" (Marien-Vesper). *Satz 3: Concerto „Nigra sum"*
Aufführungsanlaß: Mariae Himmelfahrt

2,10ff. SCHÜTZ, HEINRICH: „Stehe auf, meine Freundin" SWV 34

2,13 CIMA, GIAN PAOLO: Motette „Surge amica mea"

3 BUXTEHUDE, DIETRICH: Kantate „Ich suchte des Nachts auf meinem Bette"

– DUMONT, HENRI: Echo für Kontratenor und Basso Continuo

– GRANDI, ALESSANDRO: Motette für Sopran und Instrumente „In lectulo meo"

4 BACH, JOHANN CHRISTOPH: Hochzeitskantate „Meine Freundin, du bist schön"
Aufführungsanlaß: Trauung

– GRANDI, ALESSANDRO: Ghirlanda Sacra
Quam pulchra tu es

– GRANDI, ALESSANDRO: Motette „O quam tu pulchra es"

4,1 DUNSTABLE, JOHN: Motette „Quam pulchra es"

– JOSQUIN DESPREZ: Motette „Ecce tu pulchra es"

4,7 BOUZIGNAC, GUILLAUME: Motette „Tota pulchra es"

– DURUFLÉ, MAURICE: Motetten Op. 10
Nr. 2 „Tota pulchra es"

– ISAAC, HEINRICH: Marienmotette „Tota pulchra es"

– LASSO, ORLANDO DI: Motette „Tota pulchra es" zu 4 Stimmen

– LYMBURGIA, JOHANNES DE: Motette „Tota pulchra es, amica mea"

– PALESTRINA, GIOVANNI PIERLUIGI DA: Motettenbuch 4
Nr. 9: „Tota pulchra es"

– WILLAERT, ADRIAN: Motette „Tota pulchra es"

4,16 MONTEVERDI, CLAUDIO: „Sacrae Cantiunculae"
„Veni in hortum meum"

5,2 CLEMENS NON PAPA, JACOBUS: Motette „Ego dormio"

– SCHÜTZ, HEINRICH: Cantiones Sacrae SWV 53–93
SWV 63: „Ego dormio et cor meum vigilat"

5,6 DUFAY, GUILLAUME: Motette „Anima mea linquefacta est"

– KAPSBERGER, GIOVANNI GIROLANO: Motette „Anima mea liquefacta est"

– MACHAUT, GUILLAUME DE: Motette „Anima mea linquefacta est"

– STOCKMAN, BARTHOLOMAEUS: Motette „Vulnerasti anima mea"

5,15 RIGATTI, GIOVANNI ANTONIO: Motette „Qui cedri exaltata sum"

6,2 FEVIN, ANTOINE DE: „Descende in hortum meum"

6,4–5 MONTEVERDI, CLAUDIO: „Vespro della beata Vergine" (Marien-Vesper). *Satz 5: Concerto „Pulchra es"*
Aufführungsanlaß: Mariae Himmelfahrt

7,7 CHARPENTIER, MARC ANTOINE: Motette „Pulchra es et decora"

– GORCZYCKI, GREGOR GERVAZY: Motette „Tota pulchra es“

– GRANDI, ALESSANDRO: Motette „O quam tu pulchra es“

– MONTEVERDI, CLAUDIO: Sacrae Cantiunculae
Nr. 6 „Quam pulchra es“

– MONTEVERDI, CLAUDIO: Motette „O quam pulchra es“

7,12 LASSO, ORLANDO DI: Motette „Veni, delecte mi“

– PALESTRINA, GIOVANNI PIERLUIGI DA: Motettenbuch 4
Nr. 29: „Veni, Veni, dilecte mi“

Jesaja

Allgemein

BURKHARD, WILLY: „Das Gesicht Jesajas“ für Soli, Chor und Orgel. Das Werk ist eine Mischform von Kantate und Oratorium. Über Inhalte des Jesaja-Buches wird frei meditiert.

– Martinu, Bohuslav: „Die Prophezeihung des Jesaja“ („Izaiàsovo Proroctvi“) für Soli, Chor und Instrumente
Das Werk beruht auf einer Nachdichtung der Jesaja-Phrophetie

1,18b SCHÜTZ, HEINRICH: Musikalische Exequien
Teil I: Concert in Form einer teutschen Begräbnis-Missa
Aufführungsanlaß: Trauerfeier

6 PRAETORIUS, MICHAEL: Motette „Jesaja, dem Propheten, das geschah“
Choralmotette nach Martin Luther

6,3 AICHINGER, GREGOR: Motette „Duo Seraphim clamabant“ für 8stimmigen Chor

– ALBRECHTSBERGER, JOHANN GEORG: Missa „Assumptionis Beatae Mariae Virginis“. *Sanctus*

– ALLEGRI, GREGORIO: Missa „Vida turbam magnum“
Sanctus

– AMERIO, GIOVANNI FRANCESCO: Requiem „Misse pro defunctis“. *Sanctus*
Aufführungsanlaß: Trauerfeier

6,3 Bach, Johann Christian: Requiem

– Bach, Johann Sebastian: Messe h-Moll BWV 232 *Sanctus*

– Bach, Johann Sebastian: Sanctus BWV 237 G-Dur

– Bach, Johann Sebastian: Sanctus BWV 238 D-Dur

– Bandrieu, Jean Francois: Messe et vêpres du jour des paques". *Sanctus*

– Beach, Amy Marcy Cheney: Große Messe Es-Dur für Soli, Chor und Instrumente. *Sanctus*

– Becket, Thomas: Missa. *Sanctus*

– Beethoven, Ludwig van: Messe C-Dur Op. 86 *Sanctus*

– Beethoven, Ludwig van: „Missa Solemnis" D-Dur Op. 123. *Sanctus*

– Benevoli, Orazio: „Missa Salisburgensis" (Salzburger Domfestmesse). *Sanctus*

– Benoit, Peter: „ Hohe Messe" – zweiter Teil der religiösen Tetralogie. *Sanctus*

– Berlioz, Hector: „Messe Solemnelle". *Sanctus*

– Berlioz, Hector: Requiem. *Sanctus*

– Biber, Heinrich Ignaz Franz: „Missa Sancti Henrici" *Sanctus*

– Biber, Heinrich Ignaz Franz: Requiem

– Blanc, Frederic: „Messe Improvisée". *Sanctus* Orgelimprovisationen über die einzelnen Teile der Messe

– Boelly, Pierre: „Messe de Jour de Noel". *Sanctus* Instrumentale Orgelmesse. Aufführungsanlaß: Weihnachten

– Brito, Estavao: „Missa pro defunctis". *Sanctus*

– Britten, Benjamin: Missa Brevis Op. 63 in D für Knabenstimmen und Orgel. *Sanctus*

– Britten, Benjamin: „War Requiem". *Sanctus*

– Brixi, Franz Xaver: „Missa di Gloria" D-Dur *Sanctus*

- Brixi, Franz Xaver: „Missa Pastoralis“. *Sanctus*
- Bruckner, Anton: Messe Nr. 0 C-Dur. *Sanctus*
- Bruckner, Anton: Messe Nr. 1 d-Moll. *Sanctus*
- Bruckner, Anton: Messe Nr. 2 e-Moll. *Sanctus*
- Bruckner, Anton: Messe Nr. 3 f-Moll. *Sanctus*
- Bruckner, Anton: Requiem d-Moll. *Sanctus*
- Brumel, Antoine: Missa „Bergerette Savoyenne“ *Sanctus*
- Burkhard, Willy: Messe Op. 85. *Sanctus*
- Busnois, Antoine: Messe „O crux lignum triumphale“ *Sanctus*
- Byrd, William: Messe zu 3 Stimmen. *Sanctus*
- Byrd, William: Messe zu 4 Stimmen. *Sanctus*
- Byrd, William: Messe zu 5 Stimmen. *Sanctus*
- Byrd, William: „Missa sine nomine“. *Sanctus*
- Caldara, Antonio: „Missa Laetare“. *Sanctus*
- Caldara, Antonio: „Missa Sanctorum Cosmae et Damiani“. *Sanctus*
- Campra, André: Requiem („Messe des Morts“) für Soli, Chor und Orchester. *Sanctus*
  Aufführungsanlaß: Trauerfeier
- Cantin, Jules: „St. Hubertus-Messe“. *Sanctus*
- Cardoso, Frei Manuel: „Missa pro defunctis“ (Requiem). *Sanctus*
- Cardoso, Frei Manuel: Missa „Regina Caeli“ *Sanctus*
- Carver, Robert: Missa „Dum Sacrum Mysterium“ zu 10 Stimmen. *Sanctus*
- Carver, Robert: Messe „Cantate Domino“ zu 6 Stimmen. *Sanctus*
- Carver, Robert: Messe „Fera pessima“. *Sanctus*
- Carver, Robert: Messe „L'homme armé“ zu 4 Stimmen. *Sanctus*

6,3 Carver, Robert: Messe „Pater creator omnium" zu 4 Stimmen. *Sanctus*

– Carver, Robert: Messe zu 6 Stimmen. *Sanctus*

– Catalani, Alfredo: Messe für Soli, Chor und Orchester. *Sanctus*

– Cavalli, Pier Francesco: „Missa pro defunctis" (Requiem) zu 8 Stimmen. *Sanctus*

– Cavazzzoni, Girolamo: „Missa Apostolorum" *Sanctus*

– Cavazzoni, Girolamo: „Missa de Beata Virgine" *Sanctus*

– Cavazzoni, Girolamo: „Missa Dominicalis". *Sanctus*

– Cererols, Juan: „Missa de Batallca". *Sanctus*

– Cererols, Juan: „Missa pro defunctis". *Sanctus*

– Certon, Pierre: Messe „Sur le pont d'Avignon". *Sanctus*

– Charpentier, Marc Antoine: „Messe pour le Samedi de Paces" zu 4 Stimmen. *Sanctus*
Aufführungsanlaß: Ursprünglich: Karsamstag oder Ostern

– Charpentier, Marc Antoine: „Messe de Minuit" (Mitternachtsmesse). *Sanctus*

– Charpentier, Marc Antoine: „Messe pour les Trépassées". *Sanctus*
Aufführungsanlaß: Trauerfeier

– Charpentiere, Marc Antoine: „Messe pour le Port Royal". *Sanctus*

– Charpentiere, Marc Antoine: „Messe pour le Samedi de paces" (Ostermesse). *Sanctus*

– Charpentiere, Marc Antoine: Missa „Assumpta est Maria". *Sanctus*

– Cherubini, Luigi: Messe G-Dur. *Sanctus*

– Cherubini, Luigi: Messe A-Dur „Krönungsmesse" *Sanctus*

– Cherubini, Luigi: Messe Nr. 1 F-Dur „Caecilienmesse". *Sanctus*

- CHERUBINI, LUIGI: Messe Nr. 2: Missa Solemnis d-Moll. *Sanctus*
- CHERUBINI, LUIGI: Requiem d-Moll. *Sanctus*
- CHERUBINI, LUIGI: Requiem c-Moll. *Sanctus*
- CLEMENS NON PAPA, JACOBUS: Missa „Pastores quidnam vidistis“. *Sanctus*
- COLIN, PIERRE: Missa „Peccata mea“. *Sanctus*
- CORNAGO, JUAN: „Missa de la mapa mundi“. *Sanctus*
- CORRETTE, GASPARD: Messe im 8. Ton für Orgel *Sanctus*
- COUPERIN, FRANCIS: „Messe il á l'usage des couvents“ *Sanctus*
- DANDRIEU, JEAN FRANCOIS: „Messe du Jour du Paques“. *Sanctus*
- DIABELLI, ANTON: „Pastoralmesse“ Op. 147 F-Dur *Sanctus*
- DONIZETTI, GAETANO: „Messa di Gloria e Credo“ *Sanctus*
- DONIZETTI, GAETANO: „Messa da Requiem“. *Sanctus* Aufführungsanlaß: Trauerfeier
- DUBOIS, FRANCOIS C. THÉODORE: „Messe de Mariage“ *Sanctus*
- DUFAY, GUILLAUME: „Missa Ancilla Domini“. *Sanctus*
- DUFAY, GUILLAUME: Missa „Ave Maria“. *Sanctus*
- DUFAY, GUILLAUME: Missa „Ave regina caelorum“ *Sanctus*
- DUFAY, GUILLAUME: Missa „Ecce ancilla Domini“ *Sanctus*
- DUFAY, GUILLAUME: „Missa Sancti Iacobi“. *Sanctus*
- DUFAY, GUILLAUME: „Missa sine nomine“. *Sanctus*
- DUMONT, HENRI: „Messe Royale“. *Sanctus*
- DUNKELBERG, OTTO: „Missa Pastoritia“ für Soli, Chor und Orgel. *Sanctus*

6,3 DUNKELBERG, OTTO: „Missa Pastoralis". *Sanctus*

– DURUFLÉ, MAURICE: „Missa cum Jubilo" Op. 11 für Männerchor und Orgel. *Sanctus*

– DURUFLÉ, MAURICE: Requiem Op. 9. *Sanctus*

– DVORAK, ANTON: Messe D-Dur Op. 86 für Soli, Chor und Orgel. *Sanctus*

– DVORAK, ANTON: Requiem. *Sanctus*

– EBERWEIN, TRAUGOTT MAXIMILIAN: Messe Op. 87 As-Dur. *Sanctus*

– ETT, CASPAR: „Missa Quadragesimalis". *Sanctus*
Aufführungsanlaß: Passionszeit

– FAURÉ, GABRIEL: „Messe basse". *Sanctus*

– FAURÉ, GABRIEL: Requiem Op. 48. *Sanctus*

– FRANCK, CESAR: „Messe Solemnelle" Op. 12. *Sanctus*

– FRESCOBALDI, GIROLAMO: „Messa degli Apostoli" *Sanctus*

– FRESCOBALDI, GIROLAMO: „Messa della Domenica" *Sanctus*

– FRESCOBALDI, GIROLAMO: „Messa della Madonna" *Sanctus*

– FRYE, WALTER: Missa „Flos Regalis". *Sanctus*

– GALLUS, JACOBUS: Motette „Zwei der Seraphim, sie riefen"

– GENZMER, HARALD: Deutsche Messe für gemischten Chor und Orgel
Heilig, Heilig, Heilig (Sanctus)

– GILLES, JEAN: Requiem. *Sanctus*

– GLEISSNER, FRANZ: Messe Op. 2 Nr. 6. *Sanctus*

– GOMBERT, NICOLAUS: „Missa tempore Paschali" zu 6 Stimmen. *Sanctus*

– GOSSEC, FRANCOIS-JOSEPH: „Dernière Messe des Vivants". *Sanctus*

- Gossec, Francois-Joseph: Requiem (Grande Messe des Morts). *Sanctus*
- Gounod, Charles: „Messe Solemnelle Sainte Cècile" („Cäcilienmesse"). *Sanctus*
- Gounod, Charles: Messe Nr. 2 Op. 1 G-Dur. *Sanctus*
- Gounod, Charles: Requiem. *Sanctus*
- Gruber, Franz Xaver: Deutsche Messe für Soli, Chor, 3 Hörner und Orgel (Hornmesse). *Sanctus*
  Gruber ist der Komponist des Weihnachtsliedes „Stille Nacht"
- Guerrero, Francisco: Motette „Duo Seraphim" zu 12 Stimmen
- Gutierres de Padilla, Juan: Missa „Ego Flos Campi" *Sanctus*
- Hamerik, Asger: Requiem Op. 34. *Sanctus*
- Hasse, Johann Adolf: Messe d-Moll. *Sanctus*
- Hasse, Johann Adolf: Messe g-Moll. *Sanctus*
- Hassler, Hans Leo: „Messe quam ecce homum" *Sanctus*
- Hassler, Hans Leo: Messe zu 8 Stimmen. *Sanctus*
- Haydn, Joseph: Messe Hob. XXII:1. *Sanctus*
- Haydn, Joseph: Messe Hob. XXII:3 „Rorate coeli disuper". *Sanctus*
- Haydn, Joseph: Messe Hob. XXII:4 „Missa in honorem beatissimae Virginis Mariae" („Große Orgelsolo-Messe"). *Sanctus*
- Haydn, Joseph: Messe Hob. XXII:5 „Caecilienmesse". *Sanctus*
- Haydn, Joseph: Messe Hob. XXII:6 „Missa Sancti Nicolai" („Nikolaimesse"). *Sanctus*
- Haydn, Joseph: Messe Hob. XXII:7 „Missa brevis Sancti Joannis de Deo" („Kleine Orgelsolo-Messe") *Sanctus*
- Haydn, Joseph: Messe Hob. XXII:8 „Missa Cellensis" („Mariazeller Messe"). *Sanctus*

6,3 Haydn, Joseph: Messe Hob. XXII:9 „Missa in tempore belli" („Paukenmesse"). *Sanctus*

– Haydn, Joseph: Messe Hob. XXII:10 „Missa Sancti Bernardi von Offida" („Heiligmesse") . *Sanctus*

– Haydn, Joseph: Messe Hob. XXII:11 „Missa in angustiis" („Nelsonmesse"). *Sanctus*

– Haydn, Joseph: Messe Hob. XXII:12 „Theresienmesse". *Sanctus*

– Haydn, Joseph: Messe Hob. XXII:13 „Schöpfungsmesse". *Sanctus*

– Haydn, Joseph: Messe Hob. XXII:14 „Harmoniemesse". *Sanctus*

– Haydn, Michael: Deutsches Hochamt. *Sanctus*

– Haydn, Michael: Messe Nr. 18 C-Dur in honor. Sanctae Ursulae („Chiemsee-Messe"). *Sanctus*

– Haydn, Michael: „Missa Sancti Hieronymi". *Sanctus*

– Haydn, Michael: „Missa St. Aloysii". *Sanctus*

– Haydn, Michael: „Missa Subtitulo Sancti Leopoldi" *Sanctus*

– Haydn, Michael: Requiem c-Moll. *Sanctus*

– Helfer, Charles d': Requiem („Messe de funérailles des ducs de Lorraine"). *Sanctus*

– Hindemith, Paul: Messe für gemischten Chor a cappella. *Sanctus*

– Howells, Herbert: Missa „Aedis Christi". *Sanctus*

– Howells, Herbert: Requiem. *Sanctus*

– Hummel, Johann Nepomuk: Messe Op. 80. *Sanctus*

– Isaac, Heinrich: „Missa de Apostolis". *Sanctus*

– Janácek, Leos: Messe Es-Dur. *Sanctus*

– Jerúsalem, Ignacio de: Messe D-Dur („Polychorale"). *Sanctus*

– Jeune, Claude le: „Missa ad placitum". *Sanctus*

- Jolivet, André: „Messe dite: Pour la jour de la pain“ *Sanctus*
- Josquin Despréz: Missa „L'Homme Armé“. *Sanctus*
- Josquin Despréz: Missa „La Sol-Fa-Re-Mi“. *Sanctus*
- Josquin Despréz: Missa „Mater Patris et Filia“. *Sanctus*
- Josquin Despréz: Missa „Pange Lingua“. *Sanctus*
- Keller, Max: Messe Nr. 6 D-Dur Op. 103 „Missa Solemnis“. *Sanctus*
- Kempter, Karl: „Pastoralmesse“ Op. 24 G-Dur. *Sanctus*
- Kerll, Johann Kaspar: „Missa pro defunctis“ *Sanctus*
- Kirchner, Volker David: „Missa Moguntina“ für Soli, Chor und Orchester. *Sanctus*
- Kodály, Zoltan: „Missa brevis“. *Sanctus*
- Kreisel, Paul Eberhard: Orgelmesse Op. 97 *Sanctus*
- Krol, Bernhard: „Missa muta“ – fünf Miniaturen für Horn und Orgel. *Sanctus*
- Langlais, Jean: „Messe Solemnelle“ für Chor und Orgel. *Sanctus*
- Langlais, Jean: „Missa in Simplicitate“. *Sanctus*
- Langlais, Jean: Missa „Salve Regina“. *Sanctus*
- Lasceux, Guillaume: „Messe Solemnelle“. *Sanctus*
- Lasso, Orlando di: „Missa puisque j'ay perdu“ zu 4 Stimmen. *Sanctus*
- Lasso, Orlando di: Missa „Entre vous filles“ zu 5 Stimmen. *Sanctus*
- Lasso, Orlando di: Missa „Susanne un jour“ zu 5 Stimmen. *Sanctus*
- Lasso, Orlando di: Missa „oscelatur me“. *Sanctus*
- Lasso, Orlando di: Missa „qual donna“. *Sanctus*

6,3 LASSO, ORLANDO DI: „Missa sexta ad imitationem vinum bonem“ zu 8 Stimmen. *Sanctus*

– LASSO, ORLANDO DI: „Missa super Bella amfitrit 'altera“ *Sanctus*

– LASSO, ORLANDO DI: „Missa Ventatorum“. *Sanctus*
Aufführungsanlaß: Trauerfeier

– LECHNER, LEONHARD: Messe Nr. 1 „Domine Dominus noster“. *Sanctus*

– LEIGHTON, KENNETH: „Missa Brevis“ Op. 50. *Sanctus*

– LEOPOLDUS I. (KAISER): „Missa pro defunctis“. *Sanctus*

– LEWKOVITSCH, BERNHARD: Messe für Bariton, Chor und zwei Hörner. *Sanctus*

– LINDBERG, OSKAR FREDRIK: Requiem Op. 21 für Soli, Chor und Orchester. *Sanctus*

– LISZT, FRANZ: „Missa Choralis“ für Soli, Chor und Orgel. *Sanctus*

– LISZT, FRANZ: „Missa pro Organum“ B-Dur. *Sanctus*
Instrumentale Orgelmesse

– LITAIZE, GASTON: „Suite en Form de Messe“ für Orgel *Sanctus*

– LLOYD, JONATHAN: Messe zu 6 Solostimmen *Sanctus*

– LOBÈBUE, NICOLAS ANTONIO: Messe für Orgel *Sanctus*

– LUDFORD, NICHOLAS: Missa „Benedicta et Venerabilis“ *Sanctus*

– LUDFORD, NICHOLAS: Missa „Videte Miraculum“ *Sanctus*

– LUDFORD, NICHOLAS: Missa „Virgo Christi Dilectissima“. *Sanctus*

– LÓBO, DUARTE: „Missa pro defunctis“ (Requiem zu 8 Stimmen). *Sanctus*
Aufführungsanlaß: Trauerfeier

– LÓBO, DUARTE: Missa „Vox Clamantis“. *Sanctus*

- LÓBO, DUARTE: Requiem „Missa pro defunctis“
  Sanctus. Aufführungsanlaß: Trauerfeier
- MACHAUT, GUILLAUME DE: „Messe de Nostre Dame“
  Sanctus
- MACIEJEWSKI, ROMAN: Requiem. *Sanctus*
  Aufführungsanlaß: Trauerfeier
- MAGALHAES, FILIPE: „Missa de Beata Virgine Maria“
  Sanctus
- MAGALHAES, FILIPE DE: Missa „Dilectus Meus“. *Sanctus*
- MAGALHAES, FILIPE DE: „Missa pro defunctis“. *Sanctus*
- MARTIN, FRANK: Messe für Doppelchor a cappella
  Sanctus
- MARTIN, FRANK: Oratorium „In terra pax“
  Vierter Teil / Nr. 11. Aufführungsanlaß: Das Werk war als Auftragskomposition für den Rundfunk zur Feier des Endes des zweiten Weltkrieges gedacht.
- MARTINU, BOHUSLAV: „Polni Mse“ (Feldmesse für Bariton, Männerchor und Orchester). *Sanctus*
- MATHIAS, WILLIAM: Missa „Aedis Christi“ Op. 92
  Sanctus
- MAUERSBERGER, RUDOLF: Dresdner Requiem. *Sanctus*
  Aufführungsanlaß: Das Werk wurde 1947/1951 zum Gedenken der Zerstörung Dresdens 1945 komponiert.
- MENDELSSOHN-BARTHOLDY, FELIX: Liturgische Stücke für Doppelchor. *Sanctus*
- MENDELSSOHN-BARTHOLDY, FELIX: Oratorium „Elias“. *Nr. 34*
- MEYER-FIEBIG, THOMAS: Orgelmesse. *Sanctus*
- MICHL, GILBERT: Requiem Es-Dur. *Sanctus*
  Aufführungsanlaß: Trauerfeier
- MODESS, JOCHEN A.: Messe für Kinderchor und Klavier
  Sanctus
- MONIUSZKO, STANISLAW: Messe e-Moll
  (Polnische Messe). *Sanctus*
- MONIUSZKO, STANISLAW: Messe Es-Dur. *Sanctus*

6,3 MONIUSZKO, STANISLAW: „Messe von Piotrovin" B-Dur für Soli, Chor und Orgel. *Sanctus*

– MONTE, PHILIPPUS DE: „Missa Vestiva". *Sanctus*

– MONTEVERDI, CLAUDIO: „Hohe Messe zum Fest der S. Maria della Salute". *Sanctus*

– MONTEVERDI, CLAUDIO: „Messa a quattro" (Vierstimmige Messe). *Sanctus*

– MONTEVERDI, CLAUDIO: Messe „In illo tempore" *Sanctus*

– MONTEVERDI, CLAUDIO: „Vespro della beata Vergine" (Marien-Vesper). *Satz 7: Concerto „Duo Seraphim"*
Aufführungsanlaß: Mariae Himmelfahrt

– MORALES, CHRISTOBAL DE: Messe zu 5 Stimmen „Queramus cum pastoribus". *Sanctus*

– MORALES, CHRISTOBAL DE: Missa „Mille regretz" *Sanctus*

– MORALES, CHRISTOBAL DE: „Missa pro defunctis" *Sanctus*

– MOULINIÉ, ETIENNE: „Missa pro defunctis"

– MOZART, LEOPOLD: „Missa Solemnis" C-Dur. *Sanctus*

– MOZART, WOLFGANG AMADEUS: Messe KV 49. *Sanctus*

– MOZART, WOLFGANG AMADEUS: Messe KV 65. *Sanctus*

– MOZART, WOLFGANG AMADEUS: Messe KV 66 „Dominicus-Messe". *Sanctus*

– MOZART, WOLFGANG AMADEUS: Messe KV 139 „Waisenhausmesse". *Sanctus*
Mozart komponierte das Werk im Alter von 12 Jahren!

– MOZART, WOLFGANG AMADEUS: Messe KV 140 „Pastoralmesse". *Sanctus*
Echtheit umstritten

– MOZART, WOLFGANG AMADEUS: Messe KV 167 *Sanctus*

– MOZART, WOLFGANG AMADEUS: Messe KV 192 *Sanctus*

- MOZART, WOLFGANG AMADEUS: Messe KV 194. *Sanctus*
- MOZART, WOLFGANG AMADEUS: Messe KV 220 „Spatzenmesse“. *Sanctus*
- MOZART, WOLFGANG AMADEUS: Messe KV 257 „Credo-Messe“. *Sanctus*
- MOZART, WOLFGANG AMADEUS: Messe KV 258 *Sanctus*
- MOZART, WOLFGANG AMADEUS: Messe KV 259 „Orgelsolo-Messe“. *Sanctus*
- MOZART, WOLFGANG AMADEUS: Messe KV 262 „Missa Longa“. *Sanctus*
- MOZART, WOLFGANG AMADEUS: Messe KV 275 *Sanctus*
- MOZART, WOLFGANG AMADEUS: Messe KV 317 „Krönungsmesse“. *Sanctus*
- MOZART, WOLFGANG AMADEUS: Messe KV 337 *Sanctus*
- MOZART, WOLFGANG AMADEUS: Messe KV 427 c-Moll *Sanctus*
- MOZART, WOLFGANG AMADEUS: Requiem d-Moll KV 626. *Sanctus*
  Mozart konnte sein Requiem nicht vollenden. Das Sanctus stammt möglicherweise von FRANZ XAVER SÜSSMAYR. Neuere Bearbeitungen gibt es z.B. von Franz Beyer und von Robert Levin. Aufführungsanlaß: Trauerfeier
- NAVRATIL, FRANTISEK: „Missa St. Josephi“. Sanctus
- NICOLAI, OTTO: Messe B-Dur. *Sanctus*
- OBRECHT, JAKOB: Missa „Ave Regina Caelorum“ *Sanctus*
- OKEGHEM, JOHANNES: Requiem (Missa pro defunctis) *Sanctus*
- PÄRT, ARVO: „Berliner Messe“. *Sanctus*
- PAINE, JOHN KNOWLES: Messe in D. *Sanctus*
- PALESTRINA, GIOVANNI PIERLUIGI DA: Missa „Aeterna Christi munera“. *Sanctus*

6,3 PALESTRINA, GIOVANNI PIERLUIGI DA: Missa „Assumpta est Maria“. *Sanctus*

– PALESTRINA, GIOVANNI PIERLUIGI DA: Missa „Ave Maria“. *Sanctus*

– PALESTRINA, GIOVANNI PIERLUIGI DA: Missa „Benedicta es“. *Sanctus*

– PALESTRINA, GIOVANNI PIERLUIGI DA: „Missa Brevis“ *Sanctus*

– PALESTRINA, GIOVANNI PIERLUIGI DA: „Missa de Beata Virgine“. *Sanctus*

– PALESTRINA, GIOVANNI PIERLUIGI DA: Missa „dum complerentur“. *Sanctus*
Aufführungsanlaß: Pfingsten

– PALESTRINA, GIOVANNI PIERLUIGI DA: Missa „Ecce Sacerdon“. *Sanctus*

– PALESTRINA, GIOVANNI PIERLUIGI DA: Missa „Emendemus“. *Sanctus*

– PALESTRINA, GIOVANNI PIERLUIGI DA: Missa „Hodie Christus Natus est“. *Sanctus*
Aufführungsanlaß: Weihnachten

– PALESTRINA, GIOVANNI PIERLUIGI DA: Missa „Nasce la gioija“. *Sanctus*

– PALESTRINA, GIOVANNI PIERLUIGI DA: Messe „O sacrum convivium“. *Sanctus*

– PALESTRINA, GIOVANNI PIERLUIGI DA: Missa „Papae Marcelli“. *Sanctus*

– PALESTRINA, GIOVANNI PIERLUIGI DA: Missa „Sicut illum inter spinas“. *Sanctus*

– PALESTRINA, GIOVANNI PIERLUIGI DA: „Missa sine Nomine“ („Missa Mantovana“). *Sanctus*

– PALESTRINA, GIOVANNI PIERLUIGI DA: Missa „Tu es Petrus“. *Sanctus*

– PALESTRINA, GIOVANNI PIERLUIGI DA: Missa „Veni sponsa Christi“. *Sanctus*

- PALESTRINA, GIOVANNI PIERLUIGI DA: Missa „Viri Gallilaei". *Sanctus*
- PASCHA, EDMUND: Hirtenmesse in F. *Sanctus*
  Aufführungsanlaß: Weihnachten
- PEETERS, FLOR: „Missa in honorem sancti Josephi" Op. 21. *Sanctus*
- PEKIEL, BARTLOMIEJ: „Missa Brevis". *Sanctus*
- PEKIEL, BARTLOMIEJ: „Missa Paschalis". *Sanctus*
- PENDERECCKI, KRZYSTOF: „Polnisches Requiem"
  Sanctus. Aufführungsanlaß: Trauerfeier
- PENALOSA, FRANCISCO DE: Missa „Ave Maria Peregrina". *Sanctus*
- PENALOSA, FRANCISCO DE: Missa „Nunce fué pena mayor". *Sanctus*
- PEPPING, ERNST: Deutsche Messe für gemischten Chor a Capella. *„Heilig, heilig, heilig"*
- PETERSEN, WILHELM: Große Messe für Soli, Chor, Orchester und Orgel Op. 27. *Sanctus*
- PLATANIA, PIETRO: Sanctus
  Dieses SANCTUS stammt aus einem Requiem, das verschiedene italienische Komponisten für die Trauerfeier für G. Rossini komponierten.
- PLATTI, GIOVANNI BENEDETTO: Messa a 4 in A
  Sanctus
- POULENC, FRANCIS: Messe in G. *Sanctus*
- PRAETORIUS, HIERONYMUS: „Missa super Angelus ad Pastorem ait". *Sanctus*
- PUCCINI, GIACOMO: „Messa di Gloria" für Soli, Chor und großes Orchester. *Sanctus*
- REICHA, ANTON: Requiem (Missa pro defunctis)
  Sanctus
- RHEINBERGER, JOSEPH GABRIEL: Messe Op. 109 Es-Dur für zwei Chöre a cappella. *Sanctus*
- RHEINBERGER, JOSEPH GABRIEL: Messe Op. 190 F-Dur
  Sanctus

6,3 RHEINBERGER, JOSEPH GABRIEL: „Missa St. Trinitatis" Op. 117. *Sanctus*

– RORE, CIPRIANO DE: „Missa Praeter rerum seriem" *Sanctus*

– ROSENMÜLLER, JOHANN: „Missa brevis" *Sanctus*

– ROSSINI, GIOACCHINO: „Messa di Gloria" *Sanctus*

– ROSSINI, GIOACCHINO: „Petite Messe Sollemnelle" *Sanctus*

– ROTA, ANDREA: Missa „Resurrectio Christi". *Sanctus*

– RUBBRA, EDMUND: „Missa in honorem Sancti Dominici" Op. 66. *Sanctus*

– RUE, PIERRE DE LA: „Missa cum locundidate". *Sanctus*

– RUE, PIERRE DE LA: Missa „l'homme armé". *Sanctus*

– RUE, PIERRE DE LA: „Missa pro defunctis" (Requiem) *Sanctus*

– RYBA, JAN JAKUB: „Pastoralmesse". *Sanctus*

– SAINT-SAËNS, CAMILLE: Messe Op. 4. *Sanctus*

– SAINT-SAËNS, CAMILLE: Requiem Op. 54. *Sanctus*

– SATIE, ERIC: Messe des Pauvres. *Sanctus*

– SCARLATTI, ALESSANDRO: „Missa di Sancta Cecilia" *Sanctus*

– SCHNEBEL, DIETER: „Dahlemer Messe" für Soli, 2 Chöre, Orchester und Orgel. *Sanctus*

– SCHNITTKE, ALFRED: Requiem. *Sanctus*

– SCHNITZER, FRANZ XAVER: Messe C-Dur. *Sanctus*

– SCHUBERT, FRANZ: Deutsche Messe D. 872 *„Heilig, heilig, heilig"*

– SCHUBERT, FRANZ: Messe Nr. 1 F-Dur D. 105. *Sanctus*

– SCHUBERT, FRANZ: Messe Nr. 2 G-Dur D. 167. *Sanctus*

– SCHUBERT, FRANZ: Messe Nr. 3 B-Dur D. 324. *Sanctus*

– SCHUBERT, FRANZ: Messe Nr. 4 C-Dur D. 452. *Sanctus*

- Schubert, Franz: Messe Nr. 5 As-Dur D. 678. *Sanctus*
- Schubert, Franz: Messe Nr. 6 Es-Dur D. 950. *Sanctus*
- Schumann, Robert: Messe Op. 147. *Sanctus*
- Schweinitz, Wolfgang von: Messe Op. 21. *Sanctus*
- Senfl, Ludwig: „Missa per Signum Crucis". *Sanctus*
- Silcher, Friedrich: „Heilig ist Gott, der Herr Zebaoth"
- Smyth, Ethel: Messe in D. *Sanctus*
- Spohr, Louis: „Sanctus, Sanctus Dominus" für Orgel
- Spohr, Louis: Messe Op. 54 c-Moll. *Sanctus*
- Stevens, Bernard: Messe für Doppelchor. *Sanctus*
- Stiegler, Karl: „St.-Hubertus-Messe". *Sanctus*
- Strawinsky, Igor: Messe für Chor und 10 Bläser *Sanctus*
- Tallis, Thomas: Messe zu 4 Stimmen. *Sanctus*
- Taverner, John: „Missa Corona Spinea". *Sanctus*
- Taverner, John: Missa „Mater Christi". *Sanctus*
- Taverner, John: Missa „O Michael". *Sanctus*
- Taverner, John: „Missa Sancti Wilhelmi". *Sanctus*
- Thomas, Kurt: Messe in a Op. 1. *Sanctus*
- Unbekannter Meister aus Spanien: Misa Flamenca – Andalusische Messe. *Sanctus*
- Valls, Francisco: „Missa Aretina" für Sopran, Kontratenor, Tenor, Chor und Instrumente. *Sanctus*
- Valls, Francisco: Requiem für 2 Soprane, Alt, Tenor, Baß, Chor und Instrumente. *Sanctus*
  Aufführungsanlaß: Trauerfeier
- Vaughan Williams, Ralph: Messe g-Moll. *Sanctus*
- Verdi, Giuseppe: „Messa da Requiem". *Sanctus*
- Victoria, Tomás Luis de: Missa „Ascendens Christum in Altum". *Sanctus*

6,3 VICTORIA, TOMÁS LUIS DE: Missa „O Magnum Mysterium“. *Sanctus*

– VICTORIA, TOMÁS LUIS DE: Missa „O quam gloriosum“ *Sanctus*

– VICTORIA, TOMÁS LUIS DE: Missa „Surge propera“ *Sanctus*

– VICTORIA, TOMÁS LUIS DE: Motette „Duo Seraphim clamabant“

– VICTORIA, TOMÁS LUIS DE: Requiem. *Sanctus*
Aufführungsanlaß: Trauerfeier

– VIERNE, LOUIS: „Messe Basse“ für Orgel. *Sanctus*

– VIERNE, LOUIS: „Messe des défunts“ Op. 62. *Sanctus*
Aufführungsanlaß: Trauerfeier

– VIERNE, LOUIS: „Messe Solemnelle“ Op. 16 cis-Moll *Sanctus*

– VILLA-LOBOS, HEITOR: „Missa Sao Sebastiao“. *Sanctus*

– VIOLA, ANSELM: Missa „Alma redemptoris Mater“ *Sanctus*

– WALTON, WILLIAM TURNER: „Missa Brevis“. *Sanctus*

– WEBER, CARL MARIA VON: Messe Nr. 1 Es-Dur „Missa Solemnis“. *Sanctus*

– WEBER, CARL MARIA VON: Messe Nr. 2 G-Dur „Jubelmesse“. *Sanctus*

– WEIR, JUDITH: „Sanctus“ aus dem „Requiem der Versöhnung“
Aufführungsanlaß: Dieses „Sanctus“ stammt aus dem „Requiem der Versöhnung“, einem Auftragswerk der von Helmuth Rilling geleiteten Internationalen Bachakademie Stuttgart. Das Werk entstand zum 50. Jahrestag des Endes des zweiten Weltkrieges. An diesem Requiem beteiligten sich insgesamt 14 Komponisten aus verschiedenen Ländern, die in den zweiten Weltkrieg verwickelt waren.

– WERNER, GREGOR JOSEPH: Requiem g-Moll. *Sanctus*

– WIDOR, CHARLES-MARIE: Messe Op. 36 fis-Moll. *Sanctus*

- WUORINEN, CHARLES: „Missa brevis". *Sanctus*
- ZAJACZEK, ROMAN: „Missa in Annuntiation B.M.V." *Sanctus*
- ZELENKA, JAN DISMAS: „Missa Circumcisionis D.N. Jesu Christi". *Sanctus*
- ZELENKA, JAN DISMAS: „Missa Dei Patris" ZWV 19 *Sanctus*
- ZELENKA, JAN DISMAS: Missa in D. *Sanctus*
- ZELENKA, JAN DISMAS: „Missa Sanctissimae Trinitatis" *Sanctus*
- ZELENKA, JAN DISMAS: „Missa Votiva" für Soli, Chor und Orchester. *Sanctus*
- GREGORIANIK: Gesänge „Sanctus" (verschiedene Formen)
- GREGORIANIK: Messen (verschiedene Messen aus dem Jahreskreis). *Sanctus*
  In der Gregorianischen Kirchenmusik gibt es durch den Jahreskreis verteilt verschiedene Messen, in denen sich z.B. die biblischen Teile „Gloria" und „Sanctus" immer wiederholen, die jedoch von der melodischen Gestaltung her unterschiedlich sind.
- GREGORIANIK: Requiem. *Sanctus*
- Alle „Sanctus"-Sätze in den Messen
  Alle mit „Sanctus" bezeichneten Teile in den Messen

7,14 HÄNDEL, GEORG FRIEDRICH: Oratorium „Der Messias" *Teil I, Satz „Behold, a virgin shall concieve" / „Denn sieh, der Verheißene des Herrn erscheint auf Erden"*
Jungfrauengeburt hier nicht in der deutschen Übersetzung erwähnt

- SCHROEDER, HERMANN: Motette „Siehe, die Jungfrau wird empfangen"
  Aufführungsanlaß: Advents- und Weihnachtszeit

9,1 HÄNDEL, GEORG FRIEDRICH: Oratorium „Der Messias" *Teil I, Satz „The people that walked in darkness" / „Das Volk, das da wandelt im Dunkel"*

– MARTIN, FRANK: Oratorium „In terra pax“
Zweiter Teil / Nr. 6

9,5 SCHELLE, JOHANN: „Uns ist ein Kind geboren“ für Soli und Instrumente
Aufführungsanlaß: Weihnachten

9,5–6 BACH, JOHANN SEBASTIAN: Kantate BWV 142 „Uns ist ein Kind geboren“. *Satz 1*

– BACH, JOHANN SEBASTIAN: Schemelli-Liederbuch Choral „Uns ist ein Kindlein heut geborn“ BWV 414

– BULL, JOHN: Fantasie für Orgel „Ein Kind ist uns geboren“. Instrumentale Meditation für Orgel
Aufführungsanlaß: Weihnachten

– CLEMENS NON PAPA, JACOBUS: Choral „Ein Kindlein ist uns heut geboren“. Choral-Nachdichtung des Bibeltextes
Aufführungsanlaß: Weihnachtszeit

– DANDRIEU, JEAN FRANCOIS: Livre de Noels
„puer nobis nascitus“ für Orgel

– HÄNDEL, GEORG FRIEDRICH: Oratorium „Der Messias“. *Teil I, Satz „For unto us a child is born“ / „Denn es ist uns ein Kind geboren“*

– LIEBHOLD: „Uns ist ein Kind geboren“
Aufführungsanlaß: Weihnachten

– LOBÈGUE, NICOLAS ANTONIO: „Puer nobis nascitur“ für Orgel
Aufführungsanlaß: Weihnachten

– LOHMANN, ADOLF: Chorsatz „Ein Kind ist uns geboren“
Aufführungsanlaß: Weihnachten

– MARTIN, FRANK: Oratorium „In terra pax“
Zweiter Teil / Nr. 7

– MORALES, CHRISTÔBAL DE: „Puer natus est“ – Introitus zur Weihnachtsmesse
Aufführungsanlaß: Weihnachten

– PEETERS, FLOR: Choralbearbeitung für Orgel „Uns ist geboren ein Kindelein“
Aufführungsanlaß: Weihnachten

– REGER, MAX: Geistliche Lieder Op. 137
Nr. 3 „Uns ist geboren ein Kindelein"
Choral-Nachdichtung. Aufführungsanlaß: Weihnachten

– SCHELLE, JOHANN: „Uns ist ein Kind geboren" für Soli und Instrumente
Aufführungsanlaß: Advents- und Weihnachtszeit

– SCHÜTZ, HEINRICH: Geistliche Chormusik (1648)
Satz 16 SWV 384 Ein Kind ist uns geboren

– SCHÜTZ, HEINRICH: Kleine geistliche Konzerte SWV 282–337. *„Ein Kind ist uns geboren" SWV 302*
Aufführungsanlaß: Weihnachten

– ZIMMERMANN, HEINZ WERNER: Weihnachtslied „Uns ist ein Kind geboren"
Aufführungsanlaß: Weihnachten

– GREGORIANIK: Gesang „Puer natus est nobis" / „Cantate Dominum"

9,6 SCHÜTZ, HEINRICH: Geistliche Chormusik (1648)
Satz 27 SWV 395 Der Engel sprach zu den Hirten
Aufführungsanlaß: Weihnachten

11,1 ADLER, EMANUEL: Choralvorspiel „Es ist ein Ros entsprungen"
Bearbeitung der Choralmelodie „Es ist ein Ros entsprungen" (EG 30)

– BRAHMS, JOHANNES: Choralvorspiele Op. 122
Nr. 6 „Es ist ein Ros entsprungen"
Bearbeitung des Chorals „Es ist ein Ros entsprungen". Das Stück liegt auch in einer Klavierbearbeitung von F. Busoni vor. Aufführungsanlaß: Weihnachten

– BUSH, GEOFFREY: „Es ist ein Ros entsprungen" für Orgel
Choralbearbeitung über „Es ist ein Ros entsprungen" (EG 30)

– DISTLER, HUGO: Choralpartita „Es ist ein Ros entsprungen"
Aufführungsanlaß: Weihnachten

– MURSCHHAUSER, FRANZ X. ANTON: Variationen für Orgel über „Es ist ein Ros entsprungen"
Bearbeitung des Chorals „Es ist ein Ros entsprungen" (EG 30)
Aufführungsanlaß: Weihnachten

– PRAETORIUS, MICHAEL: Choralbearbeitung für Orgel „Es ist ein Ros entsprungen"
Bearbeitung des Chorals „Es ist ein Ros entsprungen" (EG 30)
Aufführungsanlaß: Weihnachten

– SATTLER, CARL: Weihnachtspastorale über den Choral „Es ist ein Ros entsprungen" (EG 30)

– VULPIUS, MELCHIOR: Kanon „Es ist ein Ros entsprungen". Kanon nach EG 30, dort auch als Nr. 31 aufgenommen
Aufführungsanlaß: Weihnachten

12,4 MENDELSSOHN-BARTHOLDY, FELIX: Sinfonie Nr. 2 B-Dur „Lobgesang" für Soli, Chor und Orchester
Satz 4

13,6 PIZZETTI, ILDEBRANDO: Tre Composizioni Coralis
Nr. 2: „Ululate, quia prope est Dies Domini" (nach Jesaja)

13,10 und 13 MARTIN, FRANK: Oratorium „In terra pax"
Erster Teil / Nr. 3

13,15 MARTIN, FRANK: Oratorium „In terra pax"
Dritter Teil / Nr. 8
Aufführungsanlaß: Das Werk war eine Auftragskomposition des Schweizerischen Rundfunks. Es sollte zur Feier des Endes des zweiten Weltkrieges gebracht werden.

21,11–12 Martin, Frank: Oratorium „In terra pax"
Zweiter Teil / Nr. 5
Aufführungsanlaß: Das Werk war eine Auftragskomposition des Schweizerischen Rundfunks. Es sollte zur Feier des Endes des zweiten Weltkrieges gebracht werden.

– MENDELSSOHN-BARTHOLDY, FELIX: Sinfonie Nr. 2 B-Dur „Lobgesang" für Soli, Chor und Orchester
Satz 4

25,1–5 WESLEY, SAMUEL SEBASTIAN: Anthem „O Lord, thou art my God"

26,20 SCHÜTZ, HEINRICH: Musikalische Exequien
Teil I: Concert in Form einer teutschen Begräbnis-Missa
Aufführungsanlaß: Trauerfeier

35,5–6 HÄNDEL, GEORG FRIEDRICH: Oratorium „Der Messias"
Teil I, Satz „Then shall the eyes of the blind" / „Dann wird das Auge des Blinden sich auftun"

35,10 BRAHMS, JOHANNES: Ein Deutsches Requiem
Satz 2. Aufführungsanlaß: Trauerfeier

38,1 BACH, JOHANN SEBASTIAN: Kantate BWV 106 „Actus Tragicus". *Satz 2*
Aufführungsanlaß: Trauerfeier

– BOXBERG, CHRISTIAN LUDWIG: Trauerkantate „Bestelle dein Haus"
Aufführungsanlaß: Trauerfeier

38,17 SCHEIN, JOHANN HERMANN: Israelsbrünnlein – Deutsche Madrigale (26 Motetten)
Nr. 18 „Siehe, nach Trost war mir sehr bange"

40,1–5 HÄNDEL, GEORG FRIEDRICH: Oratorium „Der Messias". *Teil I, Sätze „Comfort you, my People" / „Tröste dich, mein Volk", „Ev'ry Valley shall be exalted" / „Alle Tale macht hoch erhaben" und „And the Glory of the Lord" / „Denn die Herrlichkeit Gottes"*

– SCHÜTZ, HEINRICH: Geistliche Chormusik (1648)
Satz 14 SWV 382 Tröstet, tröstet mein Volk

40,1–8 MARTIN, FRANK: Oratorium „In terra pax"
Zweiter Teil / Nr. 7

40,3–4 BACH, JOHANN SEBASTIAN: Kantate BWV 132 „Bereitet die Wege, bereitet die Bahn". *Satz 1*
Satz 1 ist eine freie Paraphrase über den Text
Aufführungsanlaß: Ursprünglich: 4. Advent

40,6 MONTEVERDI, CLAUDIO: Raccolta de' Sacri Canti II (1624). *„Ego flos campi"*
Freie Meditaion

40,9 HÄNDEL, GEORG FRIEDRICH: Oratorium „Der Messias"
Teil I, Sätze „O thou that tellest good tidings to Zion" / „O Du, die Wonne verkündet in Zion"

40,11 HÄNDEL, GEORG FRIEDRICH: Oratorium „Der Messias"
Teil I, Satz „He shall feed his Flock"/„Er weidet seine Herde"

41,10 BACH, JOHANN SEBASTIAN: „Fürchte dich nicht, ich bin bei dir" Motette BWV 228

42,1–3 MARTIN, FRANK: Oratorium „In terra pax"
Dritter Teil / Nr. 8

43,1 Bach, Johann Sebastian: „Fürchte dich nicht, ich bin bei dir“ Motette BWV 228

45,8 Haydn, Joseph: Messe Nr. 3 „Rorate coeli desuper“
Der Bibeltext steht als Motto über der Messe

– Liszt, Franz: Oratorium „Christus“. *Teil I, Satz 2*
Es handelt sich um das Motto, das über dem Oratorium steht, und dessen gregorianische Melodie sich leitmotivisch durch das Werk zieht.

– Gregorianik: Gesang „Rorate Coeli“
Die Melodie dieses Gesanges bildet die Grundlage etwa für Franz Liszts Oratorium „Christus“
Aufführungsanlaß: Es handelt sich um den Introitus zum 4. Adventssonntag

49,14–16a Schütz, Heinrich: Psalmen Davids
SWV 46 Concert „Zion spricht, der Herr hat mich verlassen“

49,14ff. Weckmann, Matthias: Kantate „Zion spricht, der Herr hat mich verlassen“

50,6 Händel, Georg Friedrich: Oratorium „Der Messias“
Teil II, Satz „He was despised“ / „Er ward verschmähet und verachtet“

52,1–2 Martin, Frank: Oratorium „In terra pax“
Zweiter Teil / Nr. 7

52,7–8 Martin, Frank: Oratorium „In terra pax“
Zweiter Teil / Nr. 6

53,1–8 Martin, Frank: Oratorium „In terra pax“
Dritter Teil / Nr. 8

53,3–6 Händel, Georg Friedrich: Oratorium „Der Messias“. *Teil II, Sätze „He was despised“ / „Er ward verschmähet und verachtet“, „Surely, he hath born our griefs“ / „Wahrlich, er trug unre Qual“, „And with his Stripes“ / „Durch seine Wunden sind wir geheilet“ und „All we like sheep have gone astray“ / „Der Herde gleich, vom Hirten fern“*

53,4 Buxtehude, Dietrich: Kantate „Fürwahr, er trug unsere Krankheit“

53,4–5 Distler, Hugo: Choralmotetten Op. 12
Nr. 9: „Fürwahr, er trug unsere Krankheit“

– Franck, Melchior: Kantate „Fürwahr, er trug unsere Krankheit“

53,4–6 MENDELSSOHN-BARTHOLDY, FELIX: Sprüche zum Kirchenjahr Op. 79. *Nr. 6 „Um unsrer Sünden Willen"*
Aufführungsanlaß: Karfreitag

53,8 HÄNDEL, GEORG FRIEDRICH: Oratorium „Der Messias". *Teil II, Satz „He was cut off" / „Er ist dahin aus dem Lande der Lebenden"*

55,10–11 BACH, JOHANN SEBASTIAN: Kantate BWV 18 „Gleichwie der Regen und Schnee vom Himmel fällt"
Satz 1. Aufführungsanlaß: Ursprünglich: Sonntag Sexagesimae

57,1–2 BACH, JOHANN SEBASTIAN: „Der Gerechte kommt um", BWV deest

58,7–8 BACH, JOHANN SEBASTIAN: Kantate BWV 39 „Brich den Hungrigen dein Brot"
Satz 1: Eingangschor
Aufführungsanlaß: Ursprünglich: 1. Sonntag nach Trinitatis

60,1 BACH, JOHANN LUDWIG: Kantate „Mache dich auf, werde Licht"

60,1–2 BARTMUSS, RICHARD: Chorlieder Op. 12
Nr. 1a „Mache dich auf"

– BLOCH, AUGUSTYN: Psalmodie für Sprecher, Chor, Orchester und Orgel „Denn dein Licht kommt"

60,2–3 HÄNDEL, GEORG FRIEDRICH: Oratorium „Der Messias". *Teil I, Satz „For behold, darkness shall cover the earth" / „Denn blick auf: Finsternis deckt alle Welt"*

60,6 BACH, JOHANN SEBASTIAN: Kantate BWV 65 „Sie werden aus Saba alle kommen". *Satz 1*
Aufführungsanlaß: Ursprünglich: Epiphanias

– LASSO, ORLANDO DI: Motette „Omnes de Saba"

– GREGORIANIK: Gesang „Omnes de Saba"

61,10 SCHEIN, JOHANN HERMANN: Israelsbrünnlein – Deutsche Madrigale (26 Motetten)
Nr. 14 „Ich freue mich im Herren"

66,13a BRAHMS, JOHANNES: Ein Deutsches Requiem
Satz 6
Aufführungsanlaß: Trauerfeier

Jeremia

5,3 Bach, Johann Sebastian: Kantate BWV 102 „Herr, deine Augen sehen nach dem Glauben". *Satz 1*
Aufführungsanlaß: 10. Sonntag nach Trinitatis

8,22 Bach, Johann Sebastian: Kantate BWV 25 „Es ist nichts Gesundes an meinem Leibe" BWV 25. *Satz 3*
Aufführungsanlaß: Ursprünglich: 14. Sonntag nach Trinitatis

10,6 Bach, Johann Sebastian: Kantate BWV 110 „Unser Mund sei voll Lachens". *Satz 3*
Aufführungsanlaß: Ursprünglich: 1. Weihnachtstag

11,19 Charpentier, Marc Antoine: „Eram quasi agnus innocens" H 112

16,16 Bach, Johann Sebastian: Kantate BWV 88 „Siehe, ich will viel Fischer aussenden". *Satz 1*
Aufführungsanlaß: 5. Sonntag nach Trinitatis

17,9 Bach, Johann Sebastian: Kantate BWV 176 „Es ist ein trotzig und verzagt Ding". *Satz 1*
Aufführungsanlaß: Ursprünglich: Sonntag Trinitatis

17,19 Bach, Johann Sebastian: Kantate BWV 176 „Es ist ein trotzig und verzagt Ding". *Satz 1*
Aufführungsanlaß: Ursprünglich: Sonntag Trinitatis

23,19 Verdi, Giuseppe: Oper „Nabucco"
Zweiter Teil. Ein Auszug aus dem Vers bildet das Motto des zweiten Teils der Oper

30,23 Verdi, Giuseppe: Oper „Nabucco"
Zweiter Teil. Ein Auszug aus dem Vers bildet das Motto des zweiten Teils der Oper.

31,3 Bach, Johann Sebastian: Kantate BWV 49 „Ich geh und suche mit Verlangen". *Satz 6*
Aufführungsanlaß: 20. Sonntag nach Trinitatis

31,20 Schein, Johann Hermann: Israelsbrünnlein – Deutsche Madrigale (26 Motetten)
Nr. 12 „Ist nicht Ephraim mein teurer Sohn"

– Schütz, Heinrich: Psalmen Davids
SWV 40 Moteto „Ist nicht Ephraim mein teurer Sohn"

32,28 VERDI, GIUSEPPE: OPER „NABUCCO". *Erster Teil*
Der Vers steht als Motto über dem ersten Teil der Oper

32,41 BACH, JOHANN SEBASTIAN: Kantate BWV 28 „Gottlob, nun geht das Jahr zu Ende"
Satz 3 – Arioso für Baß-Solostimme
Aufführungsanlaß: Weihnachtszeit (ursprünglich: Sonntag nach Weihnachten)

33,11 BUXTEHUDE, DIETRICH: Choralpartita „Danket dem Herrn" Bx 181

46,11 BACH, JOHANN SEBASTIAN: Kantate BWV 25 „Es ist nichts Gesundes an meinem Leibe" BWV 25. *Satz 3*
Aufführungsanlaß: Ursprünglich: 14. Sonntag nach Trinitatis

50,2 VERDI, GIUSEPPE: Oper „Nabucco"
Vierter Teil
Ein Auszug aus dem Vers bildet das Motto des vierten Teils der Oper

50,39–40 VERDI, GIUSEPPE: Oper „Nabucco"
Dritter Teil. Ein Auszug aus den Versen bildet das Motto des dritten Teils der Oper, der auch den berühmten Gefangenen-Chor enthält.

Klagelieder Jeremias

Allgemein
ARTYONOW, WYACHESLAW: „Lamentations" für Orgel und Orchester
Instrumentale Meditationsmusik

– BRITO, ESTEVAO: Lamentationes Jeremiae Prophetae
Aufführungsanlaß: Passion

– CARDOSO, FREI MANUEL: Lamentationes Jeremiae Prophetae

– CAVALIERI, EMILIO DE: Lamentationes Hieremiae Prophetae
Aufführungsanlaß: Karwoche

– CHARPENTIER, MARC ANTOINE: „Lamentatio Jeremiae Prophetae" H 95

- Couperin, Francois: Lecons des ténèbres pour le Mercredi
  Aufführungsanlaß: Karwoche
- Dentice, Fabricio: De Lamentatione Jeremiae Ferie 6 in Parasceve
  Aufführungsanlaß: Karwoche
- Ferrer, Jaine: „Lamentación 1a“
  Aufführungsanlaß: Karwoche
- Fiocco, Joseph Hector: Lamentationes
  Aufführungsanlaß: Karwoche
- Genet, Elzear: „Lamentationes Jeremiae“
  Aufführungsanlaß: Karwoche
- Gutiérrez de Padilla, Juan: Lamentation zu Gründonnerstag
  Aufführungsanlaß: Karwoche
- Haydn, Joseph: Sinfonie Nr. 26 d-Moll. *Satz 2*
  Haydn verarbeitet in diesem Satz eine gregorianische Melodie, die mit den Klageliedern Jeremias in Verbindung gebracht wird. Sie gehört zur Passionsliturgie der Römisch-katholischen Kirche.
- Heinichen, Johann David: „Lamentatio I“ für Tenor und Instrumente
- Krenek, Ernst: Lamentationes Jeremias Prophetae Op. 93 für gemischten Chor a cappella
- Lasso, Orlando di: „Lamentationes Jeremiae“ zu 5 Stimmen
  Aufführungsanlaß: Karwoche
- Luython, Carl: „Lamentationes Jeremiae Prophetae“ zu 6, 5 und 4 Stimmen
  Aufführungsanlaß: Karwoche
- Mauersberger, Rudolf: Zyklus „Dresden“
  Trauermotette „Wie liegt die Stadt so wüst“
  Aufführungsanlaß: Das Werk entstand im Gedenken an die Zerstörung Dresdens 1945. In dem kurzen Stück werden verschiedene Verse aus dem Buch „Klagelieder“ vertont.
- Palestrina, Giovanni Pierluigi da: Lamentationes Jeremiae Prophetae
  Aufführungsanlaß: Karwoche

– PENDERECKI, KRZYSTOF: Lukas-Passion (Passio de mors domini nostri Jesu Christi secundam Lucam)
Klagegesang aus dem ersten Teil nachempfunden: „Jerusalem, Jerusalem, bekehre dich zum Herrn, deinem Gott“
Aufführungsanlaß: Passion

– REBELO, JOAO LOURENZO: Lamentationen für Gründonnerstag

– RICHTER, FRANZ XAVER: 9 Solokantaten „Klagelieder des Jeremia“

– STRADELLA, ALESSANDRO: „Lamentatione por il mercurdi santo“ für Alt und Instrumente
Aufführungsanlaß: Karwoche

– STRAWINSKY, IGOR: Threni (1958)

– TALLIS, THOMAS: Lamentationes Jeremiae Prophetae
Aufführungsanlaß: Karwoche

– WHITE, ROBERT: „The Lamentations of Jeremiah“ zu 5 Stimmen
Aufführungsanlaß: Karwoche

– ZELENKA, JAN DISMAS: Lamentationes Prophetae Jeremiae
Aufführungsanlaß: Karwoche

– ZUMAYA, MANUEL DE: „Hieremiae Prophetae Lamentationes“
Aufführungsanlaß: Karwoche

– GREGORIANIK: Klagelieder des Jeremia
Aufführungsanlaß: Liturgie der Karwoche

1 FERRER, JAIME: „Lamentación 1a“ für Sopran, Alt, Tenor, Chor und Orchester

– HEINICHEN, JOHANN DAVID: „Lamentatio I“ für Soli, Chor und Orchester

– WECKMANN, MATTHIAS: Kantate „Wie liegt die Stadt so wüste“

1,1 MAUERSBERGER, RUDOLF: Motette „Wie liegt die Stadt so wüst“
In dem kurzen Satz werden verschiedene Verse aus dem Buch „Klagelieder“ vertont.

1,1–2 VANTOURA, SUZANNE: Die Musik der Bibel (Entzifferung einer 1000jährigen Notation)
Sechstes Stück

1,1–3 BERNSTEIN, LEONARD: Sinfonie Nr. 1 „Jeremiah"

1,4 MAUERSBERGER, RUDOLF: Motette „Wie liegt die Stadt so wüst"
In dem kurzen Satz werden verschiedene Verse aus dem Buch „Klagelieder" vertont.

1,8 BERNSTEIN, LEONARD: Sinfonie Nr. 1 „Jeremiah"

1,9 MAUERSBERGER, RUDOLF: Motette „Wie liegt die Stadt so wüst"
In dem kurzen Satz werden verschiedene Verse aus dem Buch „Klagelieder" vertont, dieser Vers zweimal.

1,12 BACH, JOHANN SEBASTIAN: Kantate BWV 43 „Schauet doch und sehet, ob irgend ein Schmerz sei"
Satz 1
Aufführungsanlaß: Ursprünglich: 10. Sonntag nach Trinitatis

– HÄNDEL, GEORG FRIEDRICH: Oratorium „Der Messias"
Teil II, Satz „Behold, and see" / „Schau hin und sieh"

1,13 MAUERSBERGER, RUDOLF: Motette „Wie liegt die Stadt so wüst"
In dem kurzen Satz werden verschiedene Verse aus dem Buch „Klagelieder" vertont.

2,15 MAUERSBERGER, RUDOLF: Motette „Wie liegt die Stadt so wüst"
In dem kurzen Satz werden verschiedene Verse aus dem Buch „Klagelieder" vertont.

3,22f. BACH, JOHANN SEBASTIAN: Kantate BWV 90 „Es reißet euch ein schrecklich Ende"
Satz 2. Aufführungsanlaß: 25. Sonntag nach Trinitatis

3,41 BRAHMS, JOHANNES: Motette „Warum ist das Licht gegeben"

4,7 TALLIS, THOMAS: Motette „Candidi facti sunt"
Lateinische Paraphrase über Klagelieder 4,7

4,14–15 BERNSTEIN, LEONARD: Sinfonie Nr. 1 „Jeremiah"

5 PIZZETTI, ILDEBRANDO: Tre Composizioni Coralis
Nr. 3: „Recordare, Domine" (nach Jeremia)

– WEILL, KURT: „Recordare“ Op. 11

5,17 MAUERSBERGER, RUDOLF: Motette „Wie liegt die Stadt so wüst“
In dem kurzen Satz werden verschiedene Verse aus dem Buch „Klagelieder“ vertont.

5,20–21 MAUERSBERGER, RUDOLF: Motette „Wie liegt die Stadt so wüst“
In dem kurzen Satz werden verschiedene Verse aus dem Buch „Klagelieder“ vertont.

Hesekiel

37,1–3 MAUERSBERGER, RUDOLF: Dresdner Requiem
„Vergänglichkeit, Tod, Dies Irae“
Aufführungsanlaß: Das Werk wurde 1947/1951 zum Gedenken der Zerstörung Dresdens 1945 komponiert.

Daniel

Allgemein

CARISSIMI, GIACOMO: Oratorium „Daniel“
Der Text ist eine Nachdichtung der biblischen Erzählungen.

– Unbekannter Komponist: Liturgisches Drama aus dem 12. oder 13. Jahrhundert: „Ludus Danielis“ – Liturgisches Mysterienspiel

1–4 VERDI, GIUSEPPE: Oper „Nabucco“

5 HÄNDEL, GEORG FRIEDRICH: Oratorium „Belsazar“
Freie Nachdichtung des biblischen Stoffes

– SCHUMANN, ROBERT: Lied „Belsazar“ für Singstimme und Klavier
Schumann vertont eine Ballade von Heinrich Heine nach der biblischen Erzählung

– WALTON, WILLIAM TURNER: Belshazar's Feast
Freie Nachdichtung der biblischen Erzählung

6 Modess, Jochen A.: Kantate „Daniel in der Löwengrube“ für Sprecher, Kinderchor und Instrumente
Der Text ist eine Nachdichtung der biblischen Geschichte für Kinder

12,13 Telemann, Georg Philipp: Trauerkantate „Du aber, Daniel, gehe hin“
Aufführungsanlaß: Trauerfeier

Hosea

11,8 Bach, Johann Sebastian: Kantate BWV 89 „Was soll ich aus dir machen, Ephraim“. *Satz 1*
Aufführungsanlaß: 22. Sonntag nach Trinitatis

Joel

2,1 Guerrero, Francisco: Motette „Canite Tuba in Sion“

– Purcell, Henry: 9stimmiges Anthem „Blow up the trumpet in Zion“ Z 10

2,6 und 18 Mauersberger, Rudolf: Dresdner Requiem
„Vergänglichkeit, Tod, Dies Irae“
Aufführungsanlaß: Das Werk wurde 1947/1951 zum Gedenken der Zerstörung Dresdens 1945 komponiert.

2,10 Martin, Frank: Oratorium „In terra pax“
Erster Teil / Nr. 3

Amos

9 Brito, Estavao: Motette „Vidi Dominum“

Jona

Allgemein

JACQUET DE LA GUERRE, ELISABETH: Kantate „Jonas“ für Sopran und Instrumente
Nachdichtung der Jona-Geschichte

– NITSCH, JOHANNES / NIEDEN, ECKART ZUR: Musical „Jona“
Modernes christliches Pop-Musical mit freier Nachdichtung des Jona-Stoffes.

Micha

6,8 BACH, JOHANN SEBASTIAN: Kantate BWV 45 „Es ist dir gesagt, Mensch, was gut ist“. *Satz 1*
Aufführungsanlaß: Ursprünglich: 8. Sonntag nach Trinitatis

7,18–19 ROMAN, JOHANN HEINRICH: Motette „Wie sich solch ein Gott“ / „Wo är en sadana God“

Zefanja

3,12 LASSO, ORLANDO DI: Motette „Populum homilem“

Haggai

2,6 HÄNDEL, GEORG FRIEDRICH: Oratorium „Der Messias“
Teil I, Satz „Thus saith the Lord“ / „So spricht der Herr, Gott Zebaoth“

Sacharja

2,14 MONTEVERDI, CLAUDIO: Raccolta de' Sacri Canti IV (1629). *Motette „Exsulta filia Sion"*

2,17 GARDNER, JOHANN VON / OSTKIRCHLICHE LITURGIE: Karsamstags-Cherubikon „Nun schweige alles Fleisch"
Aufführungsanlaß: Karsamstag

– TURCANIOW, PJOTR / OSTKIRCHLICHE LITURGIE: Gesang „Nun schweige alles Fleisch"

6,12–15 BACH, JOHANN SEBASTIAN: Kantate BWV 90 „Es reißet euch ein schrecklich Ende". *Satz 2*
Aufführungsanlaß: 25. Sonntag nach Trinitatis

9,9 HÄNDEL, GEORG FRIEDRICH: Oratorium „Der Messias". *Teil I, Satz „Rejoice greatly"/ „Erwach, frohlocke, o Tochter von Zion"*

– HÄNDEL, GEORG FRIEDRICH: Weihnachtslied „Tochter Zion"
Die Melodie stammt aus G. F. Händels Oratorien „Josua" und „Judas Maccabäus" und hat ursprünglich nichts mit Weihnachten zu tun. 1826 unterlegte Friedrich Heinrich Ranke ihr den Text „Tochter Zion" (EG 13). Eine weitere bekannte Bearbeitung der Melodie sind Beethovens Variationen für Violoncello und Klavier WoO 45. Aufführungsanlaß: Weihnachten

– MONTEVERDI, CLAUDIO: Motette „Exsulta, filia Sion"

Maleachi

3,1–3 HÄNDEL, GEORG FRIEDRICH: Oratorium „Der Messias" *Teil I, Sätze „Thus saith the Lord" / „So spricht der Herr Gott Zebaoth", „But who may abide" / „Doch wer wird ertragen den Tag seiner Ankunft" und „And he shall purify" / „und er wird reinigen und läutern das Volk des Bundes"*

3,2 MARTIN, FRANK: Oratorium „In terra pax"
Erster Teil / Nr. 1

Apokryphen des Alten Testaments

Judit

Allgemein
MATTHUS, SIEGFRIED: Oper „Judith“
Oper. Freie Nachdichtung des alttestamentlichen Buches

– PARRY, CHARLES HUBERT HASTINGS: „Judith“
Nachdichtung des Stoffes

– VIVALDI, ANTONIO: Oratorium „Juditha Triumphans“
Text ist Nachdichtung des Stoffes

9,14 JOUBERT, JOHN: Anthem „O Lord, the Maker of all Thing“

13,12 TAVENER, JOHN: Weihnachtsproklamation „God is with us“
Aufführungsanlaß: Weihnachtszeit

Tobias

Allgemein HAYDN, JOSEPH: Oratorium „Die Heimkehr des Tobias“
Nachdichtung der Erzählung

6–10 WECKMANN, MATTHIAS: Kantate für 3 Singstimmen und Instrumente „Dialogo von Tobias und Raguel“
Nachdichtung der Geschichte

1./2. Makkabäer

Allgemein HÄNDEL, GEORG FRIEDRICH: Oratorium „Judas Makkabäus“
Dichterisch freie Gestaltung. In dem Werk findet sich die ursprüngliche Version der Weihnachtslied-Melodie „Tochter Zion“

4,24 BUXTEHUDE, DIETRICH: Choralpartita „Danket dem Herrn“ Bx 181

Weisheit

2,1 und 4 MAUERSBERGER, RUDOLF: Dresdner Requiem
„Vergänglichkeit, Tod, Dies Irae"
Aufführungsanlaß: Das Werk wurde 1947/1951 zum Gedenken der Zerstörung Dresdens 1945 komponiert.

3,1 BRAHMS, JOHANNES: Ein Deutsches Requiem
Satz 3. Aufführungsanlaß: Trauerfeier

– SCHÜTZ, HEINRICH: Musikalische Exequien
Teil III: Canticum Simeonis
Text in freier Verkürzung. Aufführungsanlaß: Trauerfeier

4,7ff. BACH, JOHANN CHRISTOPH: Motette „Der Gerechte, ob er gleich zu zeitlich stirbt"

Sirach

1,34 BACH, JOHANN SEBASTIAN: Kantate BWV 179
„Siehe zu, daß deine Gottesfurcht nicht Heuchelei sei"
Satz 1
Aufführungsanlaß: Ursprünglich: 11. Sonntag nach Trinitatis

14,18 BACH, JOHANN SEBASTIAN: Kantate BWV 106
„Actus Tragicus". *Satz 2*
Aufführungsanlaß: Trauerfeier

25 SCHÜTZ, HEINRICH: „Wohl dem, der ein tugendsam Weib hat" SWV 20

25,1–4 SCHEIN, JOHANN HERMANN: Israelsbrünnlein – Deutsche Madrigale (26 Motetten)
Nr. 20 „Drei schöne Dinge"

32,7–9 SCHÜTZ, HEINRICH: Symphoniae Sacrae II SWV 341–367
„Wie ein Rubin" SWV 357

41 LASSO, ORLANDO DI: Motette „O mors, quam amara est"

41,1–7 REGER, MAX: Geistliche Gesänge Op. 110
Nr. 3 „O Tod, wie bitter bist du"

50,24–26 SCHÜTZ, HEINRICH: Symphoniae Sacrae
„Nun danket alle Gott" SWV 418

51 LASSO, ORLANDO DI: Motette „Confitebor tibe Domine“

51,35 BRAHMS, JOHANNES: Ein Deutsches Requiem
Satz 5
Aufführungsanlaß: Trauerfeier

Stücke zu Daniel

1 HÄNDEL, GEORG FRIEDRICH: Oratorium „Susanna“ HWV 66
Der Text ist eine Nachdichtung des biblischen Stoffes.

3,65 BUXTEHUDE, DIETRICH: Choralpartita „Danket dem Herrn“ Bx 181

Neues Testament

Matthäus

Allgemein

DRÄSEKE, FELIX: Christus – Mysterium in einem Vorspiel und drei Oratorien

– FUX, JOHANN JOSEPH: Oratorium „Johannes der Täufer"
Szenische Nachdichtung der Johannes-Geschichten der vier Evangelien

– KRAFT, WALTER: Oratorium „Christus" – Oratorium nach Worten der Evangelien
Das Werk verarbeitet Aussagen der vier Evangelien

– RESPIGHI, OTTORINO: Christus – Biblische Kantate in zwei Teilen
Nachdichtung nach den Evangelien

– TELEMANN, GEORG PHILIPP: Kantate in 2 Teilen „Messias". Der Text ist eine Nachdichtung der Evangelienberichte von Klopstock.

1,20b–21 SCHÜTZ, HEINRICH: Kleine geistliche Konzerte SWV 281–327. *„Joseph, du Sohn Davids" SWV 323*

1,23 HÄNDEL, GEORG FRIEDRICH: Oratorium „Der Messias". *Teil I, Satz „Behold, a virgin shall concieve" / „Denn sieh, der Verheißene des Herrn erscheint auf Erden"*
Jungfrauengeburt hier nicht in deutscher Übersetzung erwähnt

– SCHROEDER, HERMANN: Motette „Siehe, die Jungfrau wird empfangen"
Aufführungsanlaß: Advents- und Weihnachtszeit

1–2 GARISSINI, GIACOMO: Oratorium „Ss. Vergine"
Der Text ist eine freie Nachdichtung. Das Leben der Maria wird in dem Werk geschildert.

– HINDEMITH, PAUL: „Das Marienleben" für Sopran und Klavier
Hindemith vertont eine freie Nachdichtung von R. M. Rilke

2 BACH, JOHANN CHRISTOPH FRIEDRICH: Oratorium „Die Kindheit Jesu"
Der Text des Werkes ist eine freie Nachdichtung der Weihnachtserzählungen aus dem Matthäus- und Lukas-Evangelium von J. G. Herder

2 BERLIOZ, HECTOR: Oratorium „L'Enfance du Christ" Op. 25
Der Text ist eine dichterisch freie Gestaltung der Geschichten der Kindheit Jesu. Aufführungsanlaß: Weihnachtszeit

– BLARR, OSKAR GOTTLIEB: Weihnachts-Oratorium „Jesus-Geburt"
Nachdichtung der Weihnachts-Erzählungen
Aufführungsanlaß: Weihnachten

– CHARPENTIER, MARC ANTOINE: „In Nativitatem Domini" – ein Weihnachtsoratorium H 416
Aufführungsanlaß: Weihnachten

– CONSTANTINESCU, PAUL: Byzantinisches Weihnachtsoratorium „Die Geburt Jesu"
Nachdichtung der Weihnachtsgeschichte
Aufführungsanlaß: Weihnachten

– HAMMERSCHMIDT, ANDREAS: Kantate „Wo ist der neugeborne König". Aufführungsanlaß: Weihnachtszeit

– HENGER, HANS: Weihnachtskantate
Nachdichtung der Weihnachtsgeschichte aus Lukas und Matthäus. Aufführungsanlaß: Weihnachten

– HERZOGENBERG, HEINRICH VON: Weihnachtsoratorium „Die Geburt Christi" Op. 90
Nachdichtung der biblischen Weihnachts-Erzählungen
Aufführungsanlaß: Weihnachten

– KIEL, FRIEDRICH: Oratorium „Der Stern von Bethlehem" für Soli, Chor und Orchester Op. 83
Freie Nachdichtung der biblischen Weihnachtsgeschichten
Aufführungsanlaß: Weihnachten

– MARTIN, FRANK: Mysterium von der Geburt des Herrn
Freie Nachdichtung der Weihnachts-Erzählungen nach Lukas und Matthäus. Aufführungsanlaß: Weihnachten

– MESSIAEN, OLIVIER: „La Nativité du Seigneur" – 9 Meditationen für Orgel
Orgelmeditationen über die Weihnachts-Ereignisse
Aufführungsanlaß: Weihnachten

– MESSIAEN, OLIVIER: Regards sur l'Enfant-Jésus
Meditationen für Orgel. Aufführungsanlaß: Weihnachten

2 MICHAEL, ROGIER: „Die Geburt unseres Herrn Jesu Christi" für 6 Einzelstimmen und Basso Continuo
Aufführungsanlaß: Weihnachten

– ORLINSKI, HEINZ BERNHARD: Weihnachtsbilder
Aufführungsanlaß: Weihnachten. Das Werk besteht aus Nachdichtungen der Weihnachts-Ereignisse

– PRAETORIUS, MICHAEL: Weihnachtskonzert „Als der gütige Gott"
Nachdichtung der Weihnachtserzählungen
Aufführungsanlaß: Weihnachten

– RESPIGHI, OTTORINO: Trittico Botticelliano (Stücke nach drei Bildern von Botticelli)
Nr. 2: Die Anbetung der drei Weisen
Freie Meditation über die Erzählung von den Weisen aus dem Morgenland

– SCHELLE, JOHANN: Actus Musicus auf Weyh-Nachten für Soli und Instumente
Aufführungsanlaß: Weihnachten

– STRADELLA, ALESSANDRO: Weihnachtskantate („Cantata per il SS. Natale")
Nachdichtung der Weihnachtserzählungen
Aufführungsanlaß: Weihnachten

– THOMAS, KURT: Weihnachtsoratorium Op. 17
Aufführungsanlaß: Weihnachten

– BACH, JOHANN CHRISTOPH FRIEDRICH: Oratorium „Die Kindheit Jesu"
Freie Nachdichtung. Text: J. G. Herder
Aufführungsanlaß: Weihnachtszeit

2,1–2 MENDELSSOHN-BARTHOLDY, FELIX: Oratorium „Christus" (Fragment)
Erster Teil „Geburt Christi"

2,1–6 BACH, JOHANN SEBASTIAN: Weihnachts-Oratorium BWV 248. *Kantate 5*
Aufführungsanlaß: Weihnachten (Sonntag nach Neujahr)

2,1–12 HINDEMITH, PAUL: Motette „Cum natus esset"

2,1–23 SCHÜTZ, HEINRICH: Historia der Geburt Jesu Christi
Aufführungsanlaß: Weihnachten

2,2 Byrd, Wiliam: Motette „Vidimus stellam eius"
Aufführungsanlaß: Weihnachtszeit

2,7–12 Bach, Johann Sebastian: Weihnachts-Oratorium BWV 248. *Kantate 6*
Aufführungsanlaß: Weihnachten (Ursprünglicher Aufführungstermin in Leipzig: Epiphanias)

2,10–12 Poulenc, Francis: Quatre Motets pour la Temps de Noel. *Nr. 3 „Videntes stellam"*
Aufführungsanlaß: Weihnachten

2,13–15 Schütz, Heinrich: Symphoniae Sacrae III
„Siehe, es erschien der Engel des Herrn" SWV 403

2,13–23 Bach, Johann Sebastian: Kantate BWV 153 „Schau, lieber Gott, wie meine Feind"
Freie Meditation über die Flucht nach Ägypten
Aufführungsanlaß: Ursprünglich: Sonntag nach Neujahr

– Bach, Johann Sebastian: Kantate BWV 58 „Ach Gott, wie manches Herzeleid"
Freie Meditation über die Flucht nach Ägypten
Aufführungsanlaß: Ursprünglich: Sonntag nach Neujahr

– Bruch, Max: Kantate „Die Flucht der heiligen Familie nach Ägypten" Op. 20
Dichterisch freie Gestaltung der Perikope
Aufführungsanlaß: Weihnachtszeit

2,13ff. Hindemith, Paul: Motette „Angelus Domini aparuit"

2,18 Schütz, Heinrich: Geistliche Chormusik (1648)
Satz 28 SWV 396„ Auf dem Gebirge hat man ein Geschrei gehöret"

2,19–23 Hindemith, Paul: Motette „Defuncto Herodes"

3 Stradella, Alessandro: Szenisches Oratorium „San Giovanni Battista"
Dichterisch freies Oratorium über Johannes den Täufer

– Stradella, Alessandro: Szenisches Oratorium „San Giovanni Battista"
Szenische Nachdichtung der Johannes-Geschichten der vier Evangelien.

3,3 Bach, Wilhelm Friedemann: Kantate „Es ist eine Stimme eines Predigers in der Wüste"

5 MAFFAY, PETER: Doppel-Album „Omen“
Lied „Der Arme ist nicht arm“
Bei den Angaben auf dem Cover des Doppel-Albums wird bei diesem Lied ausdrücklich auf Matthäus 5 hingewiesen.

– RUSSISCH-ORTHODOXE LITURGIE: Die Seligpreisungen

5,3–10 LISZT, FRANZ: Oratorium „Christus“
Teil 2, Satz 6

5,3–12 LISZT, FRANZ: „Die Seligpreisungen“ S 25 für Bariton und Chor

5,3–12a SCHEIN, JOHANN HERMANN: Motette „Die Seligpreisungen“

5,4 BRAHMS, JOHANNES: Ein Deutsches Requiem
Satz 1. Aufführungsanlaß: Trauerfeier

5,4–5 MARTIN, FRANK: Oratorium „In terra pax“
Dritter Teil / Nr. 9

5,20–26 BACH, JOHANN SEBASTIAN: Kantate BWV 170 „Vergnügte Ruh, beliebte Seelenlust“
Aufführungsanlaß: 6. Sonntag nach Trinitatis. Der Kantatentext ist eine Meditation über das traditionelle Evangelium.

6,9–13 ALFVÉN, HUGO: Kantate „Vater unser“ Op. 15

– ARCHANGELSKI, ALEXANDER: „Otche Nash“ / „Pater noster“

– BACH, JOHANN SEBASTIAN: „Vater unser im Himmelreich“ für Orgel BWV 737
Bearbeitung von Luthers Choralmelodie „Vater unser im Himmelreich“ (EG 344)

– BACH, JOHANN SEBASTIAN: Choräle zu 4 Singstimmen BWV 250–438. *BWV 416 „Vater unser im Himmelreich“*
Bearbeitung von Luthers Choral „Vater unser im Himmelreich“ (EG 344)

– BACH, JOHANN SEBASTIAN: Choralbearbeitung „Vater unser im Himmelreich“ BWV 687
Bearbeitung von Luthers Choralmelodie „Vater unser im Himmelreich“ (EG 344)

– BACH, JOHANN SEBASTIAN: Choralbearbeitung BWV 762 „Vater unser im Himmelreich“
Orgelbearbeitung von Luthers Choralmelodie

- BACH, JOHANN SEBASTIAN: Klavierübung, Teil III
  „Vater unser im Himmelreich" (Fughetta) BWV 683
  Bearbeitung von Luthers Choralmelodie „Vater unser im Himmelreich"
- BACH, JOHANN SEBASTIAN: Klavierübung, Teil III
  „Vater unser im Himmelreich" BWV 682
  Bearbeitung von Luthers Choralmelodie „Vater unser im Himmelreich"
- BACH, JOHANN SEBASTIAN: Orgelbüchlein
  „Vater unser im Himmelreich" Choral BWV 636
  Bearbeitung von Luthers Choralmelodie „Vater unser im Himmelreich"
- BACH, JOHANN SEBASTIAN: Orgelchoräle „Vater unser im Himmelreich" BWV 760–763
  Bearbeitungen von Luthers Choralmelodie „Vater unser im Himmelreich"
- BACH, WILHELM FRIEDRICH ERNST: „Vater unser" für zwei Soli, Chor und Orchester
- BAUMANN, MAX: „Pater noster qui es in Coelis" – 8stimmige Motette über das Vaterunser
- BÖHM, GEORG: Choralbearbeitung „Vater unser im Himmelreich" B 11,12b
  Bearbeitung von Luthers Choral „Vater unser im Himmelreich"
- BUXTEHUDE, DIETRICH: Choralpartita Bx 207 „Vater unser im Himmelreich"
  Bearbeitung von Luthers Choralmelodie „Vater unser im Himmelreich" (EG 344)
- BUXTEHUDE, DIETRICH: Orgelchoral „Vater unser im Himmelreich" Bx 219
  Bearbeitung von Luthers Choral „Vater unser im Himmelreich"
- CHERUBINI, LUIGI: „Pater noster" für 4stimmigen Chor und Klavier
- DAVID, JOHANN NEPOMUK: Choralwerk für Orgel
  Kleine Partita „Vater unser im Himmelreich"
  Bearbeitung von Luthers Choral „Vater unser im Himmelreich" (EG 344)

6,9–13 DORATI, ANTAL: Gebet für gemischten Chor a cappella „Pater noster"

– DUBIANSKY, FEODOR JAKOVLEWITSCH: „Otche Nash" / „Vater unser"

– FRÖHLICH, FRIEDRICH THEODOR: Kantate „Unser Vater" für Chor und Klavier

– GALLUS, JACOBUS: Motette „Pater noster qui es in coelis"

– GOUNOD, CHARLES: „Pater noster" für Chor und Orgel

– GUERRERO, FRANCISCO: Motette „Pater noster" zu 8 Stimmen

– HASSLER, HANS LEO: „Vater unser im Himmelreich"
Bearbeitung von Luthers Choral „Vater unser im Himmelreich" (EG 344)

– HOMILIUS, GOTTFRIED AUGUST: Motette „Unser Vater in dem Himmel"

– JANACEK, LEOS: „Vater unser" („octe Nas") für Tenor, Harfe, Chor und Orgel)

– KAMINSKI, HEINRICH: Choralvorspiel „Vater unser im Himmelreich"
Choralvorspiel für Orgel über Luthers Melodie „Vater unser im Himmelreich"

– KEDROW, NIKOLAI / RUSSISCH-ORTHODOXE LITURGIE: Herrengebet – Vaterunser

– LASSO, ORLANDO DI: „Pater noster" zu 6 Stimmen

– LISZT, FRANZ: „Harmonies poétiques et religieuses" für Klavier. *Nr. 5 „Pater noster"*
Instrumentale Meditation für Klavier

– LISZT, FRANZ: Oratorium „Christus". *Teil II, Satz 7*

– LISZT, FRANZ: „Pater noster" für Frauenchor

– LUTHER, MARTIN: Choral „Vater unser im Himmelreich" (EG 344)
Anmerkung: Luthers Nachdichtung

– MARTIN, FRANK: Oratorium „In terra pax"
Dritter Teil / Nr. 10

- MAUERSBERGER, RUDOLF: Geistliche Sommermusik
  Motette „Vater unser"
- MENDELSSOHN-BARTHOLDY, FELIX: Sonate für Orgel Op. 65 Nr. 6 d-Moll
  1. Satz: Variationen über „Vater unser im Himmelreich"
  Bearbeitung von Luthers Choral „Vater unser im Himmelreich" (EG 344)
- MEYERBEER, GIACOMO: „Pater noster" für 4stimmigen Chor a cappella
- MORALES, CRISTOBAL DE: Pater noster
- NICOLAI, OTTO: Doppelchörige Motette „Pater noster" Op. 33
- PRAETORIUS, JAKOBUS: Partita für Orgel „Vater unser im Himmelreich"
  Bearbeitung von Luthers Choral „Vater unser im Himmelreich"
- RACHMANINOFF, SERGEJ: Liturgie des Heiligen Johannes Chrysostomus Op. 31
  Satz 14: „Otche nash" / „Vater unser"
  Die Chrysostomus-Liturgie wurde auch von Tschaikowsky vertont.
- REGER, MAX: Choralvorspiele Op. 67
  Nr. 39 „Vater unser im Himmelreich"
  Bearbeitung von Luthers Choral „Vater unser im Himmelreich" (EG 344)
- RIMSKY-KORSAKOFF, NIKOLAI / RUSSISCH-ORTHODOXE LITURGIE: Vater unser / „Ottche nach"
- SCELSI, GIANCINTO: Lateinische Gebete (1970)
  „Pater noster"
- SCHEIDT, SAMUEL: Choralbearbeitung „Vater unser im Himmelreich"
  Bearbeitung von Luthers Choral-Melodie „Vater unser im Himmelreich" (EG 344)
- SCHEIDT, SAMUEL: Tabulatura Nova I (1624)
  Nr. 3: Cantio Sacra „Vater unser im Himmelreich"
  Bearbeitung von Luthers Choral „Vater unser im Himmelreich" (EG 344)

6,9–13 Schubert, Franz: Anhang „Das Gebet des Herrn" zur Deutschen Messe D. 872

– Schütz, Heinrich: Symphoniae Sacrae III
„Vater unser" SWV 411

– Steigleder, Johann Ulrich: Tabulaturbuch „Das Vatterunser"

– Steigleder, Ulrich: Choralbearbeitung „Vater unser im Himmelreich"
Bearbeitung von Luthers Nachdichtung des „Vaterunser"

– Strawinsky, Igor: „Pater noster" / „Otsche nasch" für 4stimmigen Chor a cappella

– Telemann, Georg Philipp: Choräle P 34 (48 fugierende und veränderte Choräle)
Nr. 1: Vater unser im Himmelreich in D (Dorisch)
Bearbeitung von Luthers Choralmelodie „Vater unser im Himmelreich"

– Tschaikowsky, Peter: Liturgische Gesänge (10 Hymnen). *Nr. 6 „Pater noster" / „Ottke nasch"*

– Verdi, Guiseppe: Pater noster „o padre nostro" für 5stimmigen Chor
Verdi vertont eine Nachdichtung des Vaterunser von Dante

– Villa-Lobos, Heitor: „Pater noster"

– Walter, Johann: Choral „Vater unser im Himmelreich"
Bearbeitung von Luthers Choral „Vater unser im Himmelreich"

– Werbycky / Ukrainische Liturgie: Vaterunser

– Russisch-Orthodoxe Liturgie: Liturgischer Gesang „Vater Unser"

6,24–34 Bach, Johann Sebastian: Kantate BWV 138 „Was betrübst du dich, mein Herz"
Aufführungsanlaß: 15. Sonntag nach Trinitatis (Meditation über das Sonntagsevangelium)

6,31–32 Bach, Johann Sebastian: Kantate BWV 187 „Es wartet alles auf dich". *Satz 4*
Aufführungsanlaß: 7. Sonntag nach Trinitatis – Meditation über das Sonntagsevangelium

6,34 BACH, JOHANN SEBASTIAN: Kantate BWV 99 „Was Gott tut, das ist wohlgetan". *Satz 4*
Aufführungsanlaß: 15. Sonntag nach Trinitatis (Bibeltext stammt aus dem Sonntagsevangelium)

7,12 BACH, JOHANN SEBASTIAN: Kantate BWV 24 „Ein ungefärbt Gemüte". *Satz 3*
Aufführungsanlaß: Ursprünglich: 4. Sonntag nach Trinitatis

7,22–23 BACH, JOHANN SEBASTIAN: Kantate BWV 45 „Es ist dir gesagt, Mensch, was gut ist". *Satz 4*
Aufführungsanlaß: Ursprünglich: 8. Sonntag nach Trinitatis

7,23–25 BACH, JOHANN SEBASTIAN: Kantate BWV 136 „Erforsche mich, Gott, und erfahre mein Herz"
Aufführungsanlaß: 8. Sonntag nach Trinitatis (Meditation über das Sonntagsevangelium)

7,31–37 BACH, JOHANN SEBASTIAN: Kantate BWV 35 „Geist und Seele sind verwirret"
Der Kantatentext ist eine freie Meditation des Evangeliums-Textes. Aufführungsanlaß: Ursprünglich: 12. Sonntag nach Trinitatis

8,11–12 SCHÜTZ, HEINRICH: Geistliche Chormusik (1648)
Satz 7 SWV 375 Viel werden kommen

8,1–13 BACH, JOHANN SEBASTIAN: Kantate BWV 72 „Alles nur nach Gottes Willen"
Freie Meditation über den Evangeliumstext
Aufführungsanlaß: Ursprünglich: 3. Sonntag nach Epiphanias.

– BACH, JOHANN SEBASTIAN: Kantate BWV 73 „Herr, wie du willst, so schicks mit mir"
Freie Meditation über den Evangeliumstext
Aufführungsanlaß: Ursprünglich: 3. Sonntag nach Epiphanias.

– BACH, JOHANN SEBASTIAN: Kantate BWV 156 „Ich steh mit einem Fuß im Grabe"
Freie Meditation über den Evangeliumstext
Aufführungsanlaß: Ursprünglich: 3. Sonntag nach Epiphanias.

8,23ff. STROHBACH, SIEGFRIED: Motette „Jesus, der Retter im Seesturm"

8,28 LISZT, FRANZ: Oratorium „Christus"
Teil II, Satz 9

9,1–8 BACH, JOHANN SEBASTIAN: Kantate BWV 5 „Wo soll ich fliehen hin"
Meditation über das Sonntagsevangelium
Aufführungsanlaß: Ursprünglich: 19. Sonntag nach Trinitatis

– BACH, JOHANN SEBASTIAN: Kantate BWV 48 „Ich elender Mensch, wer wird mich erlösen"
Aufführungsanlaß: 19. Sonntag nach Trinitatis (Sonntagsevangelium wird paraphrasiert)

– STROHBACH, SIEGFRIED: Motette „Jesus heilt einen Gelähmten"

9,4ff. RASELIUS, ANDREAS: Motette „Warum denkt Ihr so Arges"

11,28–30 HÄNDEL, GEORG FRIEDRICH: Oratorium „Der Messias"
Teil I, Sätze „He shall feed his flock" / „Er weidet seine Herde" und „His Yoke is easy" / „Sein Joch ist sanft"

12,8 MARTIN, FRANK: Oratorium „In terra pax"
Dritter Teil / Nr. 8

13,30 SCHÜTZ, HEINRICH: Geistliche Chormusik (1648)
Satz 8 SWV 376 „Sammlet zuvor das Unkraut"

15,22ff. RASELIUS, ANDREAS: Motette „Und siehe, ein kananäisch Weib"

16,16ff RASELIUS, ANDREAS: Motette „Da antwortete Simon Petrus" (9stimmig)

16,18 DURUFLÉ, MAURICE: Motetten Op. 10
Nr. 3 „Tu es Petrus"

– FAURÉ, GABRIEL: Motette „Tu es Petrus"

– LISZT, FRANZ: Oratorium „Christus"
Teil II, Satz 8

18,20 BACH, JOHANN SEBASTIAN: Kantate BWV 42 „Am Abend aber desselbigen Sabbaths"
Satz 3: Arie
Aufführungsanlaß: Osterzeit (Ursprünglich: Sonntag Quasimodogeniti)

18,23–35 BACH, JOHANN SEBASTIAN: Kantate BWV 55 „Ich armer Mensch, ich Sündenknecht"
Aufführungsanlaß: 22. Sonntag nach Trinitatis (Meditation über das Sonntagsevangelium)

– BACH, JOHANN SEBASTIAN: Kantate BWV 89
„Was soll ich aus dir machen, Ephraim“
Aufführungsanlaß: 22. Sonntag nach Trinitatis (Meditation über das Sonntagsevangelium)

20,14 BACH, JOHANN SEBASTIAN: Kantate BWV 144
„Nimm was dein ist und gehe hin“. *Satz 1*
Aufführungsanlaß: Ursprünglich: Sonntag Septuagesimae

20,29–34 MAUERSBERGER, ERHARD: Motette „Die Heilung des Blinden von Jericho“

21 KODÁLY, ZOLTAN: Motette für 4–6stimmigen Chor
„Jesus und die Krämer“
Es handelt sich um eine Nachdichtung des Bibeltextes.

21,1–9 BACH, JOHANN SEBASTIAN: Kantate BWV 182
„Himmelskönig sei willkommen“
Aufführungsanlaß: Ursprünglich: Palmsonntag

21,9 GIBBONS, ORLANDO: Motette „Osanna to the Son of David“

– RACHMANINOFF, SERGEJ: Liturgie des Heiligen Johannes Chrysostomus Op. 31
Satz 17: „Blagosloven Grjadiji Videhom Svet Istinnij“
Die Chrysostomus-Liturgie wurde auch von Tschaikowsky vertont.

– SAINT-SAËNS, CAMILLE: Weihnachtsoratorium
Satz 5: „Benedictus“

– SCHÜTZ, HEINRICH: Symphoniae Sacrae III
„O Herr hilf o Herr lass wohl gelingen“ SWV 402

– WEELKES, THOMAS: „Hosanna to the Son of David“

– MESSEN UND REQUIEN
„Osanna“ und „Benedictus“. Die mit „Messe“, „Missa“ oder „Requiem“ bezeichneten Werke, die das „Sanctus“ (siehe Jesaja 6,3) vertonen, enthalten auch einen „Benedictus“-Teil, der den Schluß von Matthäus 21,9 verarbeitet.

21,13 BACH, JOHANN SEBASTIAN: Kantate BWV 90
„Es reißet euch ein schrecklich Ende“. *Satz 3*
Aufführungsanlaß: 25. Sonntag nach Trinitatis

22,1–14 BACH, JOHANN SEBASTIAN: Kantate BWV 162 „Ach! Ich sehe, itzt, da ich zur Hochzeit gehe“

Aufführungsanlaß: 20. Sonntag nach Trinitatis (Meditation über das Evangelium)

– BACH, JOHANN SEBASTIAN: Kantate BWV 49 „Ich geh und suche mit Verlangen"
Aufführungsanlaß: 20. Sonntag nach Trinitatis (Meditation über das Evangelium)

22,15–22 BACH, JOHANN SEBASTIAN: Kantate BWV 163 „Nur jedem das Seine"
Aufführungsanlaß: 23. Sonntag nach Trinitatis (Meditation über das Sonntagsevangelium)

– BACH, JOHANN SEBASTIAN: Kantate BWV 52 „Falsche Welt, dir trau ich nicht"
Aufführungsanlaß: 23. Sonntag nach Trinitatis (Meditation über das Sonntagsevangelium)

22,16–21 SCHÜTZ, HEINRICH: Symphoniae Sacrae III
„Meister, wir wissen, daß du wahrhaftig bist" SWV 414

22,24ff. SCHÜTZ, HEINRICH: Motette „Es erhub sich ein Streit" für 4 Chöre und Basso Continuo SWV Anh. 11

22,34–46 BACH, JOHANN SEBASTIAN: Kantate BWV 169 „Gott soll allein mein Herze haben"
Aufführungsanlaß: 18. Sonntag nach Trinitatis (Sonntagsevangelium wird paraphrasiert)

23,37 BACH, JOHANN SEBASTIAN: Kantate BWV 40 „Dazu ist erschienen der Sohn Gottes". *Satz 7*
Aufführungsanlaß: Weihnachten (2. Feiertag)

23,39 BACH, JOHANN SEBASTIAN: Kantate BWV 57 „Selig ist der Mann"
Das Werk bezieht sich auf das Gedenken des Märtyrers Stephanus. Es handelt sich um eine Meditation über den Evangeliumstext und über Apostelgeschichte 6,8–7,2a und 7,51–59. Aufführungsanlaß: Weihnachten (Ursprünglich: 2. Weihnachtsfeiertag)

24,22 BACH, JOHANN SEBASTIAN: Kantate BWV 90 „Es reißet euch ein schrecklich Ende". *Satz 4*
Aufführungsanlaß: 25. Sonntag nach Trinitatis (Text stammt aus Sonntagsevangelium)

24,35 SCHÜTZ, HEINRICH: Kleine geistliche Konzerte SWV 282–337. *SWV 300 „Himmel und Erde vergehen"*

Die Bibelstelle ist ein synoptischer Text. Auch in Markus 13,31 findet sich der gleiche Inhalt.

25,1–13 BACH, JOHANN SEBASTIAN: Kantate „Wachet auf, ruft uns die Stimme"
Meditation über das Sonntagsevangelium.
Aufführungsanlaß: 27. Sonntag nach Trinitatis bzw. Totensonntag oder Ewigkeitssonntag (Meditation über das Evangelium)

26 CHARPENTIER, MARC ANTOINE: Le Reniement de St. Pierre
Freie Nachdichtung des biblischen Stoffes
Aufführungsanlaß: Passion

– DYLAN, BOB: Album „Saved"
Lied „In the Garden"
Betrachtendes Lied über die Szene im Garten Gethsemane

– WAGNER, RICHARD: „Das Liebesmahl der Apostel" – eine biblische Szene
Auch Wagners Oper „Parsifal" beschäftigt sich mit der Abendmahls-Thematik, ohne direkt auf biblische Stellen einzugehen. Die vorliegende Kantate ist eine Nachdichtung und Meditation der biblischen Vorlagen.

26,38 KUHNAU, JOHANN: Motette „Tristis est anima mea"

– LASSO, ORLANDO DI: Motette „Tristis est anima mea"

26,38–39 LISZT, FRANZ: Oratorium „Christus"
Teil III, Satz 11

26,47–56 CHARPENTIER, MARC ANTOINE DE: Méditations pour la Carème
Nr. 4 „Ecce Judas, Unus de duodecim" H 383
Aufführungsanlaß: Passion

26,75 BACH, JOHANN SEBASTIAN: Johannes-Passion
Nr. 12c – Rezitativ des Evangelisten. Bach zitiert hier, mitten in der Johannes-Passion, das Matthäus-Evangelium, um das Schicksal des Petrus stärker herauszuheben.
Aufführungsanlaß: Passion

26–27 BACH, CARL PHILIPP EMANUEL: Oratorium „Die letzten Leiden des Erlösers"
Nachdichtung der Passionsgeschichte
Aufführungsanlaß: Passion

26–27 BACH, JOHANN ERNST: Passions-Oratorium
Nachdichtung der Passionsgeschichte
Aufführungsanlaß: Passionszeit

– BACH, JOHANN SEBASTIAN: Matthäus-Passion BWV 244
Das Werk ist auch in einer Bearbeitung von Felix Mendelssohn-Bartholdy erhältlich, der die Passion ja 1829 wiederentdeckte. Aufführungsanlaß: Passion

– Beethoven, Ludwig van: Oratorium „Christus am Ölberge"
Dichterisch frei gestaltetes Passionsoratorium
Aufführungsanlaß: Passion

– BLARR, OSKAR GOTTLIEB: Jesus-Passion – drei oratorische Szenen
Es handelt sich um eine Nachdichtung der Passionsgeschichte. Aufführungsanlaß: Passion

– DISTLER, HUGO: Choralpassion in 7 Teilen
Das Werk verarbeitet Ausschnitte aus den Passionsberichten der vier Evangelisten. Aufführungsanlaß: Passion

– DUPRÉ, MARCEL: „Der Kreuzweg" Op. 29 für Orgel
Orgel-Meditation über die Passionsgeschichte
Aufführungsanlaß: Passion

– ELSNER, JÒSEF: Passio Domini nostri Jesu Christi d-Moll Op. 65 für Soli, Chor und Orchester
Freie Nachdichtung der Passionsgeschichte

– FRIEBERGER, RUPERT GOTTFRIED: Kammeroratorium „Mysterium Crucis"
Dichterisch freie Gestaltung der Passionsgeschichte
Aufführungsanlaß: Passion

– GESUALDO, CARLO FÜRST VON VENOSA: Responsorien zur Karwoche
Die traditionellen Responsorien beziehen sich in Nachdichtung auf die Passionsgeschichte
Aufführungsanlaß: Karwoche

– GRAUN, CARL HEINRICH: „Der Tod Jesu" – Passionskantate für Soli, Chor und Orchester
Freie Nachdichtung der Passionsgeschichte
Aufführungsanlaß: Passion

- Händel, Georg Friedrich: Brockes-Passion („La Passione“)
  Freie Nachdichtung der Passionsberichte, geschrieben von dem Hamburger Theologen Brockes
  Aufführungsanlaß: Passion
- Haye, Leo de la: Passion Op. 58 für Orgel
  Instrumentale Meditation für Orgel
  Aufführungsanlaß: Passion
- Hindemith, Paul: „Das Marienleben“ für Sopran und Klavier. Hindemith vertont eine freie Nachdichtung von R. M. Rilke
- Homilius, Gottfried August: Matthäus-Passion
  Aufführungsanlaß: Passion
- Kropfreiter, Augustinus Franz: „Altdorfer-Passion“ – Kammeroratorium
  Freie Nachdichtung. Aufführungsanlaß: Passion
- Lasso, Orlando di: Matthäus-Passion
  Aufführungsanlaß: Passion
- Liszt, Franz: „Via Crucis“ („Die 14 Kreuzweg-Stationen“)
  Dichterisch freie Gestaltung der Passionsgeschichte
  Aufführungsanlaß: Passion
- Loewe, Carl: Passions-Oratorium „Das Sühnopfer des Neuen Bundes“
  Nachdichtung der Passionsgeschichte
  Aufführungsanlaß: Passion
- Maggini, Ermano: Orgeltriptychon
  Orgel-Meditationen zur Passionsgeschichte
  Aufführungsanlaß: Passion
- Maleingreau, Paul de: „Symphonie de la Passion“ Op. 20
  Instrumentale Meditationsmusik zur Passionsgeschichte
  Aufführungsanlaß: Passion
- Martin, Frank: Kantate „Pilatus“
  Freie Nachdichtung. Aufführungsanlaß: Passion
- Martin, Frank: Passions-Oratorium „Golgatha“
  Nachdichtung der Passionsgeschichte
  Aufführungsanlaß: Passion

26–27 MENDELSSOHN-BARTHOLDY, FELIX: Oratorium „Christus“ (Fragment). *Zweiter Teil „Leiden Christi“*
Dichterisch freie Gestaltung

– PAISIELLO, GIOVANNI: Oratorium „La passione di Gesù Cristo“
Nachdichtung der Passionsgeschichte
Aufführungsanlaß: Passion

– PEPPING, ERNST: „Passionsbericht des Matthäus“ für Chor a cappella
Aufführungsanlaß: Passion

– PERTI, GIACOMO ANTONIO: Passionsoratorium „Gesú al Sepolcro“
Nachdichtung der Passionsgeschichte in italienischer Sprache
Aufführungsanlaß: Passion

– POULENC, FRANCIS: Motetten zur Karwoche
Die Motetten beruhen auf Responsorientexten, die auch Gesualdo vertonte. Aufführungsanlaß: Passion

– REGER, MAX: Stücke für Orgel Op. 145b
Nr. 4: „Passion“. Instrumentale Meditation über die Passion

– ROSSI, LUIGI: Oratorium für die Karwoche
Nachdichtung der Passionsgeschichte

– SCHMETTERER, LEOPOLD: Passionsmusiken für Streichquartett
Instrumentale Meditationen zur Passionsgeschichte
Aufführungsanlaß: Passion

– SCHÜTZ, HEINRICH: Matthäus-Passion
Aufführungsanlaß: Passion

– TELEMANN, GEORG PHILIPP: Matthäus-Passion (1730)

– TELEMANN, GEORG PHILIPP: Matthäus-Passion (1746)

– TELEMANN, GEORG PHILIPP: Matthäus-Passion (1754) „Danziger Passion“
Aufführungsanlaß: Passion. Dieses Werk sollte nicht an Hand von musikalisch-künstlerischen Kriterien einseitig mit J. S. Bachs Matthäus-Passion verglichen werden. Durch den Verzicht auf kunstvolle Arien und die Schlichtheit der Choräle eignet sie sich gerade als gottesdienstliche Passion zum Mitsingen für die Gemeinde.

– TELEMANN, GEORG PHILIPP: Passionsoratorium „Der Tod Jesu" TV 5,6
Nachdichtung der Passionsgeschichte
Aufführungsanlaß: Passionszeit

– TELEMANN, GEORG PHILIPP: Oratorium „Das selige Erwägen des bittern Leidens und Sterbens Jesu Christi"
Dichterisch freie Gestaltung der gesamten Passionsgeschichte
Aufführungsanlaß: Passion

– WEBBER, ANDREW LOYD: Rock-Oper „Jesus Christ Superstar". Freie Nachdichtung der Passionsgeschichte

– GREGORIANIK: „Ecce Homo" – die Leidensgeschichte nach den 4 Evangelisten – Liturgische Passionsmusik
Aufführungsanlaß: (Passion Karwoche)

26–28 BIBER, HEINRICH IGNAZ FRANZ: Rosenkranz-Sonaten für Violine und Basso Continuo
Nr. 6 „Der Blutschweiß" bis Nr. 11 „Die Auferstehung"
Aufführungsanlaß: Ursprünglich: Im Zusammenhang mit dem Rosenkranzgebet in der katholischen Kirche

– DEDLER, ROCHUS: Oberammergauer Passionsmusik
Aufführungsanlaß: Es handelt sich um die Musik zum Oberammergauer Passionsspiel, dessen Text auf einer Nachdichtung der Passions- und Ostergeschichte basiert

– DUPRÉ, MARCEL: Sinfonie für Orgel Nr. 1 Op. 23 „Passion"
Instrumentale Meditation über die Passions- und Ostergeschichte. Aufführungsanlaß: Passions- und Osterzeit

– MALLING, OTTO: „Der Tod und die Auferstehung Jesu Christi" – drei Tongemälde für Orgel Op. 54
Instrumentale Meditationen. Aufführungsanlaß: Passion und Ostern

– BYZANTINISCHE KIRCHE: Liturgie zu Karwoche und Auferstehung
Ostkirchliche meditierende Liturgie über das Passions- und Ostergeschehen

27 BARBER, SAMUEL: Lieder Op. 29
Nr. 5 „The Crucifiction". Freie Nachdichtung

– CHARPENTIER, MARC ANTOINE DE: Méditations pour la Carème. *Nr. 7 „Tenebrae factae sunt" H 386*

Passions-Responsorium, das auf einer Nachdichtung der Kreuzigungsszene basiert. Aufführungsanlaß: Passion

– HAYDN, MICHAEL: Motette „Tenebrae factae sunt"
M. Haydn vertont ein Karwochen-Responsorium, das auf einer Nachdichtung der Kreuzigungsszene beruht.

– INGEGNERI, MARCO ANTONIO: „Tenebrae factae sunt"
Es handelt sich um ein Karwochen-Responsorium, das auf einer Nachdichtung der Kreuzigungs-Szene beruht.

– PENDERECKI, KRZYSTOF: „Die Grablegung Christi" für Soli, Chor und Orchester
Aufführungsanlaß: Passion

– GREGORIANIK: Gesang „Tenebrae factae sunt"
Ein Passions-Responsorium, das auf einer Nachdichtung der Kreuzigungsszene beruht
Aufführungsanlaß: Passionszeit, vorzugsweise Karfreitag

27,46 BARDOS, LAJOS: Motette „Eli, Eli"

– DUBOIS, FRANCOIS C. THEODORE: Oratorium „Les sept parols du Christ"
Aufführungsanlaß: Passion

– FRANCK, CÉSAR: „Die sieben Worte Christi am Kreuz" für Soli, Chor und Orchester
Aufführungsanlaß: Passion

– GUBAIDULINA, SOFIA: Sieben Worte für Violoncello, Bajan und Streicher
Es handelt sich um Meditationen über die Sieben Worte Jesu am Kreuz.

– HAYDN, JOSEPH: Die sieben letzten Worte des Erlösers am Kreuze. *Satz „Eli, Eli, lama asabthani"*
Das Werk gibt es als Oratorium und als Streichquartett
Aufführungsanlaß: Passion

– SCHÜTZ, HEINRICH: Die sieben Worte Jesu Christi am Kreuz. Aufführungsanlaß: Passion

– TOURNEMIRE, CHARLES: Sept Choral-Poèmes Op. 67 für Orgel
Orgel-Meditationen über die letzten Worte Jesu Christi am Kreuz. Aufführungsanlaß: Passion

27,51–52 BACH, JOHANN SEBASTIAN: Johannes-Passion
Nr. 33: Rezitativ „Und der Vorhang im Tempel zerriß"
Aufführungsanlaß: Passion

27–28 GARISSINI, GIACOMO: Oratorium „Ss. Vergine"
Freie Nachdichtung. Das Leben der Maria wird geschildert.

28 BACH, CARL PHILIPP EMANUEL: Oratorium „Die Auferstehung und Himmelfahrt Jesu" Wq 240
Freie Nachdichtung der Oster- und Himmelfahrts-Geschichte. Aufführungsanlaß: Osterzeit

– BACH, CARL PHILIPP EMANUEL: Osterkantate „Gott hat den Herrn auferwecket" Wq 244
Nachdichtung der Ostergeschichte
Aufführungsanlaß: Ostern

– BACH, JOHANN SEBASTIAN: Kantate BWV 31 „Der Himmel lacht, die Erde jubiliert"
Freie Meditation über die Osterbotschaft
Aufführungsanlaß: Ostern (Ursprünglich: 1. Ostertag)

– BACH, JOHANN SEBASTIAN: Osteroratorium
Dichterisch freie Gestaltung der Ostergeschichte
Aufführungsanlaß: Ostern

– HÄNDEL, GEORG FRIEDRICH: La Resurrezione
Dichterisch freie Gestaltung der Ostergeschichte in italienischer Sprache. Aufführungsanlaß: Ostern

– KNECHT, JUSTIN HEINRICH: „Die Auferstehung Jesu" – Tongemälde für Orgel
Aufführungsanlaß: Ostern

– MOURAVIEFF, LEON: Oster-Triptychon für Violoncello und Kammerorchester
Instrumentale Meditation über die Ostergeschichte
Aufführungsanlaß: Ostern

– PENDERECKI, KRZYSTOF: „Die Auferstehung Christi" für Soli, Chor und Orchester
Aufführungsanlaß: Ostern

– REGER, MAX: Stücke für Orgel Op. 145b
Nr. 5 „Ostern". Orgel-Meditation. Aufführungsanlaß: Ostern

– RIMSKY-KORSAKOW, NIKOLAI: Ouvertüre „Russische Ostern" für Orchester Op. 36
Instrumentale Meditation über das Ostergeschehen und die russische Osterliturgie

- SAXTON, ROBERT: Music to celebrate the Resurrection of Christ
  Aufführungsanlaß: Ostern
- SCHÜTZ, HEINRICH: Oratorium „Historia der Auferstehung Jesu Christi"
  Das Werk enthält Auszüge aus den Auferstehungs-Kapiteln der vier Evangelisten. Aufführungsanlaß: Ostern
- VANHURA, CESLAV: Antiphon zum Osterfestkreis „Angelus Domini descendit"
  Aufführungsanlaß: Ostern
- ZUMBROICH, EBERHARD MARIA: Elmar-Läuten zur Osterprozession
  Meditierender Glockenklang zum Ostergeschehen
  Aufführungsanlaß: Osterprozession der Byzantinischen Kirche
- ZUMBROICH, EBERHARD MARIA: Läuten zum Osterevangelium
  Meditierender Glockenklang zum Ostergeschehen
  Aufführungsanlaß: Osterprozession der Byzantinischen Kirche
- GREGORIANIK: Antiphonen zu den Evangelien der Auferstehung
  Aufführungsanlaß: Ostern

28,1–14 TALLIS, THOMAS: Motette „Dum transisset Sabbatum"
Aufführungsanlaß: Ostern

28,1–15 TAVERNER, JOHN: „Dum transisset Sabbatum"
Aufführungsanlaß: Ostern

28,32–33 SCHÜTZ, HEINRICH: Geistliche Chormusik (1648)
Satz 29 SWV 397 „Du Schalksknecht"
Aufführungsanlaß: Ostern

Markus

Allgemein

DRÄSEKE, FELIX: Christus – Mysterium in einem Vorspiel und drei Oratorien

– FUX, JOHANN JOSEPH: Oratorium „Johannes der Täufer"
Szenische Nachdichtung der Johannes-Geschichten der vier Evangelien.

– KRAFT, WALTER: Oratorium „Christus" – Oratorium nach Worten der Evangelien
Das Werk verarbeitet Aussagen der vier Evangelien

– RESPIGHI, OTTORINO: Christus – Biblische Kantate in zwei Teilen
Nachdichtung nach den Evangelien

– TELEMANN, GEORG PHILIPP: Kantate in 2 Teilen „Messias"
Der Text ist eine Nachdichtung der Evangelienberichte von Klopstock.

1 STRADELLA, ALESSANDRO: Szenisches Oratorium „San Giovanni Battista"
Dichterisch freies Oratorium über Johannes den Täufer

1,3 BACH, WILHELM FRIEDEMANN: Kantate „Es ist eine Stimme eines Predigers in der Wüste"

2,1–12 STROHBACH, SIEGFRIED: Motette „Jesus heilt einen Gelähmten"

4,35ff. STROHBACH, SIEGFRIED: Motette „Jesus, der Retter im Seesturm"

5,25ff. CARDOSO, FREI MANUEL: Motette „Mulier quae erat"

8,1–9 BACH, JOHANN SEBASTIAN: Kantate BWV 187 „Es wartet alles auf dich"
Aufführungsanlaß: 7. Sonntag nach Trinitatis – Meditation über das Sonntagsevangelium

9,24 BACH, JOHANN SEBASTIAN: Kantate BWV 109 „Ich glaube, lieber Herr, hilf meinem Unglauben"
Satz 1. Aufführungsanlaß: 21. Sonntag nach Trinitatis

10,46–52 MAUERSBERGER, ERHARD: Motette „Die Heilung des Blinden von Jericho"

11 KODÁLY, ZOLTAN: Motette für 4–6stimmigen Chor „Jesus und die Krämer“
Nachdichtung des biblischen Berichts

13,31 SCHÜTZ, HEINRICH: Kleine geistliche Konzerte SWV 282–337. *SWV 300 „Himmel und Erde vergehen“*

14 CHARPENTIER, MARC ANTOINE: Le Reniement de St. Pierre
Freie Nachdichtung. Aufführungsanlaß: Passion

– WAGNER, RICHARD: „Das Liebesmahl der Apostel“ – eine biblische Szene
Auch Wagners Oper „Parsifal“ beschäftigt sich mit der Abendmahls-Thematik, ohne direkt auf biblische Stellen einzugehen. Die vorliegende Kantate ist eine Nachdichtung und Meditation der biblischen Vorlagen.

14,34 KUHNAU, JOHANN: Motette „Tristis est anima mea“

– LASSO, ORLANDO DI: Motette „Tristis est anima mea“

14–15 BACH, CARL PHILIPP EMANUEL: Markus-Passion
Die Autorschaft C. Ph. E. Bachs ist umstritten.
Aufführungsanlaß: Passion

– BACH, CARL PHILIPP EMANUEL: Oratorium „Die letzten Leiden des Erlösers“
Nachdichtung der Passionsgeschichte
Aufführungsanlaß: Passion

– BACH, JOHANN ERNST: Passions-Oratorium
Nachdichtung der Passionsgeschichte der vier Evangelisten
Aufführungsanlaß: Passionszeit

– BACH, JOHANN SEBASTIAN: Markus-Passion
Die Musik ist nicht erhalten. Lediglich die Arien, Chorsätze und Choräle lassen sich rekonstruieren, nicht aber die Rezitative einschließlich des Evangelienberichts.

– BEETHOVEN, LUDWIG VAN: Oratorium „Christus am Ölberge“
Dichterisch frei gestaltetes Passionsoratorium
Aufführungsanlaß: Passion

– BLARR, OSKAR GOTTLIEB: Jesus-Passion – drei oratorische Szenen
Nachdichtung der Passionsgeschichte der vier Evangelien
Aufführungsanlaß: Passion

- Distler, Hugo: Choralpassion in 7 Teilen
  Das Werk verarbeitet Ausschnitte aus den Passionsberichten der vier Evangelisten. Aufführungsanlaß: Passion
- Dupré, Marcel: „Der Kreuzweg“ für Orgel
  Instrumentale Meditationen über die Passionsgeschichte
  Aufführungsanlaß: Passion
- Dupré, Marcel: Sinfonie für Orgel Nr. 1 Op. 23 „Passion“
  Instrumentale Meditation über die Passions- und Ostergeschichte. Aufführungsanlaß: Passion
- Elsner, Jósef: Passio Domini Nostri Jesu Christi d-Moll Op. 65
  Freie Nachdichtung der Passionsgeschichte der vier Evangelisten. Aufführungsanlaß: Passionszeit
- Frieberger, Rupert Gottfried: Kammeroratorium „Mysterium Crucis“
  Freie Meditation über das Passionsgeschehen
  Aufführungsanlaß: Passion
- Gesualdo, Carlo Fürst von Venosa: Responsorien der Karwoche
  Die Responsorien bilden eine Nachdichtung der Passionsgeschichte
- Graun, Carl Heinrich: „Der Tod Jesu“ – Passionskantate für Soli, Chor und Orchester
  Freie Nachdichtung der Passionsgeschichte
  Aufführungsanlaß: Passion
- Händel, Georg Friedrich: Brockes-Passion („La Passione“)
  Freie Nachdichtung der Passionsberichte, geschrieben von dem Hamburger Theologen Brockes
  Aufführungsanlaß: Passion
- Haye, Leo de la: Passion Op. 58 für Orgel
  Instrumentale Meditation für Orgel
  Aufführungsanlaß: Passion
- Keiser, Reinhard: Markus-Passion
  Aufführungsanlaß: Passion
- Kropfreiter, Augustinus Franz: „Altdorfer-Passion“ – Kammeroratorium
  Freie Nachdichtung der Passions-Erzählungen der Evangelien
  Aufführungsanlaß: Passion

14–15 Liszt, Franz: „Via Crucis" („Die 14 Kreuzweg-Stationen")
Dichterisch freie Gestaltung der Passionsgeschichte
Aufführungsanlaß: Passion

– Loewe, Carl: Passions-Oratorium „Das Sühnopfer des Neuen Bundes"
Nachdichtung der Passionsgeschichte
Aufführungsanlaß: Passion

– Maggini, Ermano: Orgeltriptychon
Orgel-Meditationen zur Passionsgeschichte
Aufführungsanlaß: Passion

– Maleingreau, Paul de: „Symphonie de la Passion" Op. 20
Instrumentale Meditationsmusik zur Passionsgeschichte
Aufführungsanlaß: Passion

– Martin, Frank: Kantate „Pilatus"
Freie Nachdichtung und Meditation
Aufführungsanlaß: Passion

– Martin, Frank: Passions-Oratorium „Golgatha"
Nachdichtung der Passionsgeschichte
Aufführungsanlaß: Passion

– Mendelssohn-Bartholdy, Felix: Oratorium „Christus" (Fragment)
Zweiter Teil „Leiden Christi". Dichterisch freie Gestaltung

– Paisiello, Giovanni: Oratorium „La passione di Gesù Cristo"
Nachdichtung der Passionsgeschichte
Aufführungsanlaß: Passion

– Perti, Giacomo Antonio: Passionsoratorium „Gesú al Sepolcro"
Nachdichtung der Passionsgeschichte in italienischer Sprache
Aufführungsanlaß: Passion

– Poulenc, Francis: Motetten zur Karwoche
Die Motetten beruhen auf Responsorientexten, die auch Carlo Gesualdo vertonte. Aufführungsanlaß: Passion

– Reger, Max: Stücke für Orgel Op. 145b
Nr. 4: „Passion"
Instrumentale Meditation über die Passion

- Rossi, Luigi: Oratorium für die Karwoche
  Nachdichtung der Passionsgeschichte
- Schmetterer, Leopold: Passionsmusiken für Streichquartett
  Instrumentale Meditationen zur Passionsgeschichte
  Aufführungsanlaß: Passion
- Spohr, Louis: Oratorium „Des Heilands letzte Stunden“
  Nachdichtung der Passionsgeschichte
  Aufführungsanlaß: Passion
- Telemann, Georg Philipp: Oratorium „Das selige Erwägen des bittern Leidens und Sterbens Jesu Christi“
  Dichterisch freie Gestaltung der gesamten Passionsgeschichte
  Aufführungsanlaß: Passion
- Telemann, Georg Philipp: Passions-Oratorium „Der Tod Jesu“
  Nachdichtung der Passions-Geschichte
  Aufführungsanlaß: Passion
- Webber, Andrew Loyd: Rock-Oper „Jesus Christ Superstar“
  Freie Nachdichtung der Passionsgeschichte
- Wood, Charles: „St. Mark Passion“
  Aufführungsanlaß: Passion
- Gregorianik: Die Leidensgeschichte nach den 4 Evangelisten
  Aufführungsanlaß: Passion

14–16 Biber, Heinrich Ignaz Franz: Rosenkranz-Sonaten für Violine und Basso Continuo
Nr. 6 „Der Blutschweiß“ bis Nr. 11 „Die Auferstehung“
Aufführungsanlaß: Ursprünglich: Im Zusammenhang mit dem Rosenkranzgebet in der katholischen Kirche

- Dedler, Rochus: Oberammergauer Passionsmusik
  Aufführungsanlaß: Musik zum Oberammergauer Passionsspiel, dessen Text auf einer Nachdichtung der Passions- und Ostergeschichte basiert
- Dupré, Marcel: Sinfonie für Orgel Nr. 1 Op. 23 „Passion“
  Instrumentale Orgel-Meditationen
  Aufführungsanlaß: Passions- und Osterzeit

– GARISSINI, GIACOMO: Oratorium „Ss. Vergine"
Freie Nachdichtung. Das Leben der Maria wird geschildert.

– HINDEMITH, PAUL: „Das Marienleben" für Sopran und Klavier
Hindemith vertont eine freie Nachdichtung von R. M. Rilke

– MALLING, OTTO: „Der Tod und die Auferstehung Jesu Christi" – drei Tongemälde für Orgel Op. 54
Instrumentale Meditationen
Aufführungsanlaß: Passion und Ostern

– BYZANTINISCHE KIRCHE: Liturgie zu Karwoche und Auferstehung
Ostkirchliche meditierende Liturgie über das Passions- und Ostergeschehen

15 BARBER, SAMUEL: Lieder Op. 29
Nr. 5 „The Crucifiction"
Freie Nachdichtung der Kreuzigungsszene

– CHARPENTIER, MARC ANTOINE: Méditations pour la Carème. *Nr. 7 „Tenebrae factae sunt" H 386*
Passions-Responsorium, das auf einer Nachdichtung der Kreuzigungsszene basiert. Aufführungsanlaß: Passion

– DYLAN BOB: Album „Saved"
Lied „In the Garden"
Betrachtendes Lied über die Szene im Garten Gethsemane:

– HAYDN, MICHAEL: Motette „Tenebrae factae sunt"
M. Haydn vertont ein Karwochen-Responsorium, das auf einer Nachdichtung der Kreuzigungsszene beruht.

– INGEGNERI, MARCO ANTONIO: „Tenebrae factae sunt"
Karwochen-Responsorium, das auf einer Nachdichtung der Kreuzigungs-Szene beruht.

– PENDERECKI, KRZYSTOF: „Die Grablegung Christi" für Soli, Chor und Orchester
Aufführungsanlaß: Passion

– GREGORIANIK: Gesang „Tenebrae factae sunt"
Passions-Responsorium, das auf einer Nachdichtung der Kreuzigungsszene beruht
Aufführungsanlaß: Passionszeit, vorzugsweise Karfreitag

15,34 BARDOS, LAJOS: Motette „Eli, Eli"

– Dubois, Francois C. Theodore: Oratorium „Les sept parols du Christ"
Aufführungsanlaß: Passion

– Franck, César: „Die sieben Worte Christi am Kreuz" für Soli, Chor und Orchester
Aufführungsanlaß: Passion

– Gubaidulina, Sofia: Sieben Worte für Violoncello, Bajan und Streicher
Meditationen über die Sieben Worte Jesu am Kreuz

– Haydn, Joseph: Die sieben letzten Worte des Erlösers am Kreuze. *Satz „Eli, Eli, lama asabthani"*
Das Werk gibt es als Oratorium und als Streichquartett.
Aufführungsanlaß: Passion

– Schütz, Heinrich: Die sieben Worte Jesu Christi am Kreuz
Aufführungsanlaß: Passion

– Tournemire, Charles: Sept Choral-Poèmes Op. 67 für Orgel
Orgel-Meditationen über die letzten Worte Jesu Christi am Kreuz. Aufführungsanlaß: Passion

15,38 Bach, Johann Sebastian: Johannes-Passion BWV 245. *Satz 33*
Aufführungsanlaß: Passion

16 Bach, Carl Philipp Emanuel: Oratorium „Die Auferstehung und Himmelfahrt Jesu"
Dichterisch freie Gestaltung der Oster- und Himmelfahrtsgeschichte
Aufführungsanlaß: Ostern oder Christi Himmelfahrt

– Bach, Carl Philipp Emanuel: Osterkantate „Gott hat den Herrn auferwecket" Wq 244
Nachdichtung und freie Meditation über die Ostergeschichte
Aufführungsanlaß: Ostern

– Bach, Johann Sebastian: Kantate BWV 31 „Der Himmel lacht, die Erde jubiliert"
Freie Meditation über die Osterbotschaft
Aufführungsanlaß: Ostern (Ursprünglich: 1. Ostertag)

– Bach, Johann Sebastian: Osteroratorium
Dichterisch freie Gestaltung der Ostergeschichte
Aufführungsanlaß: Ostern

16 Händel, Georg Friedrich: La Resurrezione
Dichterisch freie Gestaltung der Ostergeschichte in italienischer Sprache. Aufführungsanlaß: Ostern

– Knecht, Justin Heinrich: „Die Auferstehung Jesu" – Tongemälde für Orgel
Aufführungsanlaß: Ostern

– Mouravieff, Leon: Oster-Triptychon für Violoncello und Kammerorchester
Instrumentale Meditation über die Ostergeschichte
Aufführungsanlaß: Ostern

– Penderecki, Krzystof: „Die Auferstehung Christi" für Soli, Chor und Orchester
Aufführungsanlaß: Ostern

– Reger, Max: Stücke für Orgel Op. 145b
Nr. 5 „Ostern". Orgel-Meditation. Aufführungsanlaß: Ostern

– Rimsky-Korsakow, Nikolai: Ouvertüre „Russische Ostern" für Orchester Op. 36
Instrumentale Meditation über das Ostergeschehen und die russische Oster-Liturgie

– Saxton, Robert: Music to celebrate the resurrection of Christ. Aufführungsanlaß: Ostern

– Sheppard, John: Dum transisset Sabbatum I u. II
Aufführungsanlaß: Ostern

– Taverner, John: „Dum transisset Sabbatum"

– Zumbroich, Eberhard Maria: Elmar-Läuten zur Osterprozession
Meditierender Glockenklang zum Ostergeschehen
Aufführungsanlaß: Osterprozession der Byzantinischen Kirche

– Zumbroich, Eberhard Maria: Läuten zum Osterevangelium
Meditierender Glockenklang zum Ostergeschehen
Aufführungsanlaß: Osterprozession der Byzantinischen Kirche

– Gregorianik: Antiphonen zu den Evangelien der Auferstehung
Aufführungsanlaß: Ostern

– Schütz, Heinrich: „Historia der Auferstehung Jesu Christi"
Das Werk enthält Auszüge aus den Auferstehungs-Kapiteln der vier Evangelisten. Aufführungsanlaß: Ostern

16,1–2 TALLIS, THOMAS: Motette „Dum transisset Sabbatum"
Aufführungsanlaß: Ostern

16,16 BACH, JOHANN SEBASTIAN: Kantate BWV 37 „Wer da gläubet und getauft wird". *Satz 1*
Aufführungsanlaß: Ursprünglich: Christi Himmelfahrt

– BACH, JOHANN SEBASTIAN: Kantate BWV 7 „Christ unser Herr zum Jordan kam". *Satz 5*
Aufführungsanlaß: Ursprünglich: Johannistag

16,19 BACH, JOHANN SEBASTIAN: Kantate BWV 43 „Gott fähret auf mit Jauchzen". *Satz 4*
Aufführungsanlaß: Christi Himmelfahrt

– BACH, JOHANN SEBASTIAN: Kantate BWV 11 „Lobet Gott in seinen Reichen" (Himmelfahrtsoratorium)
Satz 5. Aufführungsanlaß: Christi Himmelfahrt

Lukas

Allgemein

DRÄSEKE, FELIX: Christus – Mysterium in einem Vorspiel und drei Oratorien

– FUX, JOHANN JOSEPH: Oratorium „Johannes der Täufer"
Es handelt sich um eine szenische Nachdichtung der Johannes-Geschichten der vier Evangelien.

– KRAFT, WALTER: Oratorium „Christus" – Oratorium nach Worten der Evangelien
Das Werk verarbeitet Aussagen der vier Evangelien

– RESPIGHI, OTTORINO: Christus – Biblische Kantate in zwei Teilen
Nachdichtung nach den Evangelien

– TELEMANN, GEORG PHILIPP: Kantate in 2 Teilen „Messias"
Der Text ist eine Nachdichtung der Evangelienberichte von Klopstock.

1 BRAUNFELS, WALTER: „Verkündigung" – Mysterium in 4 Aufzügen
Oper. Dichterisch freie Gestaltung

1,26–38 BIBER, HEINRICH IGNAZ FRANZ: Rosenkranz-Sonaten für Violine und Basso Continuo
Nr. 1 „Die Verkündigung"
Aufführungsanlaß: Ursprünglich: Im Zusammenhang mit dem Rosenkranzgebet in der katholischen Kirche

1,26ff. GRANDI, ALESSANDRO: Libro I
Motette „missus est Gabriel" (Dialogus)"

1,30–33 VICTORIA, TOMÁS LUIS DE: „Ne timeas, Maria" zu 4 Stimmen
Aufführungsanlaß: Weihnachten

1,34–38 HASSLER, HANS LEO: 4stimmige Motette „Dixit Maria ad Angelum"
Aufführungsanlaß: Weihnachten

1,39–45 BIBER, HEINRICH IGNAZ FRANZ: Rosenkranz-Sonaten für Violine und Basso Continuo. *Nr. 2 „Der Besuch"*
Aufführungsanlaß: Ursprünglich: Im Zusammenhang mit dem Rosenkranzgebet in der katholischen Kirche

1,46–47 RACHMANINOFF, SERGEJ: Wsenoschtschnaja / Vespermesse Op. 37
Satz 11 „Meine Seele verherrlicht den Herrn"
Aufführungsanlaß: Ursprünglich: Stundengebet der Russisch-orthodoxen Kirche in der Nacht von Samstag auf Sonntag, vergleichbar der Vesper in der katholischen Kirche vor dem Ersten Vatikanischen Konzil.

1,46–55 AGRICOLA, JOHANN: Magnificat im 5. Ton

– AMERIO, FELICE: „Magnificat" im 5. Ton

– ATTAIGNMANT, PIERRE: „Magnificat" im 4. Ton für Orgel

– BACH, CARL PHILIPP EMANUEL: Magnificat D-Dur Wq 215

– BACH, JOHANN ERNST: „Meine Seele erhebet den Herren" – Motette für Soli, Chor, Streicher und Basso Continuo

– BACH, JOHANN SEBASTIAN: „Fuga sopra il Magnificat" für Orgel BWV 733

– BACH, JOHANN SEBASTIAN: Choralvorspiel „Meine Seele erhebet den Herrn" BWV 648

- Bach, Johann Sebastian: Kantate BWV 10 „Meine Seel erhebt den Herren"
  Aufführungsanlaß: Ursprünglich: Mariae Heimsuchung (2. Juli), wurde zu Bachs Lebzeiten in Leipzig mit Gottesdiensten begangen
- Bach, Johann Sebastian: Kantate BWV 147 „Herz und Mund und Tat und Leben"
  Der Text ist eine Nachdichtung des „Magnificat". Bachs Komposition enthält den berühmten Schluß-Choral „Jesus bleibet meine Freude". Aufführungsanlaß: Ursprünglich: Mariae Heimsuchung (2. Juli)
- Bach, Johann Sebastian: Magnificat D-Dur BWV 243
  Aufführungsanlaß: Weihnachten
- Bach, Johann Sebastian: Magnificat ES-Dur BWV 243a
  Aufführungsanlaß: Weihnachten
- Banchieri, Adriano: Concerto Nr. 2 „Magnificat"
- Bernardik Steffano: „Magnificat anima mea Dominum"
- Blair, Hugh: Evening Service b-Moll
  „Magnificat"
- Blarr, Oskar Gottlieb: „Magnificat" – Improvisationen
- Brewer, Herbert: Evening Canticles in D
  „Magnificat"
- Burgon, Geoffrey: „Magnificat"
- Buxtehude, Dietrich: Choralfantasie „Magnificat" Bx 203 im 1. Ton
- Buxtehude, Dietrich: „Magnificat" Bx 205
- Buxtehude, Dietrich: Choralpartita „Magnificat" im 1. Ton Bx 2. Ton für Orgel Bx 204
- Byrd, William: „Great Service"
  Nr. 5: „Magnificat"
- Caldara, Antonio: „Magnificat" C-Dur
- Cardoso, Frei Manuel: „Magnificat" im 2. Ton

1,46–55 Carissimi, Giacomo: „Magnificat" für Chor und Basso Continuo

– Catenacci, Gian Domenico: „Magnificat-Versetten" g-Moll

– Cavazzoni, Girolamo: „Magnificat" im 1. Ton

– Cavazzoni, Girolamo: „Magnificat" im 2. Ton

– Cavazzoni, Girolamo: „Magnificat" im 4. Ton

– Cavazzoni, Girolamo: „Magnificat" im 6. Ton

– Cavazzoni, Girolamo: „Magnificat" zu 4 Stimmen

– Cavazzoni, Girolamo: Magnificat im 8. Ton

– Charpentier, Jacques Marie: „Magnificat" F-Dur für Orgel

– Charpentier, Jean Jacques: „Suite du Magnificat" im 2. Ton für Orgel

– Charpentier, Marc Antoine: „Magnificat pour le Port Royal"

– Charpentier, Marc Antoine: „Magnificat" (hrsg. H. Boustead)

– Charpentier, Marc Antoine: „Magnificat" H 80 im 1. Ton

– Charpentier, Marc Antoine: „Magnificat" Nr. 3 H 79 für 3 Männerstimmen, Chor und Orchester

– Charpentier, Marc Antoine: Préludes H 533
Prélude zum Magnificat

– Charpentier, Marc Antoine: Vêpres des Jesuites (Jesuitenvesper). *„Magnificat"*

– Colonna, Giovanni Paolo: „Magnificat" zu 8 Stimmen

– Corette, Michel: Magnificat-Suite für Orgel in A

– Corette, Michel: Orgelbuch I (Premier livre d'Orgue)
Das Orgelbuch enthält insgesamt 4 Magnificat-Bearbeitungen für Orgel.

- Cornyshe, William: „Magnificat“
- Couperin, Francois: Motette „Magnificat anima mea“
- Cristo, Pedro de: „Magnificat“ zu 8 Stimmen
- Dufay, Guillaume: „Magnificat“ im 6. Ton
- Dufay, Guillaume: „Magnificat“ im 8. Ton
- Dumont, Henri: „Magnificat“ im 5. Ton
- Erbach, Christian: „Magnificat“ im 8. Ton für Orgel
- Fayrfax, Robert: „Magnificat“
- Finzi, Gerald: „Magnificat“ Op. 36
- Florentz, Jean-Louis: „Magnificat“ für Tenor, Chor und Orchester
- Gabrieli, Giovanni: „Magnificat“ im 1. Ton
- Gabrieli, Giovanni: Symphoniae Sacrae
  „Magnificat“ zu 14 Stimmen
- Gabrieli, Giovanni: Symphoniae Sacrae (1615)
  „Magnificat“ zu 17 Stimmen
- Galuppi, Baldassare: „Magnificat“ G-Dur für Sopran, Chor und Orchester
- Gibbons, Orlando: „Magnificat“
- Gombert, Nicolaus: „Magnificat“ im 1. Ton
- Gombert, Nicolaus: „Magnificat“ im 2. Ton
- Gombert, Nicolaus: „Magnificat“ im 8. Ton
- Gorriti, Filipe: „Magnificat“ für Orgel
- Guerrero, Francisco: „Magnificat“ zu 6 Stimmen
- Guilain, Jean Adam: Suite im 2. Ton über das Magnificat
  Variationen-Suite für Orgel über eine gregorianische Magnificat-Melodie
- Hassler, Hans Leo: „Magnificat“ für Orgel im 4. Ton
- Herzogenberg, Heinrich von: „Meine Seele erhebt den Herrn“ (Magnificat)
- Hoffmann, Melchior: Deutsches Magnificat a-moll

1,46–55 HOWELLS, HERBERT: Evening Canticles *„Magnificat"*

– HOWELLS, HERBERT: Gloucester Service *»Magnificat"*

– KERLL, JOHANN KASPAR: „Magnificat" im 2. Ton für Orgel

– KERLL, JOHANN KASPAR: „Magnificat" im 3. Ton für Orgel

– KERLL, JOHANN KASPAR: „Magnificat" im 4. Ton

– KORB, JOHANN FRIEDRICH: „Magnificat Solemne in D" (1751) für Soli, Chor und Instrumente

– KUHNAU, JOHANN: „Magnificat" C-Dur

– LASSO, ORLANDO DI: „Magnificat super Aurora lucis rutillat"

– LASSO, ORLANDO DI: „Magnificat Eco ch'io lasso il core"

– LASSO, ORLANDO DI: „Magnificat super Aurora lucis rutilat"

– LASSO, ORLANDO DI: „Magnificat" zu 6 Stimmen

– LEIGHTON, KENNETH: „Magnificat"

– LISZT, FRANZ: Einleitung, Fuge und Magnificat für Orgel

– LOPES MORAGO, ESTEVAO: „Magnificat" im 8. Ton

– LUDFORD, NICHOLAS: „Magnificat Benedicta"

– LÓBO, DUARTE: „Magnificat" im 8. Ton

– LÓPEZ CAPILLAS, Francisco: „Magnificat" im 4. Ton

– MAGNON, JOHANNES (Magirius): „Magnificat"

– MATHIAS, WILLIAM: „Jesus college Service" Op. 53 *„Magnificat"*

– MAYR, RUPERT IGNAZ: „Magnificat G-Dur für Soli, Chor und Orchester

– MAZAK, ALBERICH: „Magnificat anima mea Dominum"

- Mendelssohn-Bartholdy, Felix: Motetten Op. 69 *Nr. 3 „Magnificat" / „Mein Herz erhebet Gott den Herrn"*
- Monteverdi, Claudio: „Vespro della beata Vergine" (Marien-Vesper). *Satz 13a „Magnificat"* Aufführungsanlaß: Mariae Himmelfahrt
- Monteverdi, Claudio: Selva morale e spirituale *Nr. 39: Magnificat I g-Moll*
- Morales, Cristobal de: „Magnificat" im 8. Ton
- Mozart, Wolfgang Amadeus: Dixit et Magnificat KV 193. *„Magnificat"*
- Mozart, Wolfgang Amadeus: Vesperae de Dominica KV 321. *„Magnificat"*
- Mozart, Wolfgang Amadeus: Vesperae Solemnes de Confessore KV 339. *„Magnificat"*
- Mundy, William: „Magnificat"
- Nesbett, John: „Magnificat"
- Pachelbel, Johann: „Magnificat" für Orgel im 11. Ton
- Pachelbel, Johann: „Magnificat" für Orgel Nr. 2 im 2. Ton
- Pachelbel, Johann: „Magnificat" in D für Chor und Basso Continuo
- Pachelbel, Johann: „Meine Seele erhebet den Herren" Magnificat für Orgel
- Pachelbel, Johann: Magnificat-Fugen
- Pärt, Arvo: „Magnificat" für Chor a cappella
- Palestrina, Giovanni Pierluigi da: „Magnificat" im 1. Ton
- Palestrina, Giovanni Pierluigi da: „Magnificat" im 6. Ton
- Palestrina, Giovanni Pierluigi da: „Magnificat" zu 8 Stimmen
- Pergolesi, Giovanni Battista: „Magnificat" für Soli, Chor, Streicher und Basso Continuo

1,46–55 PERTI, GIACOMO: „Magnificat" für vierstimmigen Chor

– PRAETORIUS, HIERONYMUS: „Magnificat" im 1. Ton für Orgel

– PRAETORIUS, HIERONIMUS: „Magnificat" für Orgel im 5. Ton

– PRAETORIUS, MICHAEL: „Magnificat per omnes voces super ut-re-mi-fa-sol-la" zu 6 Stimmen

– PRAETORIUS, MICHAEL: Deutsches Magnificat „Meine Seele erhebet den Herrn"

– PURCELL, HENRY: „'Magnificat' and 'Nunc dimittis'" Z 231 g-Moll. *„Magnificat"*

– REBELO, JOAO LOURENCO: Vesper Psalmen *„Magnificat"*

– RHEINBERGER, JOSEPH GABRIEL: Sonate für Orgel Nr. 5 Op. 111 fis-Moll
Orgel-Meditation über das Magnificat

– RIGATTI, GIOVANNI ANTONIO: Motette „Magnificat"

– ROSENMÜLLER, JOHANN: Geistliches Konzert „Magnificat"

– RUBBRA, EDMUND: „'Magnificat' and 'Nunc dimittis'" AS-Dur. *Magnificat*

– RUPPEL, PAUL ERNST: „Magnificat"

– SCARLATTI, DOMENICO: „Magnificat"

– SCHEIDEMANN, HEINRICH: „Magnificat-Fantasien" für Orgel im 4. Ton

– SCHEIDEMANN, HEINRICH: „Magnificat-Fantasien" für Orgel im 6. Ton

– SCHEIDEMANN, HEINRICH: „Magnificat-Fantasien" für Orgel im 7. Ton

– SCHEIDEMANN, HEINRICH: „Magnificat-Fantasien" für Orgel im 8. Ton

– SCHEIDT, SAMUEL: Tabulatura Nova III *„Magnificat" im 4. Ton*

- SCHEIDT, SAMUEL: Tabulatura Nova III für Orgel
  „Magnificat" im 9. Ton
- SCHUBERT, FRANZ: „Magnificat" D-Dur D 486 für Soli, Chor und Orchester
- SCHÜTZ, HEINRICH: Schwanengesang
  Motette „Meine Seele erhebt den Herren"
  (Deutsches Magnificat" SWV 494)
  Der „Schwanengesang" von Heinrich Schütz besteht aus insgesamt 13 Motetten. Die Motetten SWV 482–492 bilden die Vertonung von Psalm 119. SWV 493 verarbeitet Psalm 100, SWV 494, das „Deutsche Magnificat", Lukas 1,46–55.
- SCHÜTZ, HEINRICH: Symphoniae Sacrae II (1647)
  „Meine Seele erhebt den Herrn" SWV 344
- SCHÜTZ, HEINRICH: „Magnificat anima mea" SWV 468 („Upsala-Magnificat")
- SCHÜTZ, HEINRICH: Geistliche Gesänge SWV 420–431
  SWV 426: „Magnificat" / „Meine Seele erhebt den Herrn"
- SCHÜTZ, HEINRICH: Symphoniae Sacrae II SWV 341–367
  „Meine Seele erhebt den Herrn" SWV 344
- STANFORD, CHARLES: „Evening Canticles" C-Dur
  „Magnificat"
- STRUNGK, DELPHIN: „Meine Seele erhebet den Herrn" – Magnificat im 9. Ton für Orgel
- TADEI, ALESSANDRO: „Magnificat" im 1. Ton
- TALLIS, THOMAS: „Magnificat et nunc dimittis"
  „Magnificat"
- TAVENER, JOHN: „Magnificat" (1986)
- TAVERNER, JOHN: „Magnificat" zu 5 Stimmen
- TELEMANN, GEORG PHILIPP: „Magnificat" C-Dur
- TELEMANN, GEORG PHILIPP: „Magnificat" G-Dur
- TIPETT, MICHAEL: „Evening Canticles"
  „Magnificat"
- TITELOUZE, JEAN: „Maginificat" im 4. Ton
- TOMKINS, THOMAS: „The great Service". *„Magnificat"*
- TSCHESNOKOW, PAVEL: „Magnificat"

1,46–55 Vaughan-Williams, Ralph: „Magnificat“
- Victoria, Tomás Luis de: „Magnificat“ im 1. Ton zu 8 Stimmen
- Victoria, Tomás Luis de: „Magnificat“ zu 9 Stimmen
- Villa-Lobos, Heitor: „Magnificat-Aleluja“
- Viola, Anselm: „Magnificat“ zu 7 Stimmen
- Vivaldi, Antonio: „Magnificat“ R 610 g-Moll
- Vivaldi, Antonio: „Magnificat“ R 611
- Vivanco, Sebastian de: „Magnificat“
- Vulpius, Melchior: „Magnificat“ zu 5 Stimmen im 2. Ton
- Walmisley, Thomas Attwood: Evening Service d-Moll. *„Magnificat“*
- Walton, William Turner: „Magnificat“
- Weckmann, Matthias: „Magnificat“ für Orgel im 2. Ton
- Weelkes, Thomas: „Magnificat“
- Wesley, Samuel: Evening Canticles E-Dur *„Magnificat“*
- Wood, Charles: Evening Canticles in F. *„Magnificat“*
- Zeiler, Gallus: Magnificat Op. 5 Nr. 8 für Soli, Chor, Oboe, Streicher und Orgel
- Zelenka, Jan Dismas: „Magnificat“ C-Dur für Sopran, Chor und Orchester
- Zielenski, Mikolaj: „Magnificat“
- Gregorianik: Gesang „Magnificat“
- Gregorianik: Vesper-Gesänge (nach den traditionellen Vesper-Psalmen). *„Magnificat“*
- Russisch-Orthodoxe Liturgie: Gesang „Magnificat“
- Magnificat
  Alle mit „Magnificat“ bezeichneten Werke verarbeiten diesen Bibeltext. Die berühmteste Vertonung stammt von J.S. Bach

1,57–80 Bach, Johann Sebastian: Kantate BWV 30 „Freue dich, erlöste Schar
Meditation über den Evangelium-Text zum Johannistag
Aufführungsanlaß: Ursprünglich: Johannis-Tag

1,67–80 Bach, Johann Sebastian: Kantate BWV 167 „Ihr Menschen, rühmet Gottes Liebe“
Meditation über den Lobgesang des Zacharias aus dem Evangelium-Text zum Johannistag
Aufführungsanlaß: Ursprünglich: Johannis-Tag

1–2 Carissini, Giacomo: Oratorium „Ss. Vergine“
Freie Nachdichtung. Das Leben der Maria wird geschildert.

– Hindemith, Paul: „Das Marienleben“ für Sopran und Klavier
Hindemith vertont eine freie Nachdichtung von R. M. Rilke

– Messiaen, Olivier: Regards sur L'Enfant Jésus – 20 Betrachtungen über das Jesuskind
Meditationen für Klavier. Aufführungsanlaß: Weihnachtszeit

1–3 Stradella, Alessandro: Szenisches Oratorium „San Giovanni Battista“
Dichterisch freies Oratorium über Johannes den Täufer

2 Bach, Johann Christoph Friedrich: Oratorium „Die Kindheit Jesu“. Freie Nachdichtung
Text: J. G. Herder. Aufführungsanlaß: Weihnachtszeit

– Balbastre, Claude: Noel Suisse „Il est un petit Ange“ für Orgel
Instrumentale Meditation für Orgel
Aufführungsanlaß: Weihnachten

– Berlioz, Hector: Oratorium „L'Enfance du Christ“ Op. 25. Dichterisch freie Gestaltung der Kindheit Jesu
Aufführungsanlaß: Weihnachtszeit

– Blarr, Oskar Gottlieb: Weihnachts-Oratorium „Jesus-Geburt“
Nachdichtung der Weihnachts-Erzählungen
Aufführungsanlaß: Weihnachten

– Bononcini, Giovanni Battista: Cantata Pastorale
Freie Nachdichtung der Weihnachts-Erzählungen
Aufführungsanlaß: Weihnachten

2 CHARPENTIER, MARC ANTOINE: „In nativitatem Domini" – ein Weihnachtsoratorium
Aufführungsanlaß: Weihnachten
Freie Nachdichtung und Meditation über die Weihnachtserzählungen

– CHARPENTIER, MARC ANTOINE: Pastorale de N.S. Jesus Christus
Aufführungsanlaß: Weihnachten. Freie Meditation

– CONSTANTINESCU, PAUL: Byzantinisches Weihnachtsoratorium „Die Geburt Jesu"
Nachdichtung der Weihnachtsgeschichte
Aufführungsanlaß: Weihnachten

– DISTLER, HUGO: „Die Weihnachtsgeschichte" Op. 10 für Soli, Sprecher und Chor
Aufführungsanlaß: Weihnachten

– ERLEBACH, PHILIPP HEINRICH: Weihnachtskantate „Siehe, ich verkündige euch große Freude"
Aufführungsanlaß: Weihnachten

– FOSTER, STEPHEN COLLINS: „White shepherds watched their flocks"
Lied mit Nachdichtung der Weihnachtsgeschichte
Aufführungsanlaß: Weihnachten

– HENGER, HANS: Weihnachtskantate
Nachdichtung der Weihnachtsgeschichte
Aufführungsanlaß: Weihnachten

– HERZOGENBERG, HEINRICH VON: „Die Geburt Christi" – Weihnachtsoratorium Op. 90
Freie Nachdichtung der Weihnachtsgeschichte
Aufführungsanlaß: Weihnachten

– HINDEMITH, PAUL: Motette „Exiit edictum" für Singstimme und Klavier
Aufführungsanlaß: Weihnachten

– KIEL, FRIEDRICH: Oratorium „Der Stern von Bethlehem" für Soli, Chor und Orchester Op. 83
Nachdichtung der Weihnachtsgeschichten
Aufführungsanlaß: Weihnachten

– LANGLAIS, JEAN: Trois poèmes Evangeliques
Nr. 2: „La Nativité"

- MARTIN, FRANK: Mysterium von der Geburt des Herrn
  Freie Nachdichtung. Aufführungsanlaß: Weihnachten
- MAUERSBERGER, RUDOLF: Christvesper des Dresdner Kreuzchores
  Aufführungsanlaß: Weihnachten (geschrieben für den Heilig-Abend-Gottesdienst in der Kreuzkirche Dresden)
- MESSIAEN, OLIVIER: „La Nativité du seigneur" – 9 Meditationen für Orgel
  Orgelmeditationen uber die Weihnachts-Ereignisse
  Aufführungsanlaß: Weihnachten
- MESSIAEN, OLIVIER: Regards sur l'Enfant-Jésus
  Meditationen für Orgel. Aufführungsanlaß: Weihnachten
- MICHAEL, ROGIER: „Die Geburt unseres Herrn Jesu Christi" für 6 Einzelstimmen und Basso Continuo
- ORFF, CARL / KEETMAN, GUNILD: Weihnachtsgeschichte
  Größtenteils freie Nachdichtung mit eingestreuter Musik
  Aufführungsanlaß: Weihnachtsgeschichte
- ORLINSKI, HEINZ BERNHARD: Weihnachtsbilder
  Aufführungsanlaß: Weihnachten
- PEPPING, ERNST: „Die Weihnachtsgeschichte des Lukas" für 4–7stimmigen gemischten Chor a cappella
  Aufführungsanlaß: Weihnachten
- PRAETORIUS, MICHAEL: Weihnachtskonzert „Als der gütige Gott"
  Nachdichtung der Weihnachtserzählungen
  Aufführungsanlaß: Weihnachten
- RAMIREZ, ARIEL: Navidad en Verona
  Nachdichtung der Weihnachtserzählungen
  Aufführungsanlaß: Weihnachten
- SCARLATTI, ALESSANDRO: Cantata Pastorale per la natività di nostro Sr. Gesù Christo
  Anmerkungen. Nachdichtung in italienischer Sprache
  Aufführungsanlaß: Weihnachten
- SCHELLE, JOHANN: Actus Musicus auf Weyh-Nachten für Soli und Instrumente
  Aufführungsanlaß: Weihnachten

2 SCHMELZER, JOHANN HEINRICH: Hirtenkantate „Venite ocius, transeamus usque in Bethlehem"
Hirtenkantate. Hauptsächlich freie Nachdichtung
Aufführungsanlaß: Weihnachten

– SCHÖNBERG, ARNOLD: Weihnachtsmusik (1921)
Instrumentale Meditation

– SELLE, THOMAS: Kantate „Es begab sich aber zu der Zeit". Aufführungsanlaß: Weihnachtszeit

– STRADELLA, ALESSANDRO: Weihnachtskantate („Cantata per il SS. Natale")
Nachdichtung der Weihnachtsgeschichte
Aufführungsanlaß: Weihnachten

– THOMAS, KURT: Weihnachtsoratorium Op. 17
Aufführungsanlaß: Weihnachten

– PINKHAM, DANIEL: „Christmas Cantata" für Chor, Orgel und Bläser
Freie Nachdichtung. Aufführungsanlaß: Weihnachten

– SPIRITUAL: „Go tell it on the mountain"
Betrachtendes Lied aus der Spiritual-Tradition der Schwarzen in den USA. Eine deutsche Text-Version findet sich mit dem Titel „Komm, sag es allen weiter"(EG 225)

2,1–7 BACH, JOHANN SEBASTIAN: Weihnachts-Oratorium BWV 248. *Kantate 1.* Vers 2 ist nicht vertont
Aufführungsanlaß: Weihnachten (1. Feiertag)

2,1–14 WOLF, HUGO: Kantate „Christnacht"
Dichterisch freie Gestaltung. Aufführungsanlaß: Weihnachten

2,1–21 BIBER, HEINRICH IGNAZ FRANZ: Rosenkranz-Sonaten für Violine und Basso Continuo
Nr. 3 „Die Geburt"
Aufführungsanlaß: Ursprünglich: Im Zusammenhang mit dem Rosenkranzgebet in der katholischen Kirche

– SCHÜTZ, HEINRICH: Historia der Geburt Jesu Christi
Aufführungsanlaß: Weihnachten

2,8–14 BACH, JOHANN SEBASTIAN: Weihnachts-Oratorium BWV 248. *Kantate 2*
Aufführungsanlaß: Weihnachten (2. Feiertag)

– HÄNDEL, GEORG FRIEDRICH: Oratorium „Der Messias“
Teil I, Sätze „Pifa“ / „Hirtenmusik“, „There were Shepherds“ / „Es waren Hirten beisammen auf dem Felde“ und „Glory to God“ / „Ehre sei Gott in der Höhe“

2,10–11 BACH, JOHANN MICHAEL: Motette „Fürchtet euch nicht“ für 8stimmigen Doppelchor
Aufführungsanlaß: Weihnachten (Auszug aus dem Weihnachts-Evangelium)

– REGER, MAX: 4 Choralkantaten
Nr. 3 „Vom Himmel hoch“ (zu Weihnachten)
Bearbeitung des Luther-Chorals „Vom Himmel hoch“ nach dem Muster Bachscher Choralkantaten
Aufführungsanlaß: Weihnachten

– SCHÜTZ, HEINRICH: Geistliche Chormusik (1648)
Satz 27 SWS 395 Der Engel sprach zu den Hirten
Aufführungsanlaß: Weihnachten

2,10–12 BACH, JOHANN BERNHARD: „Vom Himmel hoch“ – Orgelchoral
Bearbeitung von Luthers Choral „Vom Himmel hoch“
Aufführungsanlaß: Weihnachten

– BACH, JOHANN SEBASTIAN: „Vom Himmel hoch“ BWV 738
Bearbeitung von Luthers Choral „Vom Himmel hoch“
Aufführungsanlaß: Weihnachten

– BACH, JOHANN SEBASTIAN: Fughetta für Orgel „Vom Himmel hoch“ BWV 701
Bearbeitung von Luthers Choral „Vom Himmel hoch“
Aufführungsanlaß: Weihnachten

– BACH, JOHANN SEBASTIAN: Kanonische Veränderungen BWV 769
Bearbeitung von Luthers Choralmelodie „Vom Himmel hoch“ – sehr polyphone, „gelehrte“ Komposition unter Verwendung zahlreicher Fugentechniken
Aufführungsanlaß: Weihnachten

– BACH, JOHANN SEBASTIAN: Orgelbüchlein
„Vom Himmel hoch“ BWV 606
Bearbeitung von Luthers Choral „Vom Himmel hoch“
Aufführungsanlaß: Weihnachten

2,10–12 BACH, JOHANN SEBASTIAN: Orgelchoral „Vom Himmel hoch“ BWV 700
Bearbeitung von Luthers Choralmelodie „Vom Himmel hoch“

– BARTMUSS, RICHARD: Chorlieder Op. 18
Nr. 1 „Fürchtet euch nicht“. Aufführungsanlaß: Weihnachten

– BÖHM, GEORG: Choralbearbeitung „Vom Himmel hoch“
Bearbeitung von Luthers Choral „Vom Himmel hoch“
Aufführungsanlaß: Weihnachten

– CASANOVAS, MARCISO: Motette „Angelus ad pastoribus“
Aufführungsanlaß: Weihnachten

– CASTRO, JUAN DE: Motette zu 3 Stimmen „Angelus ad pastores ait“

– ECCARD, JOHANN: „Vom Himmel hoch“ (EG 24)
Bearbeitung von Luthers Choral „Vom Himmel hoch“
Aufführungsanlaß: Weihnachten

– ERLEBACH, PHILIPP HEINRICH: Weihnachtskantate „Siehe, ich verkündige euch große Freude“
Aufführungsanlaß: Weihnachten

– FREUNDT, CORNELIUS: „Vom Himmel hoch“
Bearbeitung von Luthers Choral „Vom Himmel hoch“
Aufführungsanlaß: Weihnachten

– GABRIELI, GIOVANNI: 12stimmige Chöre für 2 Chöre und Instrumente „Angelus ad pastorem“

– GUMPELZHAIMER, ADAM: „Vom Himmel hoch, da komm ich her“
Bearbeitung von Luthers Choral-Nachdichtung „Vom Himmel hoch“. Aufführungsanlaß: Weihnachten

– HASSLER, HANS LEO: „Vom Himmel hoch“
Bearbeitung von Luthers Choral „Vom Himmel hoch“ (EG 24)
Aufführungsanlaß: Weihnachten

– HASSLER, HANS LEO: Motette „Angelus ad pastores ait“
Aufführungsanlaß: Weihnachten

– HESSE, ADOLPH FRIEDRICH: Orgelchoral „Vom Himmel hoch da komm ich her“
Bearbeitung von Luthers Choral „Vom Himmel hoch“
Aufführungsanlaß: Weihnachten

- Hoyer, Karl: Choralparaphrasen für Orgel Op. 17
  Nr. 1 „Vom Himmel hoch“
  Bearbeitung von Luthers Choral „Vom Himmel hoch“ (EG 24)
  Aufführungsanlaß: Weihnachten
- Lehrndorfer, Franz: Introduktion, Variationen und Fuge für Orgel über den Choral „Vom Himmel hoch“
  Orgel-Meditationen über Luthers Choral „Vom Himmel hoch“ (EG 24), Aufführungsanlaß: Weihnachten
- Linek, Georg Ignaz: „Ich bringe euch frohe Botschaft“
  Nachdichtung. Aufführungsanlaß: Weihnachten
- Luther, Martin: Choral „Vom Himmel hoch“ (EG 24)
  Luthers Nachdichtung der Bibelstelle
  Aufführungsanlaß: Weihnachten
- Mendelssohn-Bartholdy, Felix: Weihnachtskantate „Vom Himmel hoch“
  Bearbeitung von Luthers Choral „Vom Himmel hoch“
  Aufführungsanlaß: Weihnachten
- Pachelbel, Johann: Orgelchoral (Trio) „Vom Himmel hoch“
  Bearbeitung von Luthers Choral „Vom Himmel hoch“
  Aufführungsanlaß: Weihnachten
- Praetorius, Michael: „Vom Himmel hoch da komm ich her“ – Chorsatz
  Bearbeitung von Luthers Choral „Vom Himmel hoch“
  Aufführungsanlaß: Weihnachten
- Purcell, Henry: Christmas Anthem „Behold I bring you glad tidings“
  Aufführungsanlaß: Weihnachten
- Reger, Max: Choralkantate „Vom Himmel hoch“
  Bearbeitung von Luthers Choral „Vom Himmel hoch“
  Aufführungsanlaß: Weihnachten
- Reger, Max: Choralvorspiele Op. 67
  Nr. 40 „Vom Himmel hoch“
  Bearbeitung von Luthers Choral „Vom Himmel hoch“
  Aufführungsanlaß: Weihnachten

2,10–12 REGER, MAX: Choralvorspiele Op. 135a
Nr. 24 "Vom Himmel hoch"
Bearbeitung von Luthers Choral „Vom Himmel hoch"
Aufführungsanlaß: Weihnachten

– RINCK, CHRISTIAN HEINRICH: „Vom Himmel hoch" – Choral für Orgel
Bearbeitung von Luthers Choral „Vom Himmel hoch"
Aufführungsanlaß: Weihnachten

– SCHEIN, JOHANN HERMANN: „Vom Himmel hoch"
Bearbeitung von Luthers Choral „Vom Himmel hoch"
Aufführungsanlaß: Weihnachten

– SCHELLE, JOHANN: Kantate „Vom Himmel kam der Engel Schar". *Choralkantate*
Aufführungsanlaß: Weihnachten

– STRAWINSKY, IGOR: „Vom Himmel hoch" – Choralvariationen nach Bach
Bearbeitung von Luthers Choral „Vom Himmel hoch" (EG 24). Aufführungsanlaß: Weihnachten

– WALTER, JOHANN: „Vom Himmel hoch"
Bearbeitung von Luthers Choral „Vom Himmel hoch"
Aufführungsanlaß: Weihnachten

– WENZEL, EBERHARD: Choralsatz zu 3 Stimmen „Vom Himmel hoch"
Bearbeitung von Luthers Choral „Vom Himmel hoch" (EG 24). Aufführungsanlaß: Weihnachten

– GREGORIANIK: Gesang „Angelus ad pastores ait"
Aufführungsanlaß: Weihnachten

2,10–14 LISZT, FRANZ: Oratorium „Christus". *Teil I, Satz 2*

2,10ff PACHELBEL, JOHANN: Choralvorspiel „Vom Himmel kam der Engel Schar"
Choralvorspiel für Orgel. Aufführungsanlaß: Weihnachten

2,14 ALBRECHTSBERGER, JOHANN GEORG: Missa „Assumptionis Beatae Mariae Virginis". *Gloria*

– ALLEGRI, GREGORIO: Missa „Vida turbam magnum"
Gloria

– ANTON, GUSTAV: „Gloria in excelsis Deo"

- BACH, JOHANN CHRISTOPH: Choralbearbeitung „Allein Gott in der Höh sei Ehr“ für Orgel
Bearbeitung des Chorals „Allein Gott in der Höh sei Ehr“ (EG 179)
- BACH, JOHANN MICHAEL: Choralbearbeitung „Allein Gott in der Höh sei Ehr“
Bearbeitung des Chorals „Allein Gott in der Höh sei Ehr“ (EG 179)
- BACH, JOHANN NIKOLAUS: „Missa Brevis“
„Allein Gott in der Höh sei Ehr“
Bearbeitung des Chorals „Allein Gott in der Höh sei Ehr“ (EG 179)
- BACH, JOHANN SEBASTIAN: Kantate BWV 191 „Gloria in Excelsis Deo“
- BACH, JOHANN SEBASTEAN: Choralbearbeitungen „Allein Gott in der Höh sei Ehr“ BWV 715–717
Bearbeitung des Chorals „Allein Gott in der Höh sei Ehr“ (EG 179)
- BACH, JOHANN SEBASTIAN: „Achtzehn Choräle“ für Orgel. *„Allein Gott in der Höh sei Ehr“ BWV 662*
Bearbeitung des Chorals „Allein Gott in der Höh sei Ehr“ (EG 179)
- BACH, JOHANN SEBASTIAN: Kantate BWV 110 „Unser Mund sei voll Lachens“. *Satz 5*
Aufführungsanlaß: Ursprünglich: 1. Weihnachtstag
- BACH, JOHANN SEBASTIAN: Klavierübung, Teil III
„Allein Gott in der Höh sei Ehr“ (manualiter)“ BWV 675
Bearbeitung des Chorals „Allein Gott in der Höh sei Ehr“ (EG 179)
- BACH, JOHANN SEBASTIAN: Klavierübung, Teil III
„Allein Gott in der Höh sei Ehr“ (Trio) BWV 676
Bearbeitung des Chorals „Allein Gott in der Höh sei Ehr“ (EG 179)
- BACH, JOHANN SEBASTIAN: Klavierübung, Teil III
„Allein Gott in der Höh sei Ehr“ (Fughetta) BWV 677
Bearbeitung des Chorals „Allein Gott in der Höh sei Ehr“ (EG 179)
- BACH, JOHANN SEBASTIAN: Messe A-Dur BWV 234
Gloria

2,14 BACH, JOHANN SEBASTIAN: Messe F-Dur BWV 233
Gloria

– BACH, JOHANN SEBASTIAN: Messe G-Dur BWV 236
Gloria

– BACH, JOHANN SEBASTIAN: Messe g-Moll BWV 235
Gloria

– BACH, JOHANN SEBASTIAN: Messe h-Moll BWV 232
Gloria

– BACH, JOHANN SEBASTIAN: Orgelchoral „Allein Gott in der Höh sei Ehr“ BWV 711
Bearbeitung des Chorals „Allein Gott in der Höh sei Ehr“ (EG 179)

– BACH, JOHANN SEBASTIAN: Variationen für Orgel über „Allein Gott in der Höh sei Ehr“ BWV 741
Bearbeitung des Chorals „Allein Gott in der Höh sei Ehr“ (EG 179)

– BANDRIEU, JEAN FRANCOIS: „Messe et vêpres du jour des paques“. *Gloria*

– BEACH, AMY MARCY CHENEY: Große Messe Es-Dur für Soli, Chor und Instrumente. *Gloria*

– BECKET, THOMAS: Missa. *Gloria*

– BEETHOVEN, LUDWIG VAN: Messe C-Dur Op. 86
Gloria

– BEETHOVEN, LUDWIG VAN: „Missa Solemnis“ D-Dur Op. 123. *Gloria*

– BENEVOLI, ORAZIO: „Missa Salisburgensis“ (Salzburger Domfestmesse). *Gloria*

– BENOIT, PETER: „Hohe Messe“ – zweiter Teil der religiösen Tetralogie. *Gloria*

– BERLIOZ, HECTOR: „Messe Solemnelle“. *Gloria*

– BERNSTEIN, LEONARD: „Missa Brevis“. *Gloria*

– BIBER, HEINRICH IGNAZ FRANZ: „Missa Sancti Henrici“
Gloria

– BLANC, FREDERIC: „Messe Improvisée“. *Gloria*
Orgelimprovisationen über die einzelnen Teile

- Boelly, Pierre: „Messe de Jour de Noel". *Gloria* Instrumentale Orgelmesse. Aufführungsanlaß: Weihnachten
- Bortniansky, Dimitrij: „Slawa wo wischmih bogu" / „Ehre sei Gott in der Höhe" / „Gloria"
- Britten, Benjamin: „Missa Brevis" Op. 63 in D für Knabenstimmen und Orgel. *Gloria*
- Brixi, Franz Xaver: „Missa Pastoralis". *Gloria*
- Bruckner, Anton: Messe Nr. 0 C-Dur. *Gloria*
- Bruckner, Anton: Messe Nr. 1 d-Moll. *Gloria*
- Bruckner, Anton: Messe Nr. 2 e-Moll. *Gloria*
- Bruckner, Anton: Messe Nr. 3 f-Moll. *Gloria*
- Brumel, Antoine: „Missa Bergerette Savoyenne" *Gloria*
- Brumel, Antoine: „Missa et ecce terrae notus" *Gloria*
- Burgon, Geoffrey: „Short Mass". *Gloria*
- Burkhard, Willy: „Messe Op. 85". *Gloria*
- Busnois, Antoine: Messe „O crux lignum triumphale". *Gloria*
- Buxtehude, Dietrich: „Missa Brevis" Bx 114 für 5stimmigen Chor. *Gloria*
- Byrd, William: Messe zu 3 Stimmen. *Gloria*
- Byrd, William: Messe zu 4 Stimmen. *Gloria*
- Byrd, William: Messe zu 5 Stimmen. *Gloria*
- Byrd, William: „Missa sine nomine". *Gloria*
- Caldara, Antonio: „Missa Laetare". *Gloria*
- Caldara, Antonio: Missa „Sanctorum Cosmae et Damiani". *Gloria*
- Cantin, Jules: „St. Hubertus-Messe". *Gloria*
- Cardoso, Frei Manuel: Missa „Regina Caeli" *Gloria*
- Carver, Robert: Missa „Dum Sacrum Mysterium" zu 10 Stimmen. *Gloria*

2,14 CARVER, ROBERT: Messe „Cantate Domino“ zu 6 Stimmen. *Gloria*

– CARVER, ROBERT: Messe „L'Home armé“ zu 4 Stimmen. *Gloria*

– CARVER, ROBERT: Messe“ Pater creator omnium“ zu 4 Stimmen. *Gloria*

– CARVER, ROBERT: Messe zu 6 Stimmen. *Gloria*

– CATALANI, ALFREDO: Messe für Soli, Chor und Orchester. *Gloria*

– CAVAZZONI, GIROLAMO: „Missa Apostolorum“ *Gloria*

– CAVAZZONI, GIROLAMO: „Missa de Beata Virgine“ *Gloria*

– CAVAZZONI, GIROLAMO: „Missa Dominicalis“. *Gloria*

– CREREROLS, JUAN: „Missa de Batalla“. *Gloria*

– CERTON, PIERRE: Messe „Sur le pont d'avignon“ *Gloria*

– CHARPENTIER, MARC ANTOINE: „Messe pour le Port Royal“. *Gloria*

– CHARPENTIER, MARC ANTOINE: „Messe pour le Samedi de paces“ (Ostermesse). *Gloria*

– CHARPENTIER, MARC ANTOINE: „Messe pour le Samedi de Paces“ zu 4 Stimmen. *Gloria*
Aufführungsanlaß: Ursprünglich: Karsamstag oder Ostern

– CHARPENTIER, MARC ANTOINE: „Messe de Minuit“ (Mitternachtsmesse). *Gloria*

– CHARPENTIER, MARC ANTOINE: Missa „Assumpta est Maria“. *Gloria*

– CHARPENTIER, MARC ANTOINE: Weihnachtsmotette „Gloria in excelsis“ für Sopran und Basso Continuo
Aufführungsanlaß: Weihnachten

– CHERUBINI, LUIGI: Messe A-Dur. *Gloria*
Aufführungsanlaß: Ursprünglich: Krönungsmesse für Karl X.

- CHERUBINI, LUIGI: Messe G-Dur. *Gloria*
  Auſſührungsanlaß: Ursprünglich: Krönungsmesse für Ludwig XVIII.
- CHERUBINI, LUIGI: Messe Nr. 1 F-Dur „Caecilienmesse". *Gloria*
- CHERUBINI, LUIGI: Messe Nr. 2: Missa Solemnis d-Moll. *Gloria*
- CLEMENS NON PAPA, JACOBUS: Missa „Pastores quidnam vidistis". *Gloria*
- COLIN, PIERRE: „Missa peccata mea". *Gloria*
- CORNAGO, JUAN: „Missa de la mapa mundi". *Gloria*
- CORRETTE, GASPARD: Messe im 8. Ton für Orgel
  Gloria
- COUPERIN, FRANCOIS: „Messe il á l'usage des paroisses"
  Gloria-Sätze
- DANDRIEU, JEAN FRANCOIS: „Messe du Jour du Paques"
  Gloria
- DECKNER, FRIEDRICH: „Missa Brevis" für Sopran und Orgel. *Gloria*
- DERCKS, EMIL: Orgelchoral „Allein Gott in der Höh sei Ehr"
  Bearbeitung des Chorals „Allein Gott in der Höh sei Ehr" (EG 179)
- DIABELLI, ANTON: „Pastoralmesse" Op. 147. *Gloria*
- DONIZETTI, GAETANO: „Messa di Gloria e Credo" für Soli, Chor und Orchester. *Gloria*
- DUBOIS, FRANCOIS C. THÉODORE: „Messe de Mariage"
  Gloria
- DUFAY, GUILLAUME: Missa „Ancilla Domini". *Gloria*
- DUFAY, GUILLAUME: Missa „Ave Maria". *Gloria*
- DUFAY, GUILLAUME: Missa „Ave Regina caelorum"
  Gloria
- DUFAY, GUILLAUME: Missa „Ecce Ancilla Domini"
  Gloria

2,14 DUFAY, GUILLAUME: „Missa Sancti Iacobi“. *Gloria*

– DUFAY, GUILLAUME: „Missa se la face ay pale“. *Gloria*

– DUFAY, GUILLAUME: „Missa sine Nomine“. *Gloria*

– DUMONT, HENRI: „Messe Royale“. *Gloria*

– DUNKELBERG, OTTO: „Missa Pastoritia“ für Soli, Chor und Orgel. *Gloria*

– DUNKELBERG, OTTO: „Missa Pastoralis“. *Gloria*

– DURUFLÉ, MAURICE: „Missa cum Jubilo“ Op. 11 für Männerchor und Orgel. *Gloria*

– DVORAK, ANTON: Messe D-Dur Op. 86 für Soli, Chor und Orgel. *Gloria*

– EBERWEIN, TRAUGOTT MAXIMILIAN: Messe Op. 87 As-Dur. *Gloria*

– FAYRFAX, ROBERT: „Missa Albanus“. *Gloria*

– FRANCK, CESAR: „Messe Solemnelle“ Op. 12. *Gloria*

– FRESCOBALDI, GIROLAMO: „Messa degli Apostoli“ *Gloria*

– FRESCOBALDI, GIROLAMO: „Messa della Domenica“ *Gloria*

– FRESCOBALDI, GIROLAMO: „Messa della Madonna“ *Gloria*

– FRYE, WALTER: Missa „Flos Regalis“. *Gloria*

– GAZZANIGA, GIUSEPPE: Gloria für Soli, 4stimmigen Chor, Orchester und Orgel

– GENZMER, HARALD: Deutsche Messe. *„Ehre sei Gott“*

– GLEISSNER, FRANZ: Messe Op. 2 Nr. 6. *Gloria*

– GOMBERT, NICOLAUS: „Missa tempore Paschali“ zu 6 Stimmen. *Gloria*

– GOUNOD, CHARLES: „Messe Solemnelle Sainte Cècile“ („Cäcilienmesse“). *Gloria*

– GOUNOD, CHARLES: „Messe Breve C-Dur aux chapellas“. *Gloria*

– GOUNOD, CHARLES: Messe Nr. 2 Op. 1 G-Dur. *Gloria*

- GRIGNY, NICOLAS DE: Orgelmesse. *Gloria*
- GRUBER, FRANZ XAVER: Deutsche Messe für Soli, Chor, 3 Hörner und Orgel (Hornmesse). *Gloria*
  Gruber ist der Komponist des Weihnachtsliedes „Stille Nacht"
- GUTIERRES DE PADILLA, JUAN: Missa „Ego Flos Campi"
  Gloria
- HASSE, JOHANN ADOLF: Messe d-Moll. *Gloria*
- HASSE, JOHANN ADOLF: Messe g-Moll. *Gloria*
- HASSE, NICOLAUS: Choralbearbeitung für Orgel „Allein Gott in der Höh sei Ehr"
  Bearbeitung des Chorals „Allein Gott in der Höh sei Ehr" (EG 179)
- HASSLER, HANS LEO: „Messe quam ecce homum"
  Gloria
- HASSLER, HANS LEO: Messe zu 8 Stimmen („Missa octavi toni a 8"). *Gloria*
- HASSLER, HANS LEO: Missa „Dixit Maria". *Gloria*
- HAYDN, JOSEPH: Messe Hob. XXII:1. *Gloria*
- HAYDN, JOSEPH: Messe Hob. XXII:2 „Missa sunt bona mixta malis". *Gloria*
- HAYDN, JOSEPH: Messe Hob. XXII:3 „Rorate coeli disuper". *Gloria*
- HAYDN, JOSEPH: Messe Hob. XXII:4 „Missa in honorem beatissimae Virgnis Mariae" („Große Orgel-solo-Messe"). *Gloria*
- HAYDN, JOSEPH: Messe Hob. XXII:5 „Caecilien-messe". *Gloria*
- HAYDN, JOSEPH: Messe Hob. XXII:6 „Missa Sancti Nicolai" („Nikolaimesse"). *Gloria*
- HAYDN, JOSEPH: Messe Hob. XXII:7 „Missa Brevis Sancti Johannis de Deo" („Kleine Orgelsolo-Messe")
  Gloria. Es gibt eine Bearbeitung des „Gloria"-Teils dieser Messe von Joseph Haydns Bruder Michael Haydn. Michael erweiterte den ursprünglich sehr kurzen Satz.

2,14 HAYDN, JOSEPH: Messe Hob. XXII:8 „Missa Cellensis" („Mariazeller Messe"). *Gloria*

- HAYDN, JOSEPH: Messe Hob. XXII:9 „Missa in tempore belli" („Paukenmesse"). *Gloria*
- HAYDN, JOSEPH: Messe Hob. XXII:10 „Missa Sancti Bernardi von Offida" („Heiligmesse") . *Gloria*
- HAYDN, JOSEPH: Messe Hob. XXII:11 „Missa in angustiis" („Nelsonmesse"). *Gloria*
- HAYDN, JOSEPH: Messe Hob. XXII:12 „Theresienmesse". *Gloria*
- HAYDN, JOSEPH: Messe Hob. XXII:13 „Schöpfungsmesse". *Gloria*
- HAYDN, JOSEPH: Messe Hob. XXII:14 „Harmoniemesse". *Gloria*
- HAYDN, MICHAEL: Deutsches Hochamt. *Gloria*
- HAYDN, MICHAEL: Messe Nr. 18 C-Dur „in honor. Sanctae Ursulae" („Chiemsee-Messe"). *Gloria*
- HAYDN, MICHAEL: „Missa Sancti Hieronymi". *Gloria*
- HAYDN, MICHAEL: „Missa St. Aloysii". *Gloria*
- HAYDN, MICHAEL: Missa „Subtitulo Sancti Leopoldi" *Gloria*
- HINDEMITH, PAUL: Messe für gemischten Chor a cappella. *Gloria*
- HOWELLS, HERBERT: Missa „Aedis Christi". *Gloria*
- HUMMEL, JOHANN NEPOMUK: Messe Op. 80. *Gloria*
- IPPOLITOW-IWANOW, MICHAIL / RUSSISCH-ORTHODOXE LITURGIE: Gloria
- ISAAC, HEINRICH: „Missa de Apostolis". *Gloria*
- JANACEK, LEÓS: Messe Es-Dur. *Gloria*
- JERÚSALEM, IGNACIO DE: Messe D-Dur. *Gloria*
- JEUNE, CLAUDE LE: „Missa ad placitum". *Gloria*
- JOLIVET, ANDRÉ: „Messe dite: Pour la jour de la pain" *Gloria*

- JOSQUIN DESPREZ: Missa „Ave Maris Stella". *Gloria*
- JOSQUIN DESPREZ: „Missa de Beata Virgine". *Gloria*
- JOSQUIN DESPREZ: „Missa Hercules Dux Fernariae" *Gloria*
- JOSQUIN DESPREZ: Missa „L'Homme Armé". *Gloria*
- JOSQUIN DESPREZ: Missa „La sol-fa-re-mi". *Gloria*
- JOSQUIN DESPREZ: Missa „Mater Patris et Filia". *Gloria*
- JOSQUIN DESPREZ: Missa „Pange Lingua". *Gloria*
- KELLER, MAX: Messe Nr. 6 D-Dur Op. 103 „Missa Solemnis". *Gloria*
- KEMPTER, KARL: „Pastoralmesse" Op. 24 G-Dur *Gloria*
- KIRCHNER, VOLKER DAVID: „Missa Moguntina" für Soli, Chor und Orchester. *Gloria*
- KODÁLY, ZOLTAN: Missa brevis. *Gloria*
- KOUTNIK, THOMÀS NORBERT: „Gloria in excelsis Deo"
- KREBS, JOHANN LUDWIG: Klavierübung – 13 Choralbearbeitungen für Orgel – Erster Teil
  Nr. 1: „Allein Gott in der Höh' sei Ehr"
  Bearbeitung des Chorals „Allein Gott in der Höh sei Ehr" (EG 179)
- KREISEL, PAUL EBERHARD: Orgelmesse Op. 97. *Gloria*
- KROL, BERNHARD: „Missa muta" fünf Miniaturen für Horn und Orgel. *Gloria*
- KUBIZEK, AUGUSTIN: Motetten Op. 22c
  Nr. 3: Gloria
- KUGELMANN, JOHANN: „Allein Gott in der Höh sei Ehr". Bearbeitung des Chorals „Allein Gott in der Höh sei Ehr" (EG 179)
- LANGLAIS, JEAN: „Messe Solemnelle". *Gloria*
- LANGLAIS, JEAN: „Missa in Simplicitate". *Gloria*
- LANGLAIS, JEAN: Missa „Salve Regina". *Gloria*

2,14 Lasceux, Guillaume: „Messe Solemnelle". *Gloria*

– Lasso, Orlando di: „Missa puisque j'ay perdu" zu 4 Stimmen. *Gloria*

– Lasso, Orlando di: Missa „Entre vous filles" zu 5 Stimmen. *Gloria*

– Lasso, Orlando di: Missa „Oscelatur me". *Gloria*

– Lasso, Orlando di: Missa „Qual Donna". *Gloria*

– Lasso, Orlando di: „Missa sexta ad imitationem vinum bonem" zu 8 Stimmen. *Gloria*

– Lasso, Orlando di: „Missa super Bella amfitrit 'altera". *Gloria*

– Lasso, Orlando di: Missa „Susanne un jour zu 5 Stimmen". *Gloria*

– Lasso, Orlando di: „Missa Ventatorum". *Gloria*

– Lechner, Leonhard: Messe Nr. 1 „Domine Dominus noster". *Gloria*

– Leighton, Kenneth: „Missa Brevis" Op. 50. *Gloria*

– Lewkovitsch, Bernhard: Messe für Bariton, Chor und zwei Hörner. *Gloria*

– Lilius, Franciszek: „Missa brevissima". *Gloria*

– Linke, Norbert: Gloria-Variationen für Orgel

– Liszt, Franz: „Missa Choralis" für Soli, Chor und Orgel. *Gloria*

– Liszt, Franz: „Missa pro Organum" B-Dur. *Gloria* Instrumentale Orgelmesse

– Litaize, Gaston: „Suite en Form de Messe" für Orgel *Gloria*

– Lloyd, Jonathan: Messe zu 6 Solostimmen. *Gloria*

– Lobèbue, Nicolas Antonio: Messe für Orgel. *Gloria*

– Lokay, Jakub: Motetto Pastorale „Gloria in excelsis Deo". Aufführungsanlaß: Weihnachten

- LUDFORD, NICHOLAS: Missa „Benedicta et Venerabilis“ *Gloria*
- LUDFORD, NICHOLAS: Missa „Videte Miraculum“.*Gloria*
- LUDFORD, NICHOLAS: Missa „Virgo Christi Dilectissima“. *Gloria*
- LUX, FRIEDRICH: Choralfantasie für Orgel „Allein Gott in der Höh sei Ehr“
  Bearbeitung des Chorals „Allein Gott in der Höh sei Ehr“ (EG 179)
- LÓBO, DUARTE: Missa „Vox Clamantis“. *Gloria*
- MACHAUT, GUILLAUME DE: „Messe de Nostre Dame“ *Gloria*
- MAGALHAES, FILIPE: „Missa de Beata Virgine Maria“ *Gloria*
- MAGALHAES, FILIPE DE: „Missa Dilectus Meus“. *Gloria*
- MARTIN, FRANK: Messe für Doppelchor a cappella *Gloria*
- MARTIN, FRANK: Oratorium „In terra pax“
  Der Titel des Werkes spielt auf das „Gloria“ an. Es wird nicht direkt vertont, doch die Anspielung des Titels ist bedenkenswert.
- MARTINU, BOHUSLAV: „Polni Mse“ (Feldmesse für Bariton, Männerchor und Orchester). *Gloria*
- MATHIAS, WILLIAM: Missa „Aedis Christi“ Op. 92 *Gloria*
- MENDELSSOHN-BARTHOLDY, FELIX: Liturgische Stücke. *Nr. 2: „Gloria“ / „Ehre sei Gott in der Höhe“*
- MEYER-FIEBIG, THOMAS: Orgelmesse. *Gloria*
- MODESS, JOCHEN A.: Messe für Kinderchor und Klavier. *Gloria*
- MONIUSZKO, STANISLAW: Messe e-Moll (Polnische Messe). *Gloria*
- MONIUSZKO, STANISLAW: Messe Es-Dur. *Gloria*
- MONIUSZKO, STANISLAW: „Messe von Piotrovin“ B-Dur für Soli, Chor und Orgel. *Gloria*

2,14 MONTE, PHILIPPUS DE: „Missa Vestiva“. *Gloria*

– MONTEVERDI, CLAUDIO: „Hohe Messe zum Fest der S. Maria della Salute“. *Gloria*

– MONTEVERDI, CLAUDIO: „Messa a quattro“ (vierstimmige Messe). *Gloria*

– MONTEVERDI, CLAUDIO: Messe „In illo tempore“ *Gloria*

– MONTEVERDI, CLAUDIO: Selba morale e spirituale *Nr. 19: Gloria G-Dur*

– MORALES, CHRISTOBAL DE: Messe zu 5 Stimmen „Queramus cum pastoribus“. *Gloria*

– MORALES, CHRISTOBAL DE: Missa „Mille regretz“ *Gloria*

– MOZART, LEOPOLD: „Missa Solemnis“ C-Dur. *Gloria*

– MOZART, WOLFGANG AMADEUS: Messe KV 49. *Gloria*

– MOZART, WOLFGANG AMADEUS: Messe KV 65. *Gloria*

– MOZART, WOLFGANG AMADEUS: Messe KV 66 „Dominicus-Messe“. *Gloria*

– MOZART, WOLFGANG AMADEUS: Messe KV 139 „Waisenhausmesse“. *Gloria*
Mozart komponierte das Werk im Alter von 12 Jahren!

– MOZART, WOLFGANG AMADEUS: Messe KV 140 „Pastoralmesse“. *Gloria.* Echtheit umstritten

– MOZART, WOLFGANG AMADEUS: Messe KV 167. *Gloria*

– MOZART, WOLFGANG AMADEUS: Messe KV 192. *Gloria*

– MOZART, WOLFGANG AMADEUS: Messe KV 194. *Gloria*

– MOZART, WOLFGANG Amadeus: Messe KV 220 „Spatzenmesse“. *Gloria*

– MOZART, WOLFGANG Amadeus: Messe KV 257 „Credo-Messe“. *Gloria*

– MOZART, WOLFGANG Amadeus: Messe KV 258 „Spaur-Messe“. *Gloria*

– MOZART, WOLFGANG AMADEUS: Messe KV 259 „Orgelsolo-Messe“. *Gloria*

- MOZART, WOLFGANG AMADEUS: Messe KV 262 „Missa Longa“. *Gloria*
- MOZART, WOLFGANG AMADEUS: Messe KV 275 *Gloria*
- MOZART, WOLFGANG AMADEUS: Messe KV 317 „Krönungsmesse“. *Gloria*
- MOZART, WOLFGANG AMADEUS: Messe KV 337 *Gloria*
- MOZART, WOLFGANG AMADEUS: Messe KV 427 c-Moll. *Gloria*
- MUFFAT, GEORG: „Missa Brevis“ in C. *Gloria*
- MUFFAT, GOTTLIEB: Messe in F „Orgelmesse“. *Gloria*
- NAVRATIL, FRANTISEK: „Missa St. Josephi“. *Gloria*
- NICOLAI, OTTO: Messe B-Dur. *Gloria*
- OBRECHT, JAKOB: Missa „Ave Regina Caelorum“ *Gloria*
- PACHELBEL, JOHANN: „Missa Brevis“. *Gloria*
- PACHELBEL, JOHANN: Orgelchoral „Allein Gott in der Höh’ sei Ehr“
  Bearbeitung des Chorals „Allein Gott in der Höh sei Ehr“ (EG 179)
- PÄRT, ARVO: Berliner Messe. *Gloria*
- PAINE, JOHN KNOWLES: Messe in D. *Gloria*
- PALESTRINA, GIOVANNI PIERLUIGI DA: Messe „O sacrum convivium“. *Gloria*
- PALESTRINA, GIOVANNI PIERLUIGI DA: Missa „Aeterna Christi munera“. *Gloria*
- PALESTRINA, GIOVANNI PIERLUIGI DA: Missa „Ave Maria“. *Gloria*
- PALESTRINA, GIOVANNI PIERLUIGI DA: Missa „Benedicta es“. *Gloria*
- PALESTRINA, GIOVANNI PIERLUIGI DA: „Missa Brevis“ *Gloria*

2,14 PALESTRINA, GIOVANNI PIERLUIGI DA: Missa „De beata Virgine". *Gloria*

– PALESTRINA, GIOVANNI PIERLUIGI DA: Missa „Dum complerentur". *Gloria*
Aufführungsanlaß: Pfingsten

– PALESTRINA, GIOVANNI PIERLUIGI DA: Missa „Ecce Sacerdon". *Gloria*

– PALESTRINA, GIOVANNI PIERLUIGI DA: Missa „Emendemus". *Gloria*

– PALESTRINA, GIOVANNI PIERLUIGI DA: Missa „Hodie Christus natus est". *Gloria*
Aufführungsanlaß: Weihnachten

– PALESTRINA, GIOVANNI PIERLUIGI DA: Missa „Nasce la gioija". *Gloria*

– PALESTRINA, GIOVANNI PIERLUIGI DA: Missa „Nigra sum". *Gloria*

– PALESTRINA, GIOVANNI PIERLUIGI DA: Missa „Papae Marcelli". *Gloria*

– PALESTRINA, GIOVANNI PIERLUIGI DA: Missa „Sicut illum inter spinas". *Gloria*

– PALESTRINA, GIOVANNI PIERLUIGI DA: „Missa sine Nomine" („Missa Mantovana"). *Gloria*

– PALESTRINA, GIOVANNI PIERLUIGI DA: Missa „Tu es Petrus". *Gloria*

– PALESTRINA, GIOVANNI PIERLUIGI DA: Missa „Veni sponsa Christi". *Gloria*

– PALESTRINA, GIOVANNI PIERLUIGI DA: Missa „Viri Gallilaei". *Gloria*

– PASCHA, EDMUND: Hirtenmesse in F. *Gloria*
Aufführungsanlaß: Weihnachten

– PEETERS, FLOR: „Missa in honorem Sancti Josephi" Op. 21. *Gloria*

– PEKIEL, BARTLOMIEJ: „Missa Brevis". *Gloria*

– PENALOSA, FRANCISCO DE: Missa „Ave Maria Peregrina". *Gloria*

- Penalosa, Francisco de: Missa „Nunce fué pena mayor". *Gloria*
- Pepping, Ernst: Deutsche Messe für gemischten Chor a capella. *„Ehre sei Gott"*
- Pepping, Ernst: Kyrie/Gloria/Credo für Chor *Gloria.* Das Werk basiert auf Teilen des Messe-Textes
- Pergolesi, Giovanni Battista: Missa Nr. 47 in F *Gloria*
- Petersen, Wilhelm: Große Messe für Soli, Chor, Orchester und Orgel Op. 27. *Gloria*
- Platti, Giovanni Benedetto: Messa a 4 in A *Gloria*
- Poulenc, Francis: Gloria G-Dur mit Sopransolo
- Poulenc, Francis: Messe in G. *Gloria*
- Praetorius, Hieronymus: „Missa super Angelus ad Pastorem ait". *Gloria*
- Praetorius, Michael: „Allein Gott in der Höh sei Ehr" Bearbeitung des Chorals „Allein Gott in der Höh sei Ehr" (EG 179)
- Puccini, Giacomo: „Messa di Gloria" für Soli, Chor und großes Orchester. *Gloria*
- Rachmaninoff, Sergej: Wsenoschtschnaja / Vespermesse Op. 37. *Sätze 7 und 12*
  Aufführungsanlaß: Ursprünglich: Stundengebet der Russisch-orthodoxen Kirche in der Nacht von Samstag auf Sonntag, vergleichbar der Vesper in der katholischen Kirche vor dem Ersten Vatikanischen Konzil.
- Raison, André: Messe im 2. Ton. *Gloria*
- Reger, Max: Choralvorspiele Op. 135a
  Nr. 2 „Allein Gott in der Höh' sei Ehr"
  Bearbeitung des Chorals „Allein Gott in der Höh sei Ehr" (EG 179)
- Reger, Max: Choralvorspiele Op. 67
  Nr. 1 „Allein Gott in der Höh sei Ehr"
  Orgelbearbeitung des Chorals „Allein Gott in der Höh sei Ehr" (EG 179)

2,14 REGER, MAX: Stücke für Orgel Op. 59 „Orgelmesse" *Nr. 8 „Gloria in excelsis Deo"*

– RHEINBERGER, JOSEPH GABRIEL: Messe Es-Dur Op. 109. *Gloria*

– RHEINBERGER, JOSEPH GABRIEL: Messe Op. 190 F-Dur *Gloria*

– RHEINBERGER, JOSEPH GABRIEL: „Missa St. Trinitatis" Op. 117. *Gloria*

– RÖSLER, GREGOR: „Missa Solemnis" Op. 4 Nr. 3 G-Dur *Gloria*

– RORE, CIPRIANO DE: „Missa Praeter rerum seriem" *Gloria*

– ROSENMÜLLER, JOHANN: „Geistliches Konzert" *Gloria*

– ROSENMÜLLER, JOHANN: „Missa brevis". *Gloria*

– ROSSINI, GOACCHINO: „Messa di Gloria". *Gloria*

– ROSSINI, GOACCHINO: „Petite Messe Sollemnelle" *Gloria*

– ROTA, ANDREA: Missa „Resurrectio Christi". *Gloria*

– RUBBRA, EDMUND: „Missa in honorem Sancti Dominici" Op. 66. *Gloria*

– RUE, PIERRE de la: „Missa cum locundidate". *Gloria*

– RUE, PIERRE DE LA: Missa „l'homme armé". *Gloria*

– RYBA, JAN JAKUB: „Pastoralmesse". *Gloria*

– SAINT-SAËNS, CAMILLE: Messe Op. 4. *Gloria*

– SATIE, ERIC: „Messe des Pauvres". *Gloria*

– SCARLATTI, ALESSANDRO: „Missa di Sancta Cecilia" *Gloria*

– SCELSI, GIANCINTO: Canti Sacri (1958). *Gloria*

– SCHELLE, JOHANN: „Gloria in excelsis Deo"

– SCHNEBEL, DIETER: Dahlemer Messe für Soli, 2 Chöre, Orchester und Orgel. *Gloria*

– SCHNITZER, FRANZ XAVER: Messe C-Dur. *Gloria*

- Schönberg, Arnold: „Friede auf Erden“ Op. 13 für gemischten Chor
  Schönberg vertont ein Gedicht von C. F. Meyer, das auf das Bibelwort eingeht.
- Schröter, Leonhard: „Allein Gott in der Höh sei Ehr“
  Bearbeitung des Chorals „Allein Gott in der Höh sei Ehr“ (EG 179)
- Schubert, Franz: Deutsche Messe D. 87
  „Ehre sei Gott“
- Schubert, Franz: Messe Nr. 1 F-Dur D. 105. *Gloria*
- Schubert, Franz: Messe Nr. 2 G-Dur D. 167. *Gloria*
- Schubert, Franz: Messe Nr. 3 B-Dur D. 324. *Gloria*
- Schubert, Franz: Messe Nr. 4 C-Dur D. 452. *Gloria*
- Schubert, Franz: Messe Nr. 5 As-Dur D. 678. *Gloria*
- Schubert, Franz: Messe Nr. 6 Es-Dur D. 950. *Gloria*
- Schumann, Robert: Messe Op. 147. *Gloria*
- Schweinitz, Wolfgang von: Messe Op. 21. *Gloria*
- Senfl, Ludwig: „Missa per Signum Crucis“. *Gloria*
- Smyth, Ethel: Messe in D. *Gloria*
- Spohr, Louis: Messe Op. 54 c-Moll. *Gloria*
- Stevens, Bernard: Messe für Doppelchor. *Gloria*
- Stiegler, Karl: „St.-Hubertus-Messe“. *Gloria*
- Strawinsky, Igor: Messe für Chor und 10 Bläser
  Gloria
- Sweelinck, Jan Pieterszoon: Choralbearbeitung für Orgel „Allein Gott in der Höh sei Ehr“
  Bearbeitung des Chorals „Allein Gott in der Höh sei Ehr“ (EG 179)
- Tallis, Thomas: Messe zu 4 Stimmen. *Gloria*
- Taverner, John: Missa „Corona Spinea“. *Gloria*
- Taverner, John: Missa „Mater Christi“. *Gloria*
- Taverner, John: Missa „O Michael“. *Gloria*

2,14 TELEMANN, GEORG PHILIPP: Choräle Op. 34
Nr. 2 „Allein Gott in der Höh"
Bearbeitung des Chorals „Allein Gott in der Höh sei Ehr" (EG 179)

– TELEMANN, GEORG PHILIPP: „Missa Brevis" TV 9,14 D-Dur für Singstimmen und Basso Continuo. *Gloria*

– UNBEKANNTER MEISTER AUS SPANIEN: „Misa Flamenca" – Andalusische Messe. *Gloria*

– VALLS, FRANCISCO: „Missa Aretina" für Sopran, Kontratenor, Tenor, Chor und Instrumente. *Gloria*

– VAUGHAN WILLIAMS, RALPH: Messe g-Moll. *Gloria*

– VETTER, MICHAEL: „Oberton-Messe" („Missa Universales"). *Gloria*

– VICTORIA, TOMÁS LUIS DE: Missa „O quam gloriosum" *Gloria*

– VICTORIA, TOMÁS LUIS DE: Missa „O magnum mysterium". *Gloria*

– VICTORIA, TOMÁS LUIS DE: Missa „Ascendens Christum in Altum". *Gloria*

– VICTORIA, TOMÁS LUIS DE: Missa „Surge propera". *Gloria*

– VIERNE, LOUIS: „Messe Basse" für Orgel. *Gloria*

– VIERNE, LOUIS: „Messe Solemnelle" Op. 16 cis-Moll. *Gloria*

– VILLA-LOBOS, HEITOR: „Missa Sao Sebastiao". *Gloria*

– VIOLA, ANSELM: Missa „Alma redemptoris Mater" *Gloria*

– VIVALDI, ANTONIO: „Gloria" R 586

– VIVALDI, ANTONIO: „Gloria" R 588

– VIVALDI, ANTONIO: „Gloria" R 589

– VIVALDI, ANTONIO: Introduzione al Gloria R 637
Vertont wird ein lateinischer Traditions-Text „Cur sagittas". Vivaldi konzipierte das Stück als Einleitung zum Gloria.

– WALTHER, JOHANN GOTTFRIED: Choralvorspiel „Allein Gott in der Höh sei Ehr"

Bearbeitung des Chorals „Allein Gott in der Höh sei Ehr“ (EG 179)

- Walton, William Turner: Gloria (1961)
- Walton, William Turner: „Missa brevis“. *Gloria*
- Weber, Carl Maria von: Messe Nr. 1 Es-Dur „Missa Solemnis“. *Gloria*
- Weber, Carl Maria von: Messe Nr. 2 G-Dur „Jubelmesse“. *Gloria*
- Weelkes, Thomas: „Gloria in excelsis Deo“
- Widor, Charles-Marie: Messe Op. 36 fis-Moll *Gloria*
- Wuorinen, Charles: „Missa Brevis“. *Gloria*
- Zachow, Friedrich Wilhelm: Orgelchoral „Allein Gott in der Höh sei Ehr“
  Bearbeitung des Chorals „Allein Gott in der Höh sei Ehr“ (EG 179)
- Zajaczek, Roman: „Missa in Annuntiation B.M.V.“ *Gloria*
- Zelenka, Jan Dismas: „Missa Circumcisionis D.N. Jesu Christi“. *Gloria*
- Zelenka, Jan Dismas: „Missa Dei Filii Z 20“. *Gloria*
- Zelenka, Jan Dismas: „Missa Dei Patris ZWV 19“ *Gloria*
- Zelenka, Jan Dismas: Missa in D. *Gloria*
- Zelenka, Jan Dismas: „Missa Sanctissimae Trinitatis“ *Sanctus*
- Zelenka, Jan Dismas: „Missa Votiva“ für Soli, Chor und Orchester. *Gloria*
- Zenamon, Jaime Mirtenbaum: „Missa Brevis“ für Orgel. *Gloria*
- Gregorianik: Gloria-Gesänge (verschiedene Formen)
- Gregorianik: Messen. *Gloria-Teile*
- Die „Gloria“-Sätze aller mit „Messe“ oder „Missa“ bezeichneten Werke

2,15 Hindemith, Paul: Motette „Pastores loquebantur“ für Singstimme und Klavier
Aufführungsanlaß: Weihnachten

2,15–20 Bach, Johann Sebastian: Weihnachts-Oratorium BWV 248. *Kantate 3*
Aufführungsanlaß: Weihnachten (3. Feiertag)

2,21 Bach, Johann Sebastian: Weihnachts-Oratorium BWV 248. *Kantate 4*
Aufführungsanlaß: Weihnachten (Neujahrstag)

2,22–32 Bach, Johann Sebastian: Kantate BWV 83 „Erfreute Zeit im neuen Bunde“
Aufführungsanlaß: Ursprünglich: Mariae Reinigung (2. Februar), die Kantate ist eine Meditation des Evangeliums dieses Tages.

2,22–40 Biber, Heinrich Ignaz Franz: Rosenkranz-Sonaten für Violine und Basso Continuo
Nr. 4 „Die Darstellung im Tempel“
Aufführungsanlaß: Ursprünglich: Im Zusammenhang mit dem Rosenkranzgebet in der katholischen Kirche

2,29–31 Bach, Johann Sebastian: Kantate BWV 125 „Mit Fried und Freud ich fahr dahin“
Choralkantate über Luthers Verarbeitung des „Canticum Salomonis“ (EG 519). Aufführungsanlaß: Ursprünglich: Mariae Reinigung (2. Februar)

2,29–32 Ahle, Johann Rudolf: „Herr, nun läßt du deinen Diener“

– Angus, John: „The Song of Simeon“

– Blair, Hugh: Evening Service b-Moll. *„Nunc dimittis“*

– Brewer, Herbert: Evening Canticles in D *„Nunc dimittis“*

– Burgon, Geoffrey: „Nunc dimittis“

– Byrd, William: „Great Service“. *Nr. 7: „Nunc dimittis“*

– Holst, Gustav: Motette „Nunc dimittis“

– Howells, Herbert: Evening Canticles. *„Nunc dimittis“*

– Howells, Herbert: Gloucester Service. *„Nunc dimittis“*

– Howells, Herbert: Motette „Nunc dimittis“

- LEIGHTON, KENNETH: Motette „Nunc dimittis“
- MATTHIAS, WILLIAM: Jesus College Service Op. 53 *„Nunc dimittis“*
- MENDELSSOHN-BARTHOLDY, FELIX: Motetten Op. 69 *Nr. 1 „Herr, nun läßt du deinen Diener“*
- MUNDY, WILLIAM: „Nunc dimittis“
- PURCELL, HENRY: „'Magnificat' and 'Nunc dimittis'“ Z 231. *„Nunc dimittis“*
- PURCELL, HENRY: „Nunc dimittis“ in B
- RACHMANINOFF, SERGEJ: Wsenoschtschnaja / Vespermesse Op. 37. *Satz 5 „Nun lässest du deinen Diener“* Aufführungsanlaß: Ursprünglich: Stundengebet der Russisch-orthodoxen Kirche in der Nacht von Samstag auf Sonntag, vergleichbar der Vesper in der katholischen Kirche vor dem Ersten Vatikanischen Konzil.
- RUBBRA, EDMUND: „'Magnificat' and 'Nunc dimittis'“ Op. 65 As-Dur. *Nunc dimittis*
- SCHÜTZ, HEINRICH: „Herr, nun lässest du deinen Diener“ SWV 432
- SCHÜTZ, HEINRICH: Musikalische Exequien *Teil III: Canticum Simeonis.* Aufführungsanlaß: Trauerfeier
- STANFORD, CHARLES: Evening Canticles C-Dur *„Nunc dimittis“*
- TALLIS, THOMAS: Magnificat et nunc dimittis *„Nunc dimittis“*
- TALLIS, THOMAS: Motette „Nunc dimittis“
- TAVENER, JOHN: „Nunc dimittis“ (1986)
- TIPETT, MICHAEL: Evening Canticles. *„Nunc dimittis“*
- TOMKINS, THOMAS: The great Service. *„Nunc dimittis“*
- TSCHESNOKOW, PAVEL / RUSSISCH-ORTHODOXE LITURGIE: „Herr, nun lässest du deinen Diener“ Op. 44
- VOGT, HANS: Canticum Simeonis
- WALMISLEY, THOMAS ATTWOOD: Evening Service d-Moll. *„Nunc dimittis“*

– Walton, William Turner: „Nunc dimittis“

– Weelkes, Thomas: Evening Service. *„Nunc dimittis“*

– Wesley, Samuel: Evening Canticles E-Dur
„Nunc dimittis“

– Wood, Charles: Evening Canticles in F

2,32 Bach, Johann Sebastian: Kantate BWV 83
„Erfreute Zeit im neuen Bunde“. *Satz 4*
Vertont wird eine Choral-Nachdichtung M. Luthers (EG 519). Aufführungsanlaß: Ursprünglich: Mariae Reinigung (2. Februar)

2,34 Bach, Johann Sebastian: Kantate BWV 152
„Tritt auf die Glaubensbahn“. *Satz 3*
Der Text stammt aus dem Evangelium des Sonntags nach Weihnachten. Aufführungsanlaß: Ursprünglich: Sonntag nach Weihnachten

2,34–35 Schütz, Heinrich: Symphoniae Sacrae III
„Siehe, dieser wird gesetzt zu einem Fall“ SWV 410

2,41–52 Bach, Johann Sebastian: Kantate BWV 32
„Liebster Jesu, mein Verlangen“
Aufführungsanlaß: Ursprünglich: 1. Sonntag nach Epiphanias. Die Kantate ist eine Meditation über das Sonntagsevangelium

– Bach, Johann Sebastian: Kantate BWV 154
„Mein liebster Jesus ist verloren“
Aufführungsanlaß: Ursprünglich: Sonntag nach Epiphanias. Der Bibeltext ist das Sonntags-Evangelium.

– Bach, Johann Sebastian: Kantate BWV 155
„Mein Gott, wie lang, ach lange“
Aufführungsanlaß: Ursprünglich: 3. Sonntag nach Epiphanias. Es handelt sich um eine Meditation des Sonntagsevangeliums.

– Biber, Heinrich Ignaz Franz: Rosenkranz-Sonaten für Violine und Basso Continuo
Nr. 5 „Die Auffindung im Tempel“. Aufführungsanlaß: Ursprünglich: Im Zusammenhang mit dem Rosenkranzgebet in der katholischen Kirche

2,48–49 Schütz, Heinrich: Symphoniae Sacrae III
„Mein Sohn, warum hast du uns das getan“ SWV 401

3,4 Bach, Wilhelm Friedemann: Kantate „Es ist eine Stimme eines Predigers in der Wüste“

5,10 BACH, JOHANN SEBASTIAN: Kantate BWV 88
„Siehe, ich will viel Fischer aussenden". *Satz 4*
Bibeltext stammt aus dem traditionellen Sonntagsevangelium
Aufführungsanlaß: 5. Sonntag nach Trinitatis

5,12 BACH, JOHANN SEBASTIAN: Kantate BWV 156
„Ich steh mit einem Fuß im Grabe"
Besonders Sätze 4 und 6
Aufführungsanlaß: Ursprünglich: 3. Sonntag nach Epiphanias

5,17–26 STROHBACH, SIEGFRIED: Motette „Jesus heilt einen Gelähmten"

6,36–42 SCHÜTZ, HEINRICH: Symphoniae Sacrae III
„Seid barmherzig, wie euch euer Vater barmherzig ist"
SWV 409

7,11–17 BACH, JOHANN SEBASTIAN: Kantate BWV 161
„Komm, du süße Todesstunde"
Aufführungsanlaß: 16. Sonntag nach Trinitatis (Meditation über das Sonntagsevangelium)

– BACH, JOHANN SEBASTIAN: Kantate BWV 95
„Christus, der ist mein Leben"
Aufführungsanlaß: 16. Sonntag nach Trinitatis (Meditation über das Sonntagsevangelium, Zusammenhang besonders in Satz 6 erkennbar)

7,38 BERG, ALBAN: Oper „Wozzeck"
Dritter Akt, Erste Szene

8,4–15 BACH, JOHANN SEBASTIAN: Kantate BWV 18
„Gleichwie der Regen und Schnee vom Himmel fällt"
Meditation über das Sonntagsevangelium
Aufführungsanlaß: Ursprünglich: Sonntag Sexagesimae

– BACH, JOHANN SEBASTIAN: Kantate BWV 181
„Leichtgesinnte Flattergeister"
Meditation über das Sonntagsevangelium
Aufführungsanlaß: Ursprünglich: Sonntag Sexagesimae

8,5–8 SCHÜTZ, HEINRICH: Symphoniae Sacrae III
„Es ging ein Sämann aus zu säen seinen Samen" SWV 408

8,22ff. STROHBACH, SIEGFRIED: Motette „Jesus, der Retter im Seesturm"

10,23–37 BACH, JOHANN SEBASTIAN: Kantate BWV 164
„Ihr, die ihr euch von Christo nennet"

Aufführungsanlaß: 13. Sonntag nach Trinitatis – Meditation über das Evangelium

– BACH, JOHANN SEBASTIAN: Kantate BWV 164
„Ihr, die Ihr euch von Christo nennet“
Aufführungsanlaß: Ursprünglich: 13. Sonntag nach Trinitatis

10,27 BACH, JOHANN SEBASTIAN: Kantate BWV 77
„Du sollst Gott, deinen Herren, lieben“. *Satz 1*
Aufführungsanlaß: 13. Sonntag nach Trinitatis. Der Bibeltext stammt aus dem Sonntagsevangelium.

11,21f BRAHMS, JOHANNES: Fest- und Gedenksprüche Op. 109
Nr. 2 „Wenn ein starker Gewappneter“

14,3–6 HINDEMITH, PAUL: Motette „Dicebat Jesus Scribis et Pharisaeis“

14,11 BACH, JOHANN SEBASTIAN: Kantate BWV 47
„Wer sich selbst erhöhet, der soll erniedriget werden“
Aufführungsanlaß: 17. Sonntag nach Trinitatis (Text aus dem Sonntagsevangelium)

14,16–17 TALLIS, THOMAS: Motette „Homo quidam“

15,11–32 EBERLIN, JOHANN ERNST: Arie „Der verlorene Sohn“
Freie Nachdichtung des Bibeltextes

16,1–9 BACH, JOHANN SEBASTIAN: Kantate BWV 105
„Herr, gehe nicht ins Gericht“
Aufführungsanlaß: 9. Sonntag nach Trinitatis (Meditation über das Sonntagsevangelium)

16,2 BACH, JOHANN SEBASTIAN: Kantate BWV 168
„Tue Rechnung! Donnerwort“
Aufführungsanlaß: 9. Sonntag nach Trinitatis. Der Bibeltext stammt aus dem traditionellen Sonntags-Evangelium.

17,15–16 BACH, JOHANN SEBASTIAN: Kantate BWV 17
„Wer Dank opfert, der preiset mich“. *Satz 4*
Aufführungsanlaß: 14. Sonntag nach Trinitatis. Text stammt aus dem Sonntagsevangelium.

18,9–14 BACH, JOHANN SEBASTIAN: Kantate BWV 113
„Herr Jesu Christ, du höchstes Gut“
Choralkantate über EG 219 „Herr Jesu Christ, du höchstes Gut“, in der der Liedtext als Predigt über das Sonntagsevangelium umgedeutet wird. Aufführungsanlaß: 11. Sonntag nach Trinitatis

– BACH, JOHANN SEBASTIAN: Kantate BWV 179
„Siehe zu, daß deine Gottesfurcht nicht Heuchelei sei"
Meditation über das Sonntagsevangelium
Aufführungsanlaß: Ursprünglich: 11. Sonntag nach Trinitatis

18,13 BACH, JOHANN Sebastian: Kantate BWV 199
„Mein Herze schwimmt im Blut". *Satz 3*
Aufführungsanlaß: Ursprünglich: 11. Sonntag nach Trinitatis

18,31 BACH, JOHANN SEBASTIAN: Kantate BWV 159
„Sehet, wir gehn hinauf gen Jerusalem". *Satz 1*
Aufführungsanlaß: Ursprünglich: Sonntag Estomihi
(Sonntag vor der Passionszeit)

18,31 und 34 BACH, JOHANN SEBASTIAN: Kantate BWV 22
„Jesus nahm zu sich die Zwölfe". *Eingangschor*
Aufführungsanlaß: Ursprünglich: Sonntag Estomihi
(Sonntag vor der Passionszeit)

18,31–43 BACH, JOHANN SEBASTIAN: Kantate BWV 23
„Du wahrer Gott und Davids Sohn"
Aufführungsanlaß: Ursprünglich: Sonntag Estomihi
Meditation über das Sonntagsevangelium

18,35–43 MAUERSBERGER, ERHARD: Motette „Die Heilung des Blinden von Jericho"

19 KODÁLY, ZOLTAN: Motette für 4–6stimmigen Chor
„Jesus und die Krämer"
Nachdichtung des Textes . Aufführungsanlaß: Passion

19,41–48 BACH, JOHANN SEBASTIAN: Kantate BWV 43
„Schauet doch und sehet, ob irgend ein Schmerz sei"
Aufführungsanlaß: Ursprünglich: 10. Sonntag nach Trinitatis.
Die Kantate ist eine Meditation über das Sonntagsevangelium.

21,29–31 SCHÜTZ, HEINRICH: Geistliche Chormusik (1648)
Satz 26 SWS 394

21,33 SCHÜTZ, HEINRICH: Kleine geistliche Konzerte
SWV 282–337. *SWV 300 „Himmel und Erde vergehen"*

21,34–36 SCHÜTZ, HEINRICH: Symphoniae Sacrae III
„Hütet euch, dass eure Herzen nicht beschweret werden"
SWV 413

22 CHARPENTIER, MARC ANTOINE: Le Reniement de St. Pierre

Freie Nachdichtung der Erzählungen
Aufführungsanlaß: Passion

– DYLAN, BOB: Album „Saved"
Lied „In the Garden"
Betrachtendes Lied über die Szene im Garten Gethsemane

– WAGNER, RICHARD: „Das Liebesmahl der Apostel" – eine biblische Szene
Auch Wagners Oper „Parsifal" beschäftigt sich mit der Abendmahls-Thematik, ohne direkt auf biblische Stellen einzugehen. Die vorliegende Kantate ist eine Nachdichtung und Meditation der biblischen Vorlagen.

22,24–38 SCHÜTZ, HEINRICH: Motette für 4 Chöre „Es erhub sich ein Streit" SWV ANH. 11
Aufführungsanlaß: Passionszeit

22,24ff. WECKMANN, MATTHIAS: Kantate „Es erhub sich ein Streit"

22–23 BACH, CARL PHILIPP EMANUEL: Oratorium „Die letzten Leiden des Erlösers"
Nachdichtung der Passionsgeschichte
Aufführungsanlaß: Passion

– BACH, JOHANN ERNST: Passions-Oratorium
Nachdichtung der Passionsgeschichte
Aufführungsanlaß: Passionszeit

– BACH, JOHANN SEBASTIAN: Lukas-Passion
Echtheit angezweifelt
Aufführungsanlaß: Passion

– BEETHOVEN, LUDWIG VAN: Oratorium „Christus am Ölberge"
Dichterisch frei gestaltetes Passionsoratorium
Aufführungsanlaß: Passion

– BLARR, OSKAR GOTTLIEB: Jesus-Passion – drei oratorische Szenen
Nachdichtung der Passionsgeschichte
Aufführungsanlaß: Passion

– DISTLER, HUGO: Choralpassion in 7 Teilen
Das Werk verarbeitet Ausschnitte aus den Passionsberichten der vier Evangelisten. Aufführungsanlaß: Passion

- DUPRÉ, MARCEL: „Der Kreuzweg“ für Orgel Op. 29
  Instrumentale Meditationen über die Passionsgeschichte
  Aufführungsanlaß: Passion
- ELSNER, JÒSEF: Passio Domini nostri Jesu Christi d-Moll Op. 65 für Soli, Chor und Orchester
  Freie Nachdichtung der Passionserzählungen der Evangelien
- FRIEBERGER, RUPERT GOTTFRIED: Kammeroratorium „Mysterium Crucis“
  Nachdichtung und Meditation der Passionsgeschichte
  Aufführungsanlaß: Passion
- GESUALDO, CARLO FÜRST VON VENOSA: Responsorien der Karwoche
  Die Responsorien bilden eine Nachdichtung der Passionsgeschichte
- GRAUN, CARL HEINRICH: „Der Tod Jesu“ – Passionskantate für Soli, Chor und Orchester
  Freie Nachdichtung der Passionsgeschichte
  Aufführungsanlaß: Passion
- HÄNDEL, GEORG FRIEDRICH: „La Passione“ (Brockes-Passion)
  Anmerkungen. Freie Nachdichtung der Passionsberichte, geschrieben von dem Hamburger Theologen Brockes
  Aufführungsanlaß: Passion
- HAYE, LEO DE LA: Passion Op. 58 für Orgel
  Instrumentale Meditation für Orgel
  Aufführungsanlaß: Passion
- KROPFREITER, AUGUSTINUS FRANZ: „Altdorfer-Passion“ – Kammeroratorium
  Freie Nachdichtung. Aufführungsanlaß: Passion
- LISZT, FRANZ: „Via Crucis“ („Die 14 Kreuzweg-Stationen“)
  Dichterisch freie Gestaltung der Passionsgeschichte
  Aufführungsanlaß: Passion
- LOEWE, CARL: Passions-Oratorium „Das Sühnopfer des Neuen Bundes“
  Nachdichtung der biblischen Passionsgeschichten
  Aufführungsanlaß: Passion

22–23 MAGGINI, ERMANO: Orgeltriptychon
Orgel-Meditationen zur Passionsgeschichte
Aufführungsanlaß: Passion

– MALEINGREAU, PAUL DE: „Symphonie de la Passion" Op. 20
Instrumentale Meditationsmusik zur Passionsgeschichte
Aufführungsanlaß: Passion

– MARTIN, FRANK: Kantate „Pilatus"
Freie Nachdichtung. Aufführungsanlaß: Passion

– MARTIN, FRANK: Passions-Oratorium „Golgatha"
Nachdichtung der Passionsgeschichte
Aufführungsanlaß: Passion

– MAUERSBERGER, RUDOLF: Lukas-Passion für 2 gemischte Chöre a cappella
Aufführungsanlaß: Passion

– MENDELSSOHN-BARTHOLDY, FELIX: Oratorium „Christus" (Fragment)
Zweiter Teil „Leiden Christi". Dichterisch freie Gestaltung

– PAISIELLO, GIOVANNI: Oratorium „La Passione di Gesù Cristo"
Nachdichtung der Passionsgeschichte
Aufführungsanlaß: Passion

– PENDERECKI, KRZYSTOF: Lukas-Passion (Passio de mors domini nostri Jesu Christi secundam Lucam)
Aufführungsanlaß: Passion

– PERTI, GIACOMO ANTONIO: Passionsoratorium „Gesú al Sepolcro"
Nachdichtung der Passionsgeschichte in italienischer Sprache
Aufführungsanlaß: Passion

– POULENC, FRANCIS: Motetten zur Karwoche
Die Motetten beruhen auf Responsorientexten, die auch Gesualdo vertonte. Aufführungsanlaß: Passion

– REGER, MAX: Stücke für Orgel Op. 145b
Nr. 4: „Passion". Instrumentale Meditation über die Passion

– ROSSI, LUIGI: Oratorium für die Karwoche
Nachdichtung der Passionsgeschichte

– SCHMETTERER, LEOPOLD: Passionsmusiken für Streichquartett
Instrumentale Meditationen zur Passionsgeschichte
Aufführungsanlaß: Passion

– SPOHR, LOUIS: Oratorium „Des Heilands letzte Stunden"
Nachdichtung der Passionsgeschichte
Aufführungsanlaß: Passion

– TELEMANN, GEORG PHILIPP: Oratorium „Das selige Erwägen des bittern Leidens und Sterbens Jesu Christi"
Dichterisch freie Gestaltung der gesamten Passionsgeschichte
Aufführungsanlaß: Passion

– TELEMANN, GEORG PHILIPP: Passions-Oratorium „Der Tod Jesu"
Nachdichtung der Passions-Geschichte
Aufführungsanlaß: Passion

– WEBBER, ANDREW LLOYD: Rock-Oper „Jesus Christ Superstar"
Freie Nachdichtung der Passionsgeschichte. In der Schluß-Szene werden auch die sieben letzten Worte Christi zitiert.

– GREGORIANIK: DIE Leidensgeschichte nach den 4 Evangelisten
Aufführungsanlaß: Passion

22–24 BIBER, HEINRICH IGNAZ FRANZ: Rosenkranz-Sonaten für Violine und Basso Continuo
Nr. 6 „Der Blutschweiß" bis Nr. 11 „Die Auferstehung"
Aufführungsanlaß: Ursprünglich: Im Zusammenhang mit dem Rosenkranzgebet in der katholischen Kirche

– DEDLER, ROCHUS: Oberammergauer Passionsmusik
Aufführungsanlaß: Musik zum Oberammergauer Passionsspiel, dessen Text auf einer Nachdichtung der Passions- und Ostergeschichte basiert

– DUPRÉ, MARCEL: Sinfonie für Orgel Nr. 1 Op. 23 „Passion"
Instrumentale Orgel-Meditationen
Aufführungsanlaß: Passions- und Osterzeit

– GARISSINI, GIACOMO: Oratorium „Ss. Vergine"
Freie Nachdichtung. Das Leben der Maria wird geschildert.

– HINDEMITH, PAUL: „Das Marienleben“ für Sopran und Klavier
Hindemith vertont eine freie Nachdichtung von R M. Rilke

– MAGGINI, ERMANO: Orgeltriptychon
Orgelmeditationen zur Passion
Aufführungsanlaß: Passion

– MALLING, OTTO: „Der Tod und die Auferstehung Jesu Christi“ – drei Tongemälde für Orgel Op. 54
Instrumentale Meditationen
Aufführungsanlaß: Passion und Ostern

– BYZANTINISCHE KIRCHE: Liturgie zu Karwoche und Auferstehung
Ostkirchliche meditierende Liturgie über das Passions- und Ostergeschehen

23 CHARPENTIER, MARC ANTOINE DE: Méditations pour la Carème
Nr. 7 „Tenebrae factae sunt“ H 386
Passions-Responsorium, das auf einer Nachdichtung der Kreuzigungsszene basiert. Aufführungsanlaß: Passion

– HAYDN, MICHAEL: Motette „Tenebrae factae sunt“
M. Haydn vertont ein Karwochen-Responsorium, das auf einer Nachdichtung der Kreuzigungsszene beruht.

– INGEGNERI, MARCO ANTONIO: „Tenebrae factae sunt“
Karwochen-Responsorium, das auf einer Nachdichtung der Kreuzigungs-Szene beruht.

– PENDERECKI, KRZYSTOF: „Die Grablegung Christi“ für Soli, Chor und Orchester
Aufführungsanlaß: Passion

– GREGORIANIK: Gesang „Tenebrae factae sunt“
Passions-Responsorium, das auf einer Nachdichtung der Kreuzigungsszene beruht. Aufführungsanlaß: Passionszeit, vorzugsweise Karfreitag

23,34 DUBOIS, FRANCOIS C. THEODORE: Oratorium „Les sept parols du Christ“
Aufführungsanlaß: Passion

– FRANCK, CÉSAR: „Die sieben Worte Christi am Kreuz“ für Soli, Chor und Orchester
Aufführungsanlaß: Passion

- GUBAIDULINA, SOFIA: „Sieben Worte“ für Violoncello, Bajan und Streicher
  Meditationen über die sieben Worte Jesu am Kreuz

- HAYDN, JOSEPH: „Die sieben letzten Worte des Erlösers am Kreuze“
  Satz „Pater, dimitte illis; non enim sciunt, quid faciunt“
  Das Werk gibt es als Oratorium und als Streichquartett.
  Aufführungsanlaß: Passion

- MARTIN, FRANK: Oratorium „In terra pax“
  Dritter Teil / Nr. 9

- SCHÜTZ, HEINRICH: „Die sieben Worte Jesu Christi am Kreuz“
  Aufführungsanlaß: Passion

- TOURNEMIRE, CHARLES: Sept Choral-Poèmes Op. 67 für Orgel
  Orgel-Meditationen über die letzten Worte Jesu Christi am Kreuz. Aufführungsanlaß: Passion

23,43 BACH, JOHANN CHRISTOPH: Motette „Fürchte dich nicht“

- BACH, JOHANN SEBASTIAN: Kantate BWV 106 „Actus Tragicus“. *Satz 3.* Aufführungsanlaß: Trauerfeier

- DUBOIS, FRANCOIS C. THEODORE: Oratorium „Les sept parols du Christ“
  Aufführungsanlaß: Passion

- FRANCK, CÉSAR: „Die sieben Worte Christi am Kreuz“ für Soli, Chor und Orchester
  Aufführungsanlaß: Passion

- GUBAIDULINA, SOFIA: Sieben Worte für Violoncello, Bajan und Streicher
  Meditationen über die Sieben Worte Jesu am Kreuz

- HAYDN, JOSEPH: Die sieben letzten Worte des Erlösers am Kreuze
  Satz „Amen, dico tibi: Hodie mecum eris in Paradiso“
  Das Werk gibt es als Oratorium und als Streichquartett.
  Aufführungsanlaß: Passion

– SCHÜTZ, HEINRICH: Die sieben Worte Jesu Christi am Kreuz
Aufführungsanlaß: Passion

– TOURNEMIRE, CHARLES: Sept Choral-Poèmes Op. 67 für Orgel
Orgel-Meditationen über die letzten Worte Jesu Christi am Kreuz. Aufführungsanlaß: Passion

23,46 DUBOIS, FRANCOIS C. THEODORE: Oratorium „Les sept parols du Christ"
Aufführungsanlaß: Passion

– FRANCK, CÉSAR: „Die sieben Worte Christi am Kreuz" für Soli, Chor und Orchester
Aufführungsanlaß: Passion

– GUBAIDULINA, SOFIA: Sieben Worte für Violoncello, Bajan und Streicher
Meditationen über die Sieben Worte Jesu am Kreuz

– HAYDN, JOSEPH: Die sieben letzten Worte des Erlösers am Kreuze
Satz „Amen dico tibi: hodie mecum eris in Paradiso"
Das Werk gibt es als Oratorium und als Streichquartett.
Aufführungsanlaß: Passion

– SCHÜTZ, HEINRICH: Die sieben Worte Jesu Christi am Kreuz
Aufführungsanlaß: Passion

– SHEPPARD, JOHN: In manus tuas I-III

– TALLIS, THOMAS: Motette „In manus tuas"
Der Text stammt aus Psalm 31,6. Lukas verwendet ihn als letztes Wort Jesu am Kreuz.

– TOURNEMIRE, CHARLES: Sept Choral-Poèmes Op. 67 für Orgel
Es handelt sich um Orgel-Meditationen über die letzten Worte Jesu Christi am Kreuz. Aufführungsanlaß: Passion

24 BACH, CARL PHILIPP EMANUEL: Oratorium „Die Auferstehung und Himmelfahrt Jesu"
Dichterisch freie Gestaltung der Oster- und Himmelfahrtsgeschichte. Aufführungsanlaß: Ostern oder Christi Himmelfahrt

- Bach, Carl Philipp Emanuel: Osterkantate „Gott hat den Herrn auferwecket“ Wq 244
  Nachdichtung der Ostergeschichte
  Aufführungsanlaß: Ostern

- Bach, Johann Sebastian: Osteroratorium
  Dichterisch freie Gestaltung der Ostergeschichte
  Aufführungsanlaß: Ostern

- Bach, Johann Sebastian: Kantate BWV 31 „Der Himmel lacht, die Erde jubiliert“
  Freie Meditation über die Osterbotschaft
  Aufführungsanlaß: Ostern (Ursprünglich: 1. Ostertag)

- Händel, Georg Friedrich: La Resurrezione
  Dichterisch freie Gestaltung der Ostergeschichte in italienischer Sprache. Aufführungsanlaß: Ostern

- Knecht, Justin Heinrich: „Die Auferstehung Jesu“ – Tongemälde für Orgel
  Aufführungsanlaß: Ostern

- Mouravieff, Leon: Oster-Triptychon für Violoncello und Kammerorchester
  Instrumentale Meditation über die Ostergeschichte
  Aufführungsanlaß: Ostern

- Penderecki, Krzystof: „Die Auferstehung Christi“ für Soli, Chor und Orchester
  Aufführungsanlaß: Ostern

- Reger, Max: Stücke für Orgel Op. 145b
  Nr. 5 „Ostern“. Orgel-Meditation. Aufführungsanlaß: Ostern

- Rimsky-Korsakow, Nikolai: Ouvertüre „Russische Ostern“ für Orchester Op. 36
  Instrumentale Meditation über das Ostergeschehen und die russische Oster-Liturgie

- Saxton, Robert: Music to celebrate the resurrection of Christ
  Aufführungsanlaß: Ostern

- Schütz, Heinrich: „Historia der Auferstehung Jesu Christi“
  Das Werk enthält Auszüge aus den Auferstehungs-Kapiteln der vier Evangelisten. Aufführungsanlaß: Ostern

– Zumbroich, Eberhard Maria: Elmar-Läuten zur Osterprozession
Meditierender Glockenklang zum Ostergeschehen
Aufführungsanlaß: Osterprozession der Byzantinischen Kirche

– Zumbroich, Eberhard Maria: Läuten zum Osterevangelium
Meditierender Glockenklang zum Ostergeschehen
Aufführungsanlaß: Osterprozession der Byzantinischen Kirche

– Gregorianik: Antiphonen zu den Evangelien der Auferstehung
Aufführungsanlaß: Ostern

24,13–35 Billings, William: Emmaus

– Pfiffner, Ernst: „Emmaus“ für Cembalo
Instrumentale Meditation für Cembalo

24,29 Bach, Johann Heinrich: Kantate „Ach bleib bei uns, Herr Jesu Christ“

– Bach, Johann Michael: Kantate „Ach bleib bei uns, Herr Jesu Christ“

– Bach, Johann Sebastian: Kantate BWV 6 „Bleib bei uns, Herr, denn es will Abend werden“
Satz 1. Aufführungsanlaß: Ostern (Ursprünglich: 2. Ostertag)

– Bach, Johann Sebastian: Choräle BWV 250–438
BWV 253 „Ach bleib bei uns, Herr Jesu Christ“
Bearbeitung des Chorals „Ach bleib bei uns, Herr Jesu Christ“ (EG 246)

– Bach, Johann Sebastian: Choral zu 4 Singstimmen „Ach bleib bei uns, Herr Jesu Christ“

– Rheinberger, Joseph Gabriel: Geistliche Chöre Op. 69. *Nr. 3 „Abendlied“ / „Bleib bei uns, Herr“*
Aufführungsanlaß: Abends

– Scheidt, Samuel: Motette „Bleib bei uns, Herr“

24,34 Billings, William: Oster-Hymne „He is ris'n indeed“
Aufführungsanlaß: Ostern

24,50–51 Bach, Johann Sebastian: Kantate BWV 11 „Lobet Gott in seinen Reichen“ (Himmelfahrtsoratorium)
Satz 2. Aufführungsanlaß: Christi Himmelfahrt

24,52 BACH, JOHANN SEBASTIAN: Kantate BWV 11 „Lobet Gott in seinen Reichen" (Himmelfahrtsoratorium)
Satz 7. Aufführungsanlaß: Christi Himmelfahrt

Johannes

Allgemein

DRÄSEKE, FELIX: Christus – Mysterium in einem Vorspiel und drei Oratorien

– FUX, JOHANN JOSEPH: Oratorium „Johannes der Täufer"
Es handelt sich um eine szenische Nachdichtung der Johannes-Geschichten der vier Evangelien.

– KRAFT, WALTER: Oratorium „Christus" – Oratorium nach Worten der Evangelien
Das Werk verarbeitet Aussagen der vier Evangelien

– NITSCH, JOHANNES: Begegnungen im Johannes-Evangelium
Nachdichtungen von insgesamt 14 Episoden aus dem Johannes-Evangelium für eine CD-Produktion

– RESPIGHI, OTTORINO: Christus – Biblische Kantate in zwei Teilen
Nachdichtung nach den Evangelien

– TELEMANN, GEORG PHILIPP: Kantate in 2 Teilen „Messias"
Der Text ist eine Nachdichtung der Evangelienberichte von Klopstock.

1 MESSIAEN, OLIVIER: „La Nativité du seigneur" – 9 Meditationen für Orgel
Orgelmeditationen über die Weihnachts-Ereignisse
Aufführungsanlaß: Weihnachten

– SCHNEIDER, NORBERT JÜRGEN: „In Principio erat Verbum" – Motette für Stimmen und Instrumente

– STRADELLA, ALESSANDRO: Szenisches Oratorium „San Giovanni Battista"
Dichterisch freies Oratorium über Johannes den Täufer

1,1–14 Hassler, Hans Leo: „Verbum caro factum est“ – Weihnachtsmotette für Orgel

1,14 Bach, Johann Sebastian: Kantate BWV 40 „Dazu ist erschienen der Sohn Gottes“ . *Satz 2*
Aufführungsanlaß: Weihnachten (2. Feiertag)

– Gibbons, Orlando: Verse Anthem „See, the word is incarnate“

– Hassler, Hans Leo: Weihnachtsmotette „Verbum caro factum est“ für Orgel
Aufführungsanlaß: Weihnachtszeit

– Schütz, Heinrich: Geistliche Chormusik (1648)
Satz 17 SWV 385 Das Wort ward Fleisch

– Schütz, Heinrich: Kleine geistliche Konzerte SWV 282–337
„Verbum caro factum est“ SWV 314

– Sheppard, John: Motette „Verbum caro“

1,23 Schütz, Heinrich: Geistliche Chormusik (1648)
Satz 15 SWV 383 Ich bin eine rufende Stimme

1,26–27 Schütz, Heinrich: Geistliche Chormusik (1648)
Satz 15 SWV 383 Ich bin eine rufende Stimme

1,29 Casanovas, Marciso: Motette „Ecce Agnus Dei“

– Händel, Georg Friedrich: Oratorium „Der Messias“
Teil II, Satz „Behold the Lamb of God“ / „Seht an das Gotteslamm“

– Hindemith, Paul: Motette „Vidit Johannes Jesum“
Aufführungsanlaß: Weihnachten

– Mit „Messe“ oder Missa“ bezeichnete Werke
„Agnus Dei“-Sätze
Die mit „Messe“ oder „Missa“ oder „Requiem“ bezeichneten Werke, die das „Sanctus“ (siehe Jesaja 6,3) vertonen, enthalten auch einen „Agnus Dei“-Satz. Er bezieht sich auf Johannes 1,29.

1,29b Schütz, Heinrich: Musikalische Exequien
Teil I: Concert in Form einer teutschen Begräbnis-Missa
Aufführungsanlaß: Trauerfeier

1,34 GABRIELI, GIOVANNI: Motette zu 18 Stimmen
„Hic est filius Dei"

2 HEIZMANN, HELLA: „Die Hochzeit zu Kana"
Kinder-Musical, produziert für die Schallplatte. Freie Nachdichtung des biblischen Stoffes

– KODÁLY, ZOLTAN: Motette für 4–6stimmigen Chor
„Jesus und die Krämer"
Nachdichtung des Stoffes

– GREGORIANIK: „Die Hochzeit zu Kana"

2,1–11 BACH, JOHANN SEBASTIAN: Kantate BWV 155
„Mein Gott, wie lang, ach lange"
Aufführungsanlaß: Ursprünglich: 2. Sonntag nach Trinitatis. Die Kantate ist eine Meditation über das Sonntagsevangelium

2,4 BACH, JOHANN SEBASTIAN: Kantate BWV 13:
„Meine Seufzer, meine Tränen"
Aufführungsanlaß: Ursprünglich: 2. Sonntag nach Epiphanias

3 BACH, JOHANN SEBASTIAN: Kantate BWV 176
„Es ist ein trotzig und verzagt Ding"
Der Kantatentext paraphrasiert die Geschichte von Jesus und Nikodemus. Aufführungsanlaß: Ursprünglich: Sonntag Trinitatis

– PEPPING, ERNST: Motette „Jesus und Nicodemus"
für vier- bis achtstimmigen Chor

3,1 BACH, JOHANN SEBASTIAN: Kantate BWV 64
„Sehet, welch eine Liebe hat uns der Vater erzeiget"
Satz 1. Aufführungsanlaß: Weihnachten (Ursprünglich: 3. Weihnachtstag)

– HOMILIUS, GOTTFRIED AUGUST: Motette
„Seht, welch eine Liebe"

3,1–16 BACH, JOHANN SEBASTIAN: Kantate BWV 165
„O heiliges Geist- und Wasserbad"
Aufführungsanlaß: Sonntag Trinitatis. Es handelt sich um eine Meditation über das traditionelle Evangelium.

– BACH, JOHANN SEBASTIAN: Kantate BWV 176
„Es ist ein trotzig und verzagt Ding"
Die Kantate ist eine Meditation über den Text. Satz 4 greift besonders Vers 16 heraus.
Aufführungsanlaß: Ursprünglich: Sonntag Trinitatis

3,14 SCHÜTZ, HEINRICH: Canciones Sacrae „Sicut Moses serpentem in deserto“ SWV 68

3,16 BACH, JOHANN SEBASTIAN: Kantate BWV 68 „Also hat Gott die Welt geliebt“. *Satz 1*
Anmerkung: Bach verarbeitet eine Choral-Nachdichtung des Textes von Salomo Liscow
Aufführungsanlaß: Zweiter Pfingsttag

– ROSENMÜLLER, JOHANN: Kantate „Also hat Gott die Welt geliebet“

– SCHÜTZ, HEINRICH: Geistliche Chormusik (1648)
Satz 12 SWV 380 Also hat Gott die Welt geliebt

– SCHÜTZ, HEINRICH: Musikalische Exequien
Teil I: Concert in Form einer teutschen Begräbnis-Missa
Aufführungsanlaß: Trauerfeier

3,16–21 BACH, JOHANN SEBASTIAN: Kantate BWV 174 „Ich liebe den Höchsten von ganzem Gemüte“
Der Kantatentext ist eine freie Meditation über den Bibeltext.
Aufführungsanlaß: Ursprünglich: 2. Pfingsttag

4,29 MONTEVERDI, CLAUDIO: Motette „Venite, videte“

6,35 CASANOVAS, MARCISCO: Motette „Ego sum panis“

8,1–11 BERG, ALBAN: Oper „Wozzeck“
Dritter Akt, Erste Szene
Hier wird im Opern-Zusammenhang kurz der Inhalt des Bibeltextes angesprochen. Die Verse 3 und 11 werden zitiert.

8,7 MAFFAY, PETER: Album „Ich will leben“
Lied „Wer wirft den ersten Stein“
Meditation über den Bibelvers

10,1–11 BACH, JOHANN SEBASTIAN: Kantate BWV 184 „Erwünschtes Freudenlicht“
Aufführungsanlaß: 3. Pfingsttag. Es handelt sich um eine Meditation über das traditionelle Evangelium dieses Tages.

10,3 BACH, JOHANN SEBASTIAN: Kantate BWV 175 „Er rufet seinen Schafen“. *Satz 1*
Aufführungsanlaß: Pfingstzeit (ursprünglich: 3. Pfingsttag)

10,11 BACH, JOHANN SEBASTIAN: Kantate BWV 85 „Ich bin ein guter Hirt“. *Satz 1 – Arie*

– MONTEVERDI, CLAUDIO: „Sacrae Cantiunculae“
Nr. 3 „Ego sum pastor bonus“

10,11–14 GREGORIANIK: „Ego sum Pastor/Ego sum Vitis“

10,11ff. SZAMOTUL, WACLAV: Motette „Ego sum pastor bonus“

10,12 BACH, JOHANN SEBASTIAN: Kantate BWV 85 „Ich bin ein guter Hirt“
Aufführungsanlaß: Ursprünglich: Sonntag Misericordias Domini. Der Text stammt aus dem traditionellen Sonntags-Evangelium.

11 GARISSINI, GIACOMO: Oratorium „Ss. Vergine“
Freie Nachdichtung. Das Leben der Maria wird geschildert.

– SCHUBERT, FRANZ: „Lazarus“ D. 689
Dichterisch freie Gestaltung des Bibeltextes

11,25 MAUERSBERGER, RUDOLF: Dresdner Requiem *„Vergänglichkeit, Tod, Dies Irae“*
Aufführungsanlaß: Das Werk wurde 1947/1951 zum Gedenken der Zerstörung Dresdens 1945 komponiert.

– SCHÜTZ, HEINRICH: Kleine geistliche Konzerte SWV 282–337. *„Ich bin die Auferstehung und das Leben“*

11,25–26 BACH, JOHANN: Motette „Unser Leben ist ein Schatten“

– SCHÜTZ, HEINRICH: Kleine geistliche Konzerte SWV 282–337
SWV 324 „Ich bin die Auferstehung und das Leben“

– STROHBACH, SIEGFRIED: Motette „Ich bin die Auferstehung und das Leben“

12,28 MUNDY, WILLIAM: Motette „Vox Patris Caelestis“

13 CHARPENTIER, MARC ANTOINE: Le Reniement de St. Pierre
Freie Nachdichtung. Aufführungsanlaß: Passion

13,14 DECKNER, FRIEDRICH: Kantate „Ein neu Gebot“ für Bariton und Klavier

13,34f. TALLIS, THOMAS: Anthem „A new commandment“

14,23 BACH, JOHANN SEBASTIAN: Kantate BWV 59 „Wer mich liebet, der wird mein Wort halten“. *Satz 1*
Bach übernahm den Satz später in die Kantate BWV 74
Aufführungsanlaß: Pfingsten (ursprünglich: 1. Pfingsttag)

– BACH, JOHANN SEBASTIAN: Kantate BWV 74 „Wer mich liebet, der wird mein Wort halten". *Satz 1*
Aufführungsanlaß: Pfingsten (Ursprünglich: 1. Pfingsttag)

– BACH, JOHANN SEBASTIAN: Kantate BWV 172 „Erschallet, Ihr Lieder". *Satz 2*
Aufführungsanlaß: Pfingsten (ursprünglich: 1. Pfingsttag"

14,27 MAUERSBERGER, RUDOLF: Dresdner Requie
„Vergänglichkeit, Tod, Dies Irae"
Aufführungsanlaß: Das Werk wurde 1947/1951 zum Gedenken der Zerstörung Dresdens 1945 komponiert.

14,28 BACH, JOHANN SEBASTIAN: Kantate BWV 74 „Wer mich liebet, der wird mein Wort halten". *Satz 4*
Aufführungsanlaß: Pfingsten (Ursprünglich: 1. Pfingsttag)

15,1–4 SCHÜTZ, HEINRICH: Geistliche Chormusik (1648)
Satz 21 SWV 389 „Ich bin ein rechter Weinstock"

15,1–5 GREGORIANIK: Gesang „Ego sum Pastor/Ego sum Vitis"

16,2 BACH, JOHANN SEBASTIAN: Kantate BWV 44 „Sie werden euch in den Bann tun". *Sätze 1–2*
Aufführungsanlaß: Sonntag Exaudi

– BACH, JOHANN SEBASTIAN: Kantate 183 „Sie werden euch in den Bann tun"
Eingangschor „Sie werden euch in den Bann tun"
Aufführungsanlaß: Christi Himmelfahrt

16,5 BACH, JOHANN SEBASTIAN: Kantate BWV 166 „Wo gehest du hin". *Satz 1*
Aufführungsanlaß: Ursprünglich: Sonntag Cantate

16,5–15 BACH, JOHANN SEBASTIAN: Kantate BWV 166 „Wo gehest du hin"
Aufführungsanlaß: Ursprünglich: Sonntag Kantate. Bibeltext ist Sonntags-Evangelium.

16,7 BACH, JOHANN SEBASTIAN: Kantate BWV 108 „Es ist euch gut, daß ich euch hingehe". *Satz 1*
Aufführungsanlaß: Ursprünglich: Sonntag Cantate. Der Text stammt aus dem traditionellen Sonntagsevangelium.

16,13 BACH, JOHANN SEBASTIAN: Kantate BWV 108 „Es ist euch gut, daß ich euch hingehe". *Satz 4*

Aufführungsanlaß: Ursprünglich: Sonntag Cantate. Der Text stammt aus dem traditionellen Sonntagsevangelium.

16,16–23 BACH, JOHANN SEBASTIAN: Kantate BWV 146 „Wir müssen durch viel Trübsal"
Aufführungsanlaß: Ursprünglich: Sonntag Jubilate. Der Text des traditionellen Sonntagsevangeliums wird paraphrasiert.

16,20 BACH, JOHANN SEBASTIAN: Kantate BWV 103 „Ihr werdet weinen und heulen"
Eingangschor „Ihr werdet weinen und heulen"
Aufführungsanlaß: Ursprünglich: Sonntag Jubilate

16,22 BRAHMS, JOHANNES: Ein Deutsches Requiem
Satz 5. Aufführungsanlaß: Trauerfeier

16,23 BACH, JOHANN SEBASTIAN: Kantate BWV 86 „Wahrlich, wahrlich, ich sage euch". *Satz 1*
Aufführungsanlaß: Ursprünglich: Sonntag Rogate. Der Text des Eingangssatzes stammt aus dem traditionellen Sonntags-Evangelium.

16,24 BACH, JOHANN SEBASTIAN: Kantate BWV 87 „Bisher habt ihr mich gebeten in meinem Namen". *Satz 1*
Aufführungsanlaß: Ursprünglich: Sonntag Rogate. Der Text des Eingangssatzes stammt aus dem traditionellen Sonntags-Evangelium.

16,33 BACH, JOHANN SEBASTIAN: Kantate BWV 87 „Bisher habt ihr mich gebeten in meinem Namen". *Satz 5*
Aufführungsanlaß: Ursprünglich: Sonntag Rogate.

– MAUERSBERGER, RUDOLF: Dresdner Requiem
„Vergänglichkeit, Tod, Dies Irae"
Aufführungsanlaß: Das Werk wurde 1947/1951 zum Gedenken der Zerstörung Dresdens 1945 komponiert.

18 CHARPENTIER, MARC ANTOINE: Le Reniement de St. Pierre
Freie Nachdichtung. Aufführungsanlaß: Passion

– DYLAN, BOB: Album „Saved"
Lied „In the Garden"
Betrachtendes Lied über die Szene im Garten Gethsemane

18,1 – 19,30 SCHÜTZ, HEINRICH: Johannes-Passion
Aufführungsanlaß: Passion

18,11 HINDEMITH, PAUL: Motette „Dixit Jesus Petro"

18–19 BACH, CARL PHILIPP EMANUEL: Oratorium „Die letzten Leiden des Erlösers“
Nachdichtung der Passionsgeschichte
Aufführungsanlaß: Passion

– BACH, JOHANN ERNST: Passions-Oratorium
Nachdichtung der Passionsgeschichte
Aufführungsanlaß: Passionszeit

– BACH, JOHANN SEBASTIAN: Johannes-Passion BWV 245
Aufführungsanlaß: Passion

– BEETHOVEN, LUDWIG VAN: Oratorium „Christus am Ölberge“
Dichterisch frei gestaltetes Passionsoratorium
Aufführungsanlaß: Passion

– BLARR, OSKAR GOTTLIEB: Jesus-Passion – drei oratorische Szenen
Nachdichtung der Passionsgeschichte
Aufführungsanlaß: Passion

– DISTLER, HUGO: Choralpassion in 7 Teilen
Das Werk verarbeitet Ausschnitte aus den Passionsberichten der vier Evangelisten. Aufführungsanlaß: Passion

– DUPRÉ, MARCEL: „Der Kreuzweg“ für Orgel
Instrumentale Meditationen über die Passionsgeschichte
Aufführungsanlaß: Passion

– DUPRÉ, MARCEL: Sinfonie für Orgel Nr. 1 Op. 23 „Passion“
Instrumentale Meditation über die Passions- und Ostergeschichte. Aufführungsanlaß: Passion

– ELSNER, JÒSEF: Passio Domini nostri Jesu Christi d-Moll Op. 65 für Soli, Chor und Orchester
Freie Nachdichtung

– FRIEBERGER, RUPERT GOTTFRIED: Kammeroratorium „Mysterium Crucis“
Nachdichtung. Aufführungsanlaß: Passion

– GESUALDO, CARLO FÜRST VON VENOSA: Responsorien der Karwoche
Die Responsorien bilden eine Nachdichtung der Passionsgeschichte

- GRAUN, CARL HEINRICH: Passionskantate für Soli, Chor und Orchester „Der Tod Jesu"
  Nachdichtung der Passionsgeschichte
  Aufführungsanlaß: Passion
- HÄNDEL, GEORG FRIEDRICH: „La Passione" (Brockes-Passion)
  Freie Nachdichtung der Passionsberichte, geschrieben von dem Hamburger Theologen Brockes
  Aufführungsanlaß: Passion
- HAYE, LEO DE LA: Passion Op. 58 für Orgel
  Instrumentale Meditation für Orgel
  Aufführungsanlaß: Passion
- KROPFREITER, AUGUSTINUS FRANZ: „Altdorfer-Passion" – Kammeroratorium
  Freie Nachdichtung. Aufführungsanlaß: Passion
- LISZT, FRANZ: „Via Crucis" („Die 14 Kreuzweg-Stationen")
  Dichterisch freie Gestaltung der Passionsgeschichte
  Aufführungsanlaß: Passion
- LOEWE, CARL: Passions-Oratorium „Das Sühnopfer des Neuen Bundes"
  Nachdichtung der Passionsgeschichte
  Aufführungsanlaß: Passion
- MAGGINI, ERMANO: Orgeltriptychon
  Orgel-Meditationen zur Passionsgeschichte
  Aufführungsanlaß: Passion
- MALEINGREAU, PAUL DE: „Symphonie de la Passion" Op. 20
  Instrumentale Meditationsmusik zur Passionsgeschichte
  Aufführungsanlaß: Passion
- MARTIN, FRANK: Kantate „Pilatus"
  Freie Nachdichtung. Aufführungsanlaß: Passion
- MARTIN, FRANK: Passions-Oratorium „Golgatha"
  Nachdichtung der Passionsgeschichte
  Aufführungsanlaß: Passion
- MENDELSSOHN-BARTHOLDY, FELIX: Oratorium „Christus" (Fragment). *Zweiter Teil: „Leiden Christi"*
  Dichterisch freie Gestaltung der Passionsgeschichte

18–19 Pärt, Arvo: Johannes-Passion („Passio D.N. Jesu Christi Secundum Joannem“)
Aufführungsanlaß: Passion

– Paisiello, Giovanni: Oratorium „La passione di Gesù Cristo“
Nachdichtung der Passionsgeschichte
Aufführungsanlaß: Passion

– Perti, Giacomo Antonio: Passionsoratorium „Gesú al Sepolcro“
Nachdichtung der Passionsgeschichte in italienischer Sprache
Aufführungsanlaß: Passion

– Poulenc, Francis: Motetten zur Karwoche
Die Motetten beruhen auf Responsorientexten, die auch Gesualdo vertonte. Aufführungsanlaß: Passion

– Reger, Max: Stücke für Orgel Op. 145b. *Nr. 4: „Passion“*
Instrumentale Meditation über die Passion

– Rossi, Luigi: Oratorium für die Karwoche
Nachdichtung der Passionsgeschichte

– Scarlatti, Alessandro: Johannes-Passion
Aufführungsanlaß: Passion

– Schmetterer, Leopold: Passionsmusiken für Streichquartett
Instrumentale Meditationen zur Passionsgeschichte
Aufführungsanlaß: Passion

– Spohr, Louis: Oratorium „Des Heilands letzte Stunden“
Nachdichtung der Passionsgeschichte
Aufführungsanlaß: Passion

– Telemann, Georg Philipp: Oratorium „Das selige Erwägen des bittern Leidens und Sterbens Jesu Christi“
Dichterisch freie Gestaltung der gesamten Passionsgeschichte
Aufführungsanlaß: Passion

– Telemann, Georg Philipp: Passions-Oratorium „Der Tod Jesu“
Nachdichtung der Passions-Geschichte
Aufführungsanlaß: Passion

– Webber, Andrew Lloyd: Rock-Oper „Jesus Christ Superstar“
Annmerkungen: Freie Nachdichtung der Passionsgeschichte

– GREGORIANIK: Die Leidensgeschichte nach den 4 Evangelisten
Aufführungsanlaß: Passion

18–21 BIBER, HEINRICH IGNAZ FRANZ: Rosenkranz-Sonaten für Violine und Basso Continuo
Nr. 6 „Der Blutschweiß" bis Nr. 11 „Die Auferstehung"
Aufführungsanlaß: Ursprünglich: Im Zusammenhang mit dem Rosenkranzgebet in der katholischen Kirche

– DEDLER, ROCHUS: Oberammergauer Passionsmusik
Aufführungsanlaß: Musik zum Oberammergauer Passionsspiel, dessen Text auf einer Nachdichtung der Passions- und Ostergeschichte basiert

– DUPRÉ, MARCEL: Sinfonie für Orgel Nr. 1 Op. 23 „Passion"
Instrumentale Orgel-Meditationen
Aufführungsanlaß: Passions- und Osterzeit

– BYZANTINISCHE KIRCHE: Liturgie zu Karwoche und Auferstehung
Ostkirchliche meditierende Liturgie über das Passions- und Ostergeschehen

19 BARBER, SAMUEL: Lieder Op. 29
Nr. 5 „The Crucifiction". Freie Nachdichtung

– BOUZIGNAC, GUILLAUME: Motette „Ecce Homo"
Aufführungsanlaß: Passion

– CHARPENTIER, MARC ANTOINE: Méditations pour la Carème. *Nr. 7 „Tenebrae factae sunt" H 386*
Passions-Responsorium, das auf einer Nachdichtung der Kreuzigungsszene basiert. Aufführungsanlaß: Passion

– HAYDN, MICHAEL: Motette „Tenebrae factae sunt"
M. Haydn vertont ein Karwochen-Responsorium, das auf einer Nachdichtung der Kreuzigungsszene beruht.

– INGEGNERI, MARCO ANTONIO: „Tenebrae factae sunt"
Karwochen-Responsorium, das auf einer Nachdichtung der Kreuzigungs-Szene beruht.

– PENDERECKI, KRZYSTOF: „Die Grablegung Christi" für Soli, Chor und Orchester
Aufführungsanlaß: Passion

– GREGORIANIK: Gesang „Tenebrae factae sunt“
Passions-Responsorium, das auf einer Nachdichtung der Kreuzigungsszene beruht
Aufführungsanlaß: Passionszeit, vorzugsweise Karfreitag

19,5 BARTMUSS, RICHARD: „Seht welch ein Mensch“ für Chor und Orgel Op. 51

– BOUZIGNAC, GUILLAUME: Motette „Ecce homo“
Aufführungsanlaß: Passion

19,7 MENDELSSOHN-BARTHOLDY, FELIX: Oratorium „Christus“ (Fragment)
Chorsatz aus dem zweiten Teil „Leiden Christi“

19,17 PENDERECKI, KRZYSTOF: Lukas-Passion (Passio de mors Domini nostri Jesu Christi secundam Lucam)
Auszug in Teil 2. Aufführungsanlaß: Passion

19,25–27 PENDERECKI, KRZYSTOF: Lukas-Passion (Passio de mors Domini nostri Jesu Christi secundam Lucam)
Einschub in Teil 2. Aufführungsanlaß: Passion

19,26–27 DUBOIS, FRANCOIS C. THEODORE: Oratorium „Les sept parols du Christ“
Aufführungsanlaß: Passion

– FRANCK, CÉSAR: „Die sieben Worte Christi am Kreuz“ für Soli, Chor und Orchester
Aufführungsanlaß: Passion

– GUBAIDULINA, SOFIA: „Sieben Worte“ für Violoncello, Bajan und Streicher
Meditationen über die sieben Worte Jesu am Kreuz

– HAYDN, JOSEPH: Die sieben letzten Worte des Erlösers am Kreuze
Satz „Mulier, ecce filius tuus, et tu, ecce mater tua“
Das Werk gibt es als Oratorium und als Streichquartett.
Aufführungsanlaß: Passion

– SCHÜTZ, HEINRICH: Die sieben Worte Jesu Christi am Kreuz
Aufführungsanlaß: Passion

– TOURNEMIRE, CHARLES: Sept Choral-Poèmes Op. 67 für Orgel
Es handelt sich um Orgel-Meditationen über die letzten Worte Jesu Christi am Kreuz. Aufführungsanlaß: Passion

19,28 DUBOIS, FRANCOIS C. THEODORE: Oratorium „Les sept parols du Christ"
Aufführungsanlaß: Passion

– FRANCK, CÉSAR: „Die sieben Worte Christi am Kreuz" für Soli, Chor und Orchester
Aufführungsanlaß: Passion

– GUBAIDULINA, SOFIA: „Sieben Worte" für Violoncello, Bajan und Streicher
Meditationen über die sieben Worte Jesu am Kreuz

– HAYDN, JOSEPH: Die sieben letzten Worte des Erlösers am Kreuze. *Satz „Sitio"*
Das Werk gibt es als Oratorium und als Streichquartett.
Aufführungsanlaß: Passion

– SCHÜTZ, HEINRICH: Die sieben Worte Jesu Christi am Kreuz
Aufführungsanlaß: Passion

19,29 TOURNEMIRE, CHARLES: Sept Choral-Poèmes Op. 67 für Orgel
Orgel-Meditationen über die letzten Worte Jesu Christi am Kreuz. Aufführungsanlaß: Passion

19,30 BACH, JOHANN SEBASTIAN: Kantate BWV 159 „Sehet, wir gehn hinauf gen Jerusalem"
Aufführungsanlaß: Ursprünglich: Sonntag Estomihi

– BACH, JOHANN SEBASTIAN: Schemelli-Liederbuch
Choral „Es ist vollbracht" BWV 458

– DUBOIS, FRANCOIS C. THEODORE: Oratorium „Les sept parols du Christ"
Aufführungsanlaß: Passion

– FRANCK, CÉSAR: „Die sieben Worte Christi am Kreuz" für Soli, Chor und Orchester
Aufführungsanlaß: Passion

– GUBAIDULINA, SOFIA: „Sieben Worte" für Violoncello, Bajan und Streicher
Meditationen über die sieben Worte Jesu am Kreuz

– HAYDN, JOSEPH: Die sieben letzten Worte des Erlösers am Kreuze. *Satz „Consumatum est"*

– Penderecki, Krzystof: Lukas-Passion (Passio de mors Domini nostri Jesu Christi secundam Lucam)
Einschub in Teil 2. Aufführungsanlaß: Passion

– Schütz, Heinrich: Die sieben Worte Jesu Christi am Kreuz
Aufführungsanlaß: Passion

– Tournemire, Charles: Sept Choral-Poèmes Op. 67 für Orgel
Orgel-Meditationen über die letzten Worte Jesu Christi am Kreuz. Aufführungsanlaß: Passion

19–21 Hindemith, Paul: „Das Marienleben" für Sopran und Klavier
Hindemith vertont eine freie Nachdichtung von R. M. Rilke

– Malling, Otto: „Der Tod und die Auferstehung Jesu Christi" – drei Tongemälde für Orgel Op. 54
Instrumentale Meditationen
Aufführungsanlaß: Passion und Ostern

20 Bach, Carl Philipp Emanuel: Oratorium „Die Auferstehung und Himmelfahrt Jesu"
Dichterisch freie Gestaltung der Oster- und Himmelfahrtsgeschichte. Aufführungsanlaß: Ostern oder Christi Himmelfahrt

– Bach, Johann Sebastian: Osteroratorium
Dichterisch freie Gestaltung der Ostergeschichte
Aufführungsanlaß: Ostern

– Barber, Samuel: Lieder Op. 29
Nr. 5 „The Crucifiction". Freie Nachdichtung

– Händel, Georg Friedrich: La Resurrezione
Dichterisch freie Gestaltung der Ostergeschichte in italienischer Sprache. Aufführungsanlaß: Ostern

– Schütz, Heinrich: „Historia der Auferstehung Jesu Christi"
Das Werk enthält Auszüge aus den Auferstehungs-Kapiteln der vier Evangelisten. Aufführungsanlaß: Ostern

20,13–18 Schütz, Heinrich: „Weib, was weinest du" Dialogus per Pascua
Aufführungsanlaß: Ostern

20,19 Bach, Johann Sebastian: Kantate BWV 42 „Am Abend aber desselbigen Sabbaths". *Satz 2: Rezitativ*

Aufführungsanlaß: Osterzeit (Ursprünglich: Sonntag Quasimodogeniti)

– BACH, JOHANN SEBASTIAN: Kantate BWV 67 „Halt im Gedächtnis Jesum Christ". *Satz 1*
Aufführungsanlaß: Ursprünglich: Sonntag Quasimodogeniti

20–21 BACH, CARL PHILIPP EMANUEL: Oratorium „Die Auferstehung und Himmelfahrt Jesu" Wq 240
Freie Nachdichtung. Aufführungsanlaß: Osterzeit

– BACH, CARL PHILIPP EMANUEL: Osterkantate „Gott hat den Herrn auferwecket" Wq 244
Nachdichtung der Ostergeschichte
Aufführungsanlaß: Ostern

– BACH, JOHANN SEBASTIAN: Kantate BWV 31 „Der Himmel lacht, die Erde jubiliert"
Freie Meditation über die Osterbotschaft
Aufführungsanlaß: Ostern (Ursprünglich: 1. Ostertag)

– CARISSINI, GIACOMO: Oratorium „Ss. Vergine"
Freie Nachdichtung. Das Leben der Maria wird geschildert.

– KNECHT, JUSTIN HEINRICH: „Die Auferstehung Jesu" – Tongemälde für Orgel
Aufführungsanlaß: Ostern

– MOURAVIEFF, LEON: Oster-Triptychon für Violoncello und Kammerorchester
Instrumentale Meditation über die Ostergeschichte
Aufführungsanlaß: Ostern

– PENDERECKI, KRZYSTOF: „Die Auferstehung Christi" für Soli, Chor und Orchester
Aufführungsanlaß: Ostern

– REGER, MAX: Stücke für Orgel Op. 145b
Nr. 5 „Ostern". Anmerkungen. Orgel-Meditation
Aufführungsanlaß: Ostern

– RIMSKY-KORSAKOW, NIKOLAI: Ouvertüre „Russische Ostern" für Orchester Op. 36
Instrumentale Meditation über das Ostergeschehen und die russische Oster-Liturgie

– SAXTON, ROBERT: Music to celebrate the resurrection of Christ
Aufführungsanlaß: Ostern

- ZUMBROICH, EBERHARD MARIA: Elmar-Läuten zur Osterprozession
  Meditierender Glockenklang zum Ostergeschehen
  Aufführungsanlaß: Osterprozession der Byzantinischen Kirche
- ZUMBROICH, EBERHARD MARIA: Läuten zum Osterevangelium
  Meditierender Glockenklang zum Ostergeschehen
  Aufführungsanlaß: Osterprozession der Byzantinischen Kirche
- GREGORIANIK: Antiphonen zu den Evangelien der Auferstehung
  Aufführungsanlaß: Ostern

21,16–17 LISZT, FRANZ: Oratorium „Christus“
Teil II, Satz 8

Apostelgeschichte

1 BACH, CARL PHILIPP EMANUEL: Oratorium „Die Auferstehung und Himmelfahrt Jesu“
Dichterisch freie Gestaltung der Oster- und Himmelfahrtsgeschichte. Aufführungsanlaß: Ostern oder Christi Himmelfahrt

– BIBER, HEINRICH IGNAZ FRANZ: Rosenkranz-Sonaten für Violine und Basso Continuo
Nr. 12 „Die Himmelfahrt“. Aufführungsanlaß: Ursprünglich: Im Zusammenhang mit dem Rosenkranzgebet in der katholischen Kirche

– MESSIAEN, OLIVIER: L'Ascension – 4 Meditationen für Orgel.
Instrumentale Meditationen für Orgel
Aufführungsanlaß: Christi Himmelfahrt

1,9 BACH, JOHANN SEBASTIAN: Kantate BWV 11 „Lobet Gott in seinen Reichen“ (Himmelfahrtsoratorium)
Satz 5. Aufführungsanlaß: Christi Himmelfahrt

1,10–12 BACH, JOHANN SEBASTIAN: Kantate BWV 11 „Lobet Gott in seinen Reichen“ (Himmelfahrtsoratorium)
Satz 7. Aufführungsanlaß: Christi Himmelfahrt

2 BIBER, HEINRICH IGNAZ FRANZ: Rosenkranz-Sonaten für Violine und Basso Continuo
Nr. 13 „Die Ausgießung des Heiligen Geistes“
Aufführungsanlaß: Ursprünglich: Im Zusammenhang mit dem Rosenkranzgebet in der katholischen Kirche

– GABRIELI, GIOVANNI: Motette „Hodie completi sunt dies Pentecostes“
Freie Dichtung nach dem Pfingsttext
Aufführungsanlaß: Pfingsten

– LINDBERG, OSKAR FREDRIK: „Pingst“ für Chor a capella
Freie Chormeditation. Aufführungsanlaß: Pfingsten

– PALESTRINA, GIOVANNI PIERLUIGI DA: Motette „Dum complerentur dies Pentecoster“
Aufführungsanlaß: Pfingsten

6,8 – 7,2 BACH, JOHANN SEBASTIAN: Kantate BWV 57 „Selig ist der Mann“
Das Werk bezieht sich auf das Gedenken des Märtyrers Stephanus. Über den Text aus der Apostelgeschichte wird

meditiert. Aufführungsanlaß: Weihnachten (Ursprünglich: 2. Weihnachtsfeiertag)

7,59ff. MONTEVERDI, CLAUDIO: „Sacrae Cantiunculae"
„Lapadabnat Stephanum"

7ff. MENDELSSOHN-BARTHOLDY, FELIX: Oratorium „Paulus"
Das Werk reflektiert die Ereignisse um Paulus nach der Apostelgeschichte

9,4–5 SCHÜTZ, HEINRICH: Symphoniae Sacrae III
„Saul, Saul, was verfolgst du mich" SWV 415

17,28 BACH, JOHANN SEBASTIAN: Kantate BWV 106 „Actus Tragicus". *Satz 2.* Aufführungsanlaß: Trauerfeier

Römer

2,4 BACH, JOHANN SEBASTIAN: Kantate BWV 90 „Es reißet euch ein schrecklich Ende".
Satz 2. Aufführungsanlaß: 25. Sonntag nach Trinitatis

2,4–5 BACH, JOHANN SEBASTIAN: Kantate BWV 102 „Herr, deine Augen sehen nach dem Glauben"
Satz 4. Aufführungsanlaß: 10. Sonntag nach Trinitatis

2,15 BACH, JOHANN SEBASTIAN: Kantate BWV 105 „Herr, gehe nicht ins Gericht"
Satz 3. Aufführungsanlaß: 9. Sonntag nach Trinitatis

3,28 JOHANN SEBASTIAN: Kantate BWV 37 „Wer da gläubet und getauft wird"
Satz 4. Aufführungsanlaß: Christi Himmelfahrt

4,25 MENDELSSOHN-BARTHOLDY, FELIX: Sprüche zum Kirchenjahr Op. 79
Nr. 6 „Um unsrer Sünden Willen"
Aufführungsanlaß: Karfreitag

5,5 BACH, JOHANN LUDWIG: Kantate „Die Liebe Gottes ist ausgegossen"

6,1 BACH, JOHANN SEBASTIAN: Kantate BWV 90 „Es reißet euch ein schrecklich Ende"
Satz 2. Aufführungsanlaß: 25. Sonntag nach Trinitatis

7,24 Bach, Johann Sebastian: Kantate BWV 48 „Ich elender Mensch, wer wird mich erlösen". *Satz 1*
Aufführungsanlaß: Ursprünglich: 19. Sonntag nach Trinitatis

8,1 Bach, Johann Sebastian: Kantate BWV 74 „Wer mich liebet, der wird mein Wort halten". *Satz 6*
Aufführungsanlaß: Pfingsten (Ursprünglich: 1. Pfingsttag)

8,1–2 und 8,9 Bach, Johann Sebastian: „Jesu meine Freude" Motette BWV 227

8,25–27 Bach, Johann Sebastian: „Der Geist hilft unsrer Schwachheit auf", Motette BWV 226

8,31 Schütz, Heinrich: Kleine geistliche Konzerte SWV 282–337. *„Ist Gott für uns" SWV 329*

8,31 und 8,34 Händel, Georg Friedrich: Oratorium „Der Messias"
Teil III, Satz „If God is for us" / „Wenn Gott ist für uns"

8,35,38 und 39 Schütz, Heinrich: Kleine geistliche Konzerte SWV 282–337. *„Wer will uns scheiden" SWV 330*

8,38–39 Michael, Tobias: Chorsatz „Ich bin gewiß, daß weder Tod noch Leben"

10,4 Schelle, Johann: Motette „Christus ist des Gesetzes Ende"

10,15 Händel, Georg Friedrich: Oratorium „Der Messias". *Teil II, Satz „How beautiful are the feet" / „Wie lieblich ist der Boten Schritt"*

10,18 Händel, Georg Friedrich: Oratorium „Der Messias". *Teil II, Satz „Their sound is gone out" / „Ihr Schall gehet aus in jedes Land"*

13,12 Bach, Wilhelm Friedemann: Kantate „Lasset uns ablegen die Werke der Finsternis"

– Mendelssohn-Bartholdy, Felix: Sinfonie Nr. 2 B-Dur „Lobgesang" für Soli, Chor und Orchester
Satz 4

– Zöbeley, Hans Rudolf: Gesang „Die Nacht ist vorgedrungen"
Der Text stammt von Jochen Klepper (EG 16)
Aufführungsanlaß: Advent

14,6 BACH, JOHANN SEBASTIAN: Kantate BWV 17 „Wer Dank opfert, der preiset mich"
Satz 6. Aufführungsanlaß: 14. Sonntag nach Trinitatis

14,7–8 SCHÜTZ, HEINRICH: Geistliche Chormusik (1648)
Satz 6 SWV 374 Unser keiner lebet ihm selber

14,8 SCHÜTZ, HEINRICH: Musikalische Exequien
Teil I: Concert in Form einer teutschen Begräbnis-Missa
Aufführungsanlaß: Trauerfeier

14,17 BACH, JOHANN SEBASTIAN: Kantate BWV 17 „Wer Dank opfert, der preiset mich". *Satz 6*
Aufführungsanlaß: Ursprünglich: 14. Sonntag nach Trinitatis

1. Korinther

5,7–8 SCHÜTZ, HEINRICH: Symphoniae Sacrae III
„Feget den alten Sauerteig aus" SWV 404

11 WAGNER, RICHARD: „Das Liebesmahl der Apostel" – eine biblische Szene
Auch Wagners Oper „Parsifal" beschäftigt sich mit der Abendmahls-Thematik, ohne direkt auf biblische Stellen einzugehen. Die vorliegende Kantate ist eine Nachdichtung und Meditation der biblischen Vorlagen.

11,23–26 SCHÜTZ, HEINRICH: Unser Herr Jesus Christus, in der Nacht, da er verraten ward" SWV 495
Es handelt sich um die Einsetzungsworte zum Abendmahl

13,13 SCHUBERT, FRANZ: „Glaube, Hoffnung, Liebe" D. 954
Schubert vertont einen dichterisch freien meditativen Text von Beil über den Bibeltext

15 SAXTON, ROBERT: Music to celebrate the resurrection of Christ
Freie Oster-Meditationsmusik. Aufführungsanlaß: Ostern

15,20 HÄNDEL, GEORG FRIEDRICH: Oratorium „Der Messias". *Teil III, Satz „I know that my redeemer liveth" / „Ich weiß, daß mein Erlöser lebt"*

15,21–22 HÄNDEL, GEORG FRIEDRICH: Oratorium „Der Messias" . *Teil III, Satz „Since my man came death" / „Wie durch einen der Tod"*

15,51–52 BRAHMS, JOHANNES: Ein Deutsches Requiem
Satz 6. Aufführungsanlaß: Trauerfeier

– HÄNDEL, GEORG FRIEDRICH: Oratorium „Der Messias“
Teil III, Satz „Behold, I tell you a mystery“ / „Vernehmt, ich künd' ein Geheimnis an“

15,52–53 HÄNDEL, GEORG FRIEDRICH: Oratorium „Der Messias“. *Teil III, Satz „The Trumpet shall sound“ / „Sie schallt, die Posaun'“*

15,54–55 HÄNDEL, GEORG FRIEDRICH: Oratorium „Der Messias“. *Teil III, Satz „Then shall be brought to pass“ / „Dann wird erfüllt, was da geschrieben stehet“*

– HÄNDEL, GEORG FRIEDRICH: Oratorium „Der Messias“
Teil III, Satz „O death, where is thy sting“ / „O Tod wo ist dein Stachel“

15,54b–55 BRAHMS, JOHANNES: Ein Deutsches Requiem
Satz 6. Aufführungsanlaß: Trauerfeier

15,55 WECKMANN, MATTHIAS: Kantate „Der Tod ist verschlungen in den Sieg“
Aufführungsanlaß: Ostern

15,57 HÄNDEL, GEORG FRIEDRICH: Oratorium „Der Messias“
Teil III, Satz „But thanks be to God“ / „Drum Dank sei dir Gott“

– SCHÜTZ, HEINRICH: Historie der Auferstehung Jesu Christi. *Schlußchor*

2. Korinther

4,17 BACH, JOHANN LUDWIG: Motette „Unsere Trübsal, die zeitlich und leicht ist“

Epheser

5,14 MENDELSSOHN-BARTHOLDY, FELIX: Sinfonie Nr. 2 B-Dur „Lobgesang“ für Soli, Chor und Orchester
Satz 4

6,20 REGER, MAX: Drei Choräle für 3stimmigen Frauenchor
Nr. 2 „Danksaget dem Vater“

Kolosser

2,14 BACH, JOHANN SEBASTIAN: Kantate BWV 105 „Herr, gehe nicht ins Gericht“. *Satz 4*
Aufführungsanlaß: 9. Sonntag nach Trinitatis

3,17 BUXTEHUDE, DIETRICH: Kantate „Alles, was ihr tut“ Bx 4

3,23 BUXTEHUDE, DIETRICH: Kantate „Alles, was ihr tut“ Bx 4

1. Timotheus

1,15–17 SCHÜTZ, HEINRICH: Geistliche Chormusik (1648)
Satz 20 SWV 388 Das ist je gewißlich wahr

2,2 SCHÜTZ, HEINRICH: Geistliche Chormusik (1648)
Satz 5 SWV 371 Gib unsern Fürsten
Nachdichtung des Bibelverses von Johann Walter (1566)

1. Petrus

1,24 BRAHMS, JOHANNES: Ein Deutsches Requiem
Satz 2. Aufführungsanlaß: Trauerfeier

1,25 BRAHMS, JOHANNES: Ein Deutsches Requiem
Satz 2. Aufführungsanlaß: Trauerfeier

1. Johannes

1,7b SCHÜTZ, HEINRICH: Musikalische Exequien
Teil I: Concert in Form einer teutschen Begräbnis-Missa
Aufführungsanlaß: Trauerfeier

3,1 BACH, JOHANN SEBASTIAN: Kantate BWV 40 „Dazu ist erschienen der Sohn Gottes“
Satz 1. Aufführungsanlaß: Weihnachten (2. Feiertag)

– BACH, JOHANN SEBASTIAN: Kantate BWV 64 „Sehet, welch eine Liebe hat uns der Vater erzeiget“
Satz 1. Aufführungsanlaß: Weihnachten (Ursprünglich: 3. Weihnachtstag)

3,8 BACH, JOHANN SEBASTIAN: Kantate BWV 54 „Widerstehe doch der Sünde“. *Satz 3*
Aufführungsanlaß: Wahrscheinlich ursprünglich Sonntag Oculi

4,9 TELEMANN, GEORG PHILIPP: Kantate „Daran ist erschienen die Liebe Gottes“ TV 1,165
Aufführungsanlaß: Pfingsten (Ursprünglich: 2. Pfingsttag)

4,20–21 BEETHOVEN, LUDWIG VAN: Lieder Op. 48
Nr. 2 „Die Liebe des Nächsten / So jemand spricht“
Beethoven vertont eine Nachdichtung der Bibelstelle von Chr. F. Gellert

5,7–8 MONTEVERDI, CLAUDIO: „Vespro della beata Vergine“ (Marien-Vesper)
Satz 7: Concerto „Duo Seraphim“

Hebräer

1,5–6 HÄNDEL, GEORG FRIEDRICH: Oratorium „Der Messias“
Teil II, Sätze „unto which of the angels“ / „Zu welchen von den Engeln“ und „Let all the angels of God“ / „Laßt alle Engel des Herrn preisen ihn“

4,16 BACH, JOHANN SEBASTIAN: Kantate BWV 83 „Erfreute Zeit im neuen Bunde“. *Satz 3*
Aufführungsanlaß: Ursprünglich: Mariae Reinigung (2. Februar)

13,8 DISTLER, HUGO: Motette „Jesus Christus gestern und heute“

13,14 BRAHMS, JOHANNES: Ein Deutsches Requiem
Satz 6. Aufführungsanlaß: Trauerfeier

13,16 BACH, JOHANN SEBASTIAN: Kantate BWV 39 „Brich den Hungrigen dein Brot“. *Satz 4*
Aufführungsanlaß: Ursprünglich: 1. Sonntag nach Trinitatis

Jakobus

Allgemein OSTKIRCHLICHE LITURGIE: Liturgie nach dem Herrenbruder Jakobus

1,12 BACH, JOHANN SEBASTIAN: Kantate BWV 57 „Selig ist der Mann". *Satz 1.* Aufführungsanlaß: Weihnachten (Ursprünglich: 2. Weihnachtstag)

– TSCHESNOKOW, PAVEL: „Selig ist der Mann"
Das Stück hat seinen Ursprung in der russisch-orthodoxen Kirchenliturgie.

5,7 BRAHMS, JOHANNES: Ein Deutsches Requiem
Satz 2. Aufführungsanlaß: Trauerfeier

5,11 BRAHMS, JOHANNES: Motette „Warum ist das Licht gegeben"

Die Offenbarung des Johannes

Allgemein

CHARPENTIER, MARC ANTOINE: Oratorium „Extremum Dei Judicum" (Das Jüngste Gericht")
Nachdichtung von Stoffen der Offenbarung

– SCHMIDT, FRANZ: „Das Buch mit sieben Siegeln
Nachdichtung von Visionen aus der Offenbarung

– SPOHR, LOUIS: Die letzten Dinge
Nachdichtung von Visionen aus der Offenbarung

– TELEMANN, GEORG PHILIPP: Kantate „Der Tag des Gerichts"
Nachdichtung von Themen aus der Offenbarung

1,17–18 MAUERSBERGER, RUDOLF: Dresdner Requiem
„Vergänglichkeit, Tod, Dies Irae"
Aufführungsanlaß: Das Werk wurde 1947/1951 zum Gedenken der Zerstörung Dresdens 1945 komponiert.

– SPOHR, LOUIS: Die letzten Dinge. *Satz 2*

2,3 BACH, JOHANN SEBASTIAN: Kantate BWV 90 „Es reißet euch ein schrecklich Ende". *Satz 3*
Aufführungsanlaß: 25. Sonntag nach Trinitatis

2,10 BACH, JOHANN CHRISTOPH: Motette „Sei getreu bis in den Tod"

3,11 BACH, JOHANN LUDWIG: Motette „Halt, was du hast"

– BACH, JOHANN MICHAEL: Motette „Halt, was du hast"

3,20 BACH, JOHANN SEBASTIAN: Kantate BWV 61 „Nun komm der Heiden Heiland"
Satz 4: „Siehe, ich stehe vor der Tür und klopfe an"
Aufführungsanlaß: Advent (ursprünglich für den 1. Advent geschrieben)

4,11 BRAHMS, JOHANNES: Ein Deutsches Requiem
Satz 6. Aufführungsanlaß: Trauerfeier

5,12 BORTNIANSKY, DIMITRIJ: „Bostojno jest" / „Dignum est"

– CHRISTOV, DOBRI: „Dostoino jest" / „Dignum est"

– MARTIN, FRANK: Oratorium „In terra pax"
Vierter Teil / Nr. 11

5,12–13 BACH, JOHANN SEBASTIAN: Kantate BWV 21 „Ich hatte viel Bekümmernis". *Satz 11*
Aufführungsanlaß: Ursprünglich: 3. Sonntag nach Trinitatis

– HÄNDEL, GEORG FRIEDRICH: Oratorium „Der Messias"
„Worthy is the Lamb" / „Würdig ist das Lamm"

6,2–8 und 12 MARTIN, FRANK: Oratorium „In terra pax"
Erster Teil / Nr. 1

7,9ff. PALESTRINA, GIOVANNI PIERLUIGI DA: Motette „Vide turbam magnam"

7,12 GALLUS, JACOBUS: Motette „Preis, Dank, Lob, Ehr und Herrlichkeit"

7,14 MARTIN, FRANK: Oratorium „In terra pax"
Teil 4 / Nr. 11

11,15 HÄNDEL, GEORG FRIEDRICH: Oratorium „Der Messias"
Teil II, Satz „Hallelujah". Ammerkungen: Es handelt sich um den berühmten „Hallelujah"-Chor.

– KÖHLER, ERNST (der Ältere): Halleluja nach Händel für Orgel Op. 22
Orgelparaphrase über das „Halleluja" aus Händels Oratorium „Der Messias"

12,7–12 Bach, Johann Sebastian: Kantate BWV 19 „Es erhub sich ein Streit“
Aufführungsanlaß: Michaelis (Meditation über die Epistel-Lesung)

– Bach, Johann Sebastian: Kantate BWV 149 „Man singet mit Freuden vom Sieg“
Aufführungsanlaß: Michaelis (Meditation über die Epistel-Lesung)

12,10 Bach, Johann Sebastian: Kantate BWV 50 „Nun ist das Heil und die Kraft“
Aufführungsanlaß: Es handelt sich wahrscheinlich um ein für den Michaelis-Tag bestimmtes Kantatenfragment.

12,10–11 Franck, Melchior: Motette „Und ich hörte eine große Stimm“

14,13 Bach, Johann Sebastian: Kantate BWV 60 „O Ewigkeit du Donnerwort“. *Satz 4*
Aufführungsanlaß: Ursprüngliche Bestimmung: 24. Sonntag nach Trinitatis

– Brahms, Johannes: Ein Deutsches Requiem
Satz 7. Aufführungsanlaß: Trauerfeier

– Homilius, Gottfried August: Motette „Selig sind die Toten

– Lóbo, Duarte: Motette „Audivi vocem de Caelo“

– Mauersberger, Rudolf: Dresdner Requiem. *Kyrie*
Aufführungsanlaß: Das Werk wurde 1947/1951 zum Gedenken der Zerstörung Dresdens 1945 komponiert.

– Schütz, Heinrich: Geistliche Chormusik (1648)
Satz 23 SWV 391 „Selig sind die Toten“

– Schütz, Heinrich: Musikalische Exequien
Teil III: Canticum Simeonis. Aufführungsanlaß: Trauerfeier

– Spohr, Louis: Die letzten Dinge. *Nr. 19*

– Taverner, John: Responsorium „Audivi voce de Caelo“

– Tomkins, Thomas: Motette „I heard a voice from Heaven“

– Weelkes, Thomas: Anthem „Alleluja, I heard a voice“

19,6 HÄNDEL, GEORG FRIEDRICH: Oratorium „Der Messias“
Teil II, Satz „Hallelujah“
Es handelt sich um den berühmten „Hallelujah“-Chor.

– KÖHLER, ERNST (DER ÄLTERE): Halleluja nach Händel für Orgel Op. 22
Orgelparaphrase über das „Halleluja“ aus Händels Oratorium „Der Messias“

19,7 HINDEMITH, PAUL: Motette „Nuptiae factae sunt“ für Singstimme und Klavier
Aufführungsanlaß: Weihnachten

19,16 HÄNDEL, GEORG FRIEDRICH: Oratorium „Der Messias“
Teil II, Satz „Hallelujah“
Es handelt sich um den berühmten „Hallelujah“-Chor.

– KÖHLER, ERNST (DER ÄLTERE): Halleluja nach Händel für Orgel Op. 22
Orgelparaphrase über das „Halleluja“ aus Händels Oratorium „Der Messias“

21 BAINTON, EDGAR L.: Anthem „And I saw a new Heaven“

21,1–5 MARTIN, FRANK: Oratorium „In terra pax“
Vierter Teil / Nr. 11

22,17,20 und 21 SCHEIN, JOHANN HERMANN: Israelsbrünnlein – Deutsche Madrigale (26 Motetten)
Nr. 24 „Ich bin die Wurzel des Geschlechtes Davids“

22,20 BACH, JOHANN SEBASTIAN: Kantate BWV 106 „Actus Tragicus“. *Satz 2*
Aufführungsanlaß: Trauerfeier